中国渔业统计汇编

CHINA FISHERIES STATISTICAL COMPILATION

（2006-2010）

中华人民共和国农业部渔业局　编

中 国 农 业 出 版 社

《中国渔业统计汇编》（2006—2010）

编 辑 委 员 会

序　言

“十一五”是我国经济社会发展极不平凡的五年，渔业发展也经历了国内外一系列的困难和挑战。在党中央、国务院的正确领导下，全国渔业系统认真贯彻落实中央“三农”方针政策，坚持以科学发展观为指导，扎实推进现代渔业建设，渔业产业结构不断优化，资源养护效果明显，综合管理能力增强，科技创新步代加快，水产品质量大幅提高，渔民收入逐年增加，圆满完成了“两确保、两促进”的目标任务，取得了令人瞩目的成就。

“十一五”期间渔业经济的平稳较快发展，为实现农业农村经济的好形势发挥了重要作用，延续和巩固了改革开放三十多年来渔业发展的好势头。时至今日，渔业已由一个可有可无的“副业”，发展成为一个由养殖业、捕捞业、加工流通业、渔业工业以及科研、教育、推广、建筑、服务相互配套的完整产业体系；成为一个集水生生物资源环境、渔业生产安全、水产品质量安全、涉外渔业管理及国际渔业交流合作融为一体的宽泛的管理体系；成为大农业的重要组成部分，在国民经济中占有了非常重要的基础地位。

渔业发展成就的总结，需要通过科学、准确、扎实的统计数据展现。渔业统计不单单是渔业管理的一项基础性工作，同时也是国家农业统计的重要组成部分，履行的是国家统计调查职能。渔业统计数据是承载渔业发展历史、记录渔业发展轨迹的重要工具，是决策之基、规划之源。近年来，为适应渔业发展的新形势和国家统计工作的新变化，渔业统计工作以更好地服务渔业科学发展为目标，以提高统计数据质量为中心，狠抓制度、队伍、能力和条件“四位一体”建设，逐步走上了依法、规范、科学统计之路，在推动我国渔业持续健康发展中发挥了不可替代的作用。

“十二五”是加快推进现代渔业建设的关键时期。为全面系统总结“十一五”期间的渔业生产情况，进一步科学研判渔业发展形势，准确把握渔业发展规律，不断提高渔业科学决策和现代化管理水平，农业部渔业局编撰了这本《中国渔业统计汇编》(2006—2010)，对“十一五”渔业发展的重要统计指标进行分类汇编，以更好地为各级领导和有关部门判断形势、研究问题、制定政策提供更加系统详实的统计数据和分析资料；为广大生产经营者、科研教学人员和渔业从业人员提供信息服务及参考资料。

在此，殷切希望渔业统计战线上的广大同志们，要站在新的历史起点上，充分认识自己肩负的职责和使命，进一步完成好渔业统计这一光荣而艰巨的任务，为推进渔业现代化做出新的更大的贡献。

农业部渔业局局长 [signature]

编 写 说 明

一、本汇编是农业部渔业局组织编辑出版的我国第十一个五年计划期间（2006—2010 年）渔业经济发展概况的资料性工具书。

二、本汇编中的数据资料主要来源于 2006—2010 年度《中国渔业统计年鉴》。全国统计数据中，均未包括香港特别行政区、澳门特别行政区及台湾省的数据。

三、本汇编涉及的水产品产量数据，均采用 1996 年制定的水产品产量统计新标准。

四、部分数据合计数或相对数由于单位取舍不同而产生的计算误差，均未做机械调整。

五、2006 年的统计数据是按农普数据调查以后的统计结果。

六、本汇编中的空格，表示该项统计指标数据不足本表最小单位数、不详或无该项数据。

七、本汇编中各省、自治区、直辖市的文字资料部分，由各省、自治区、直辖市渔业主管部门提供。

八、受农业部渔业局委托，本汇编主要由中国水产学会组织编辑完成。不足之处诚请广大读者批评指正。

目　　录

序言

编写说明

第一部分　“十一五”期间渔业发展概况 …… 1

全国渔业发展概况 …… 3
北京市 …… 6
天津市 …… 8
河北省 …… 10
山西省 …… 12
内蒙古自治区 …… 14
辽宁省 …… 16
吉林省 …… 18
黑龙江省 …… 20
上海市 …… 22
江苏省 …… 24
浙江省 …… 26
安徽省 …… 28
福建省 …… 30
江西省 …… 32
山东省 …… 34
河南省 …… 37
湖北省 …… 39
湖南省 …… 41
广东省 …… 43
广西壮族自治区 …… 45
海南省 …… 47
重庆市 …… 49
四川省 …… 51
贵州省 …… 53

云南省 ……54
西藏自治区 ……56
陕西省 ……58
甘肃省 ……60
青海省 ……61
宁夏回族自治区 ……63
新疆维吾尔自治区 ……65

第二部分 “十一五”时期渔业主要统计指标数据 ……67

全国渔业经济总产值（按当年价格计算）……69
全国渔业经济增加值（按当年价格计算）……70
各地区渔业经济总产值（按当年价格计算）……71
各地区渔业经济增加值（按当年价格计算）……72
各地区渔业产值（按当年价格计算）……73
各地区渔业增加值（按当年价格计算）……75
各地区海水养殖产值（按当年价格计算）……76
各地区海水养殖增加值（按当年价格计算）……76
各地区淡水养殖产值（按当年价格计算）……77
各地区淡水养殖增加值（按当年价格计算）……78
各地区海洋捕捞产值（按当年价格计算）……79
各地区海洋捕捞增加值 （按当年价格计算） ……79
各地区淡水捕捞产值（按当年价格计算）……80
各地区淡水捕捞增加值（按当年价格计算）……81
各地区渔业工业和建筑业产值（按当年价格计算）……82
各地区渔业工业和建筑业增加值（按当年价格计算）……83
各地区渔业流通和服务业产值（按当年价格计算）……84
各地区渔业流通和服务业增加值（按当年价格计算）……85
全国渔民人均纯收入 ……86
全国水产品总产量 ……87
各地区水产品总产量 ……88
各地区海水产品产量 ……89
各地区淡水产品产量 ……90
各地区养殖产品产量 ……91
各地区海水养殖产品产量 ……92
各地区海水养殖鱼类产量 ……92
各地区海水养殖鲈鱼产量 ……93
各地区海水养殖鲆鱼产量 ……93

各地区海水养殖大黄鱼产量 ……94
各地区海水养殖石斑鱼产量 ……94
各地区海水养殖鲽鱼产量 ……95
各地区海水养殖甲壳类产量 ……95
各地区海水养殖南美白对虾产量 ……96
各地区海水养殖贝类产量 ……96
各地区海水养殖牡蛎产量 ……97
各地区海水养殖扇贝产量 ……97
各地区海水养殖蛤类产量 ……98
各地区海水养殖藻类产量 ……98
各地区海水养殖海带产量 ……99
各地区海水养殖海参产量 ……99
各地区淡水养殖产品产量 ……100
各地区淡水养殖鱼类产量 ……101
各地区青鱼养殖产量 ……102
各地区草鱼养殖产量 ……103
各地区鲢鱼养殖产量 ……104
各地区鳙鱼养殖产量 ……105
各地区鲤鱼养殖产量 ……106
各地区鳊鱼养殖产量 ……107
各地区鲴鱼养殖产量 ……108
各地区淡水养殖罗非鱼产量 ……109
各地区鳗鲡养殖产量 ……110
各地区淡水养殖甲壳类产量 ……111
各地区淡水养殖克氏原螯虾产量 ……112
各地区淡水养殖南美白对虾产量 ……113
各地区淡水养殖贝类产量 ……114
各地区淡水养殖藻类产量 ……115
全国水产养殖产量（按水域类型和养殖类型分）……116
各地区海上养殖产量 ……117
各地区滩涂养殖产量 ……117
各地区其他海水水域养殖产量 ……118
各地区淡水池塘养殖产量 ……119
各地区湖泊养殖产量 ……120
各地区水库养殖产量 ……121
各地区稻田养殖产量 ……122
各地区捕捞产品总产量 ……123
全国海洋捕捞产量 ……124

各地区海洋捕捞产品产量 …… 125
全国海洋捕捞主要鱼类产量 …… 126
各地区蓝圆鲹捕捞产量 …… 127
各地区小黄鱼捕捞产量 …… 127
各地区带鱼捕捞产量 …… 128
各地区鲅鱼捕捞产量 …… 128
各地区鲐鱼捕捞产量 …… 129
各地区鲳鱼捕捞产量 …… 129
全国海洋捕捞产量（按海区、渔具类型分列）…… 130
全国淡水捕捞产量 …… 130
各地区淡水捕捞产量 …… 131
各地区淡水捕捞鱼类产量 …… 132
各地区淡水捕捞甲壳类产量 …… 133
各地区淡水捕捞虾类产量 …… 134
各地区淡水捕捞蟹类产量 …… 135
各地区淡水捕捞贝类产量 …… 136
各地区淡水捕捞藻类产量 …… 137
各地区远洋渔业产量 …… 138
各地区远洋捕捞金枪鱼产量 …… 138
各地区远洋捕捞鱿鱼产量 …… 139
全国水产苗种数量 …… 140
各地区淡水鱼苗数量 …… 141
各地区淡水鱼种数量 …… 142
各地区海水鱼苗数量 …… 143
全国渔船年末拥有量 …… 144
各地区机动渔船年末拥有量 …… 145
各地区机动生产渔船年末拥有量 …… 147
各地区机动捕捞渔船年末拥有量 …… 149
各地区养殖机动渔船年末拥有量 …… 151
各地区非机动渔船年末拥有量 …… 153
全国渔业人口与从业人员 …… 154
各地区渔业人口 …… 155
各地区渔业从业人员 …… 156
全国水产养殖面积（按水域和养殖方式分）…… 157
全国海水养殖面积（按品种分）…… 158
各地区淡水养殖面积 …… 159
各地区池塘养殖面积 …… 160
各地区湖泊养殖面积 …… 161

各地区水库养殖面积 …… 162
各地区稻田养殖面积 …… 163
各地区海水养殖面积 …… 164
各地区滩涂养殖面积 …… 164
各地区海上养殖面积 …… 165
各地区其他海水养殖面积 …… 165
全国水产加工情况 …… 166
各地区水产加工品总量 …… 167
各地区淡水加工产品总量 …… 168
各地区海水加工产品总量 …… 169
各地区用于加工的水产品量 …… 170
各地区用于加工的淡水产品量 …… 171
各地区用于加工的海水产品量 …… 172
各地区水产品进出口贸易情况 …… 173
各地区水产品进口贸易情况 …… 174
各地区水产品出口贸易情况 …… 175
各地区渔业灾情造成的水产品数量损失 …… 176
各地区渔业灾情造成的水产品经济损失 …… 177

第三部分　全国渔业发展第十二个五年规划（节选）…… 179

第四部分　附录 …… 195

附录 1　水产品产量数据调整说明 …… 197
附录 2　调整后历年水产品产量对照表 …… 198
附录 3　渔业统计指标解释 …… 199

第一部分

“十一五”期间渔业发展概况

全国渔业发展概况

一、发展概况

“十一五”期间，党中央、国务院坚持把“三农”工作作为全部工作的重中之重，不断强化强农惠农政策，加大“三农”投入力度，为我国渔业经济平稳较快发展创造了良好的环境。五年来，全国渔业系统坚持以科学发展观为指导，扎实推进现代渔业建设，顺利完成了“两确保、两促进”的任务目标。渔业在保障粮食安全、增加农民收入、促进生态文明、维护海洋权益、建设社会主义新农村等方面做出了重要贡献，在探索和实践中国特色农业现代化发展道路中发挥了积极作用。

五年来，渔业克服了自然灾害严重、国际金融危机冲击和国内经济环境复杂多变等不利因素，保持了平稳较快发展，成为农业农村经济中重要的支柱产业和富民产业。2010 年，全国水产品总产量达到 5 373 万吨，五年间，年均增长 4.1%；渔业经济总产值 1.29 万亿元，渔业产值 6 751.8 亿元，分别年均增长 11.0% 和 10.6%；水产品出口额 138 亿美元，连续 11 年居国内大宗农产品出口首位；质量安全水平稳步提升，产地抽检合格率连续 5 年保持在 96% 以上；水产品市场供给充足，价格年均涨幅 4.9%，为丰富城乡居民“菜篮子”，稳定农产品价格发挥了重要作用；渔民人均纯收入 8 963 元，年均增长 9.8%。

二、发展特点及变化

1. 渔业产业结构进一步优化，发展水平和产业竞争力显著提升 “十一五”末，水产品总产量中养捕比例由“十五”末的 67∶33 发展为 71∶29；渔业二、三产业产值比重达到 48%，水产品加工业稳步发展，企业规模不断壮大，加工能力提高了 30%；渔业发展方式转变步伐加快，以“两带一区”为代表的优势水产品养殖区域布局基本形成；水产健康养殖全面推进，累计改造标准化养殖池塘 67 万多公顷，创建标准化健康养殖示范场（区）1 700 多个，工厂化循环水养殖、深水抗风浪网箱养殖等集约化养殖方式迅速发展；国内捕捞业发展平稳有序，作业渔船结构有所改善；远洋渔业结构继续优化，大洋性公海渔业比重由 46% 提高到 58%，成功启动实施南极海洋生物资源开发项目；休闲渔业蓬勃发展，成为带动渔民增收的新亮点。

2. 增殖放流等资源养护措施成效显著，资源养护事业迈上新台阶 2006 年国务院发布《中国水生生物资源养护行动纲要》，养护水生生物资源成为国家生态安全建设的重要内容。中央和地方财政大幅度增加增殖放流投入，全国累计投入资金 21 亿元，放流各类苗种 1 090 亿尾，增殖放流活动由区域性、小规模发展到全国性、大规模的资源养护行动，形成了政府主导、各界支持、群众参与的良好氛围。启动并建立国家级水产种质资源保护区 220 个，国家级水生生物自然保护区数量达到 16 个；人工鱼礁和海洋牧场建设发展迅速；渔业生态环境监测体系逐步健全，涉渔工程资源生态补偿制度初步建立，累计落实补偿经费超过 37 亿元；海洋伏季休渔和长江禁渔期制度得到进一步巩固和完善，珠江禁渔期制度得到国务院的批准；国务院批准确定的 2003—2010 年海洋捕捞渔船控制目标基本实现。

3. 强渔惠渔政策力度不断加大，产业基础和民生保障能力不断增强 五年来，各级财政加大了对渔业的投入，仅中央财政投入就达到370亿元，比“十五”增长了7倍，渔业基础设施条件得到明显改善。启动实施公益性农业行业科研专项和现代农业产业技术体系建设，落实渔业经费约7亿元；渔业重点领域的科技创新和关键技术的推广应用取得显著成效，共获得国家级奖励成果22项，制定国家和行业标准382项；基层水产技术推广体系改革稳步推进，公共服务能力不断增强。《水域滩涂养殖发证登记办法》发布施行，从制度上强化了渔民生产权益的保障；启动了渔业政策性保险试点，五年累计承保渔民323万人、渔船25万艘；推动解决困难渔民最低生活保障和“连家船”渔民上岸定居；渔业柴油补贴、沿海捕捞渔民转产转业等惠渔政策效果显著。

4. 渔业综合管理能力逐步增强，海洋维权护渔职能和作用凸显　渔业部门职能不断拓展和强化，管理、指挥调度和应急处置能力不断提高。渔业水域滩涂规划和养殖证发放工作的深入推进，水产品质量安全和水产养殖执法的不断加强，有力地保障了渔民权益和渔业发展空间；强化渔业统计工作，建立渔情信息采集网络，建成并广泛应用中国渔政管理指挥系统和全国海洋渔业安全通信网，大大提高了渔业管理信息化水平；国务院下发《关于加强渔业安全生产的通知》，“平安渔业”建设扎实推进，成功应对地震、低温冰冻雨雪和台风等一系列自然灾害，渔业防灾减灾能力不断提升；累计救助遇险渔船4 683艘、渔民22 232人，挽回经济损失约13.9亿元，渔业船舶水上安全事故发生起数和死亡人数呈“双下降”趋势；渔业执法队伍的装备水平和管理能力不断提升，与外交、边防等多部门间的涉外渔业管理机制不断成熟，中国渔政在维护国家主权、海洋权益和渔民生命财产安全中发挥了不可替代的重要作用。

三、主要经验

1. 要坚持发挥市场机制的作用　五年的实践证明，在改革和发展中，注重发挥市场配置资源的基础性作用，引导资源的合理配置和生产要素的合理流动，不断创新体制机制，引导生产要素合理流动，调动各方面的积极性和创造性，充分利用“两种资源、两个市场”，促进渔业经济持续稳定发展。

2. 要坚持“以养为主”的发展方针　遵循生物资源和渔业发展规律，转变依赖捕捞天然资源的传统增长方式，大力发展水产养殖和增殖渔业，推进生态健康养殖。五年的实践进一步证明，“以养为主”的发展方针不仅适合我国渔业实际，也是我国渔业发展的主要特色。必须坚持走适合我国国情的“以养为主”的渔业发展道路。

3. 要坚持科技兴渔　五年的实践进一步证明，必须加快渔业科技创新步伐，加速渔业科技成果的转化和推广，将经济增长转到依靠科技进步和劳动者素质提高上来，增加渔业发展的科技含量，依靠科技进步引领渔业又好又快发展。目前我国渔业科技贡献率达到55%。

4. 要坚持可持续发展　虽然渔业在农业中最早实行了市场化改革，但就整体而言仍是高风险的弱势产业，需要国家的政策支持。五年的实践证明，要继续贯彻“以工哺农，以城带乡”的方针，不断加大对渔业的支持力度，加强基础设施建设，同时，坚持资源养护与合理开发利用相结合，加强水生生物资源和生态环境养护，保持渔业可持续发展，促进资源与生态环境、人与自然和谐发展。

5. 要坚持以渔民利益为重　五年的经验证明，只有始终把维护渔民长远利益和合法权益放在突出位置，最大限度地发展和维护广大渔业生产经营者的合法利益，充分调动各方面的积极性和创造性，注重保护渔民的生命财产安全，才能不断促进渔业增效和渔民增收。

6. 要坚持依法治渔 五年的实践证明，只有坚持“依法治渔、依法兴渔”，走渔业法制化道路，不断加强渔业法制建设和渔政执法队伍建设，维护渔业生产秩序和公平正义，才能有效实施各项渔业法律法规，更好协调产业发展和资源环境保护，保证渔业稳定健康发展。

北 京 市

一、发展概况

2010年，全市淡水养殖面积5 003公顷，比“十五”末减少317公顷，降幅为5.96%。水产品总量（不包括远洋捕捞）为54 405吨，比“十五”末增加468吨，增幅为0.87%。渔业经济总产值20.30亿元，比“十五”末增加4.64亿元，增长29.63%。其中渔业、渔业工业和建筑业、渔业流通和服务业产值分别为12.87亿元、2.77亿元和4.66亿元，分别比“十五”末上升26.55%、17.87%和48.41%。

2010年全市有渔业乡17个，渔业村61个，渔业户7 016户，渔业人口28 960人，渔民人均纯收入达到11 624元。

二、发展的特色及变化

1. 科学增殖放流，改善水域环境 从2006年起，北京市积极贯彻国务院《中国水生生物资源养护行动纲要》和农业部《水生生物增殖放流管理规定》，全市各级渔业行政主管部门从水生生物净水、维护渔业水域生态安全入手，大力开展渔业资源增殖放流工作，连续五年放流各种水生生物1亿余尾，并逐步探索出一套科学的资源增殖放流方法，有效控制了本市水库、湖泊、河流等水体的富营养化趋势，改善了水域生态环境、补充和恢复了生物种群，维护了水源涵养区的水质，提升了城市环境景观，都市型现代渔业的生态作用得以充分体现。

2. 都市型现代渔业特点日益显著

（1）渔业基础设施水平不断提高。“十一五”期间，全市渔业基建项目总投资3 135.69万元，其中：中央投资1 490.77万元，市财政投资300.94万元，其余为区县及企业自筹。共落实渔政渔港、良种工程、水生野生动物保护、渔业机械补贴等项目14个。北京市水生野生动物救治中心二期项目、北京市县级水生动物疫病防治站建设项目、北京市水产名优品种良种场建设等项目相继完工；为怀柔、门头沟等5区县配备渔政船5艘，渔政车1辆，渔业机械3 151台套，使全市渔业在动物防疫体系，苗种繁育体系，基础设施和渔政执法装备等各方面逐渐满足都市型现代渔业发展的要求。

（2）渔业的多功能性充分显现。围绕生产功能，通过推广鳄龟、淡水白鲨等名优品种及水产健康养殖技术，提高单位水面的产出效率和水产品质量安全水平；以水产种业和设施渔业为突破口开展渔业高产高效示范基地建设，使“水产种业”、“观赏鱼业”等有了长足地发展，鲟鱼及虹鳟鱼苗种产量居全国前列，渔业种业产值占全市渔业总产值的比重达到25%；各区县结合区域资源特点发挥渔业科技支撑作用，使鳟鱼、虹鳟鱼、观赏鱼、罗非鱼成为全市渔业的特色主导产业，渔业产业结构进一步优化。

围绕生活功能，以观赏、垂钓、餐饮为主要内容的休闲渔业，拉动了内需。

围绕生态功能，以生态净水为核心，逐年加大渔业资源增殖放流和水生野生动物资源保护力度。

围绕示范功能，通过渔业高科技园区建设，开展系列增殖放流活动，举办观赏鱼大赛，使首都渔业成为了北京都市型现代农业对外展示和交流的重要窗口。渔业功能的不断拓展，促进了北京渔业由传统的生产型渔业逐步向都市型现代渔业的转变。

3. 水产品质量安全水平逐年提升 “十一五”期间，随着北京市水产技术推广站部级水产品质检中心通过复审，10个区县级初级实验室和5个水生动物疫病防治站投入运转，形成了部、市、区（县）三级检测和监管机构组成的水产品质量安全体系，为确保全市水产品的安全供应发挥着积极地支撑作用。近年来，全市加大力度开展水产苗种专项整治、水产品质量安全专项整治、市场环节和养殖环节的自检、抽检和执法等工作，全市水产品质量安全水平实现了较大提高，2010年农业部抽检合格率为96.7%，在全国30个大城市中排名提升到第5位。

4. 依法兴渔迈出坚实步伐 “十一五”期间，渔业管理服务水平与执法能力不断提升，随着《北京市实施〈中华人民共和国渔业法〉办法》等规范性文件的出台，为全行业提供了依法行政、依法治渔、依法增殖与保护、依法养殖和确保健康养殖等方面的重要法律依据。

三、渔业发展变化的原因

随着北京城市建设和城乡一体化发展及自然条件的变化，北京市渔业发展面临着养殖面积逐年减少、水资源短缺、养殖成本增高等刚性限制，这些客观因素要求必须根本转变渔业发展的方式，要以“三农”为核心，以建设世界城市、实现城乡一体化为依托，大力发展首都都市型现代渔业，为丰富首都菜篮子、保障市场供应和保证水产品质量安全服务、为生态文明服务，为全市公众文化、休闲等生活需求服务。

四、主要经验

（1）发展生态渔业是北京渔业的核心，发展节水渔业是北京渔业永恒的主题，走工厂化、集约化养殖之路是北京渔业的客观要求。

（2）发展科技渔业是北京渔业加速转变的内在需求和动力。

（3）推动渔业法治建设是北京渔业最迫切的需求，是北京渔业又好又快发展的保障。

（4）渔业行政管理、渔业执法、科技支撑三大体系齐抓共管是北京现代渔业持续发展的基本保证。

天 津 市

一、发展概况

“十一五”期间，天津渔业坚持渔业经济建设和渔业生态环境建设并重的原则，以资源节约型、环境友好型为发展方向，以科技创新为动力，加大渔业设施化建设，推进水生生物资源养护与渔业水域生态环境修复，加大质量监管和渔政执法力度，不断提高渔业生态安全、水产品质量安全和渔业生产安全水平，促进渔业产业水平全面提升。

2010年，全市渔业经济总产值69.76亿元，渔业经济增加值28.49亿元；其中，水产品总产值51.75亿元，比2005年增加40%。水产品总产量达到34.49万吨，比2005年增加2.04%；水产养殖面积41 547公顷，比2005年减少0.44%。全市淡水育苗30亿尾，海水育苗1 491万尾，虾类育苗107亿尾。全市渔民人均纯收入13 700元，比2005年增加25.2%。全市人均水产品占有量28.1公斤。

二、发展特点及变化

1. 依据市场需求，调整产业结构

（1）调整养殖模式，提升养殖业的现代化水平。工厂化设施渔业发展速度加快，2010年工厂化养殖水体达到56万平方米，是2005年的4倍；通过采用先进的全封闭循环水养殖技术，单位养殖水体产量大幅提高，达到30公斤/平方米，成为节约土地、节约用水的高效集约化生产方式。池塘养殖利用生物调控技术、塑料膜护坡技术、循环水养殖技术、微孔增氧技术等，使标准化、专业化、节水型的养殖模式逐步推广，提升了养殖业生产水平。

（2）围绕市场需求，优化品种结构。在稳定传统养殖品种的基础上，努力扩大南美白对虾、彭泽鲫和乌克兰鳞鲤养殖面积，推广引进半滑舌鳎、青石斑、漠斑牙鲆等名优新品种。名特优新品种养殖产量所占比重达到42.6%。其中南美白对虾单一品种占总养殖面积40.1%，产量占水产品总产量的18%，产值达到17亿元，成为天津市调整渔业养殖品种结构、创造规模效益的代表性品种。

（3）积极推行优势水产品养殖示范园区建设。2008—2010年共建设41个优势水产品养殖示范园区，总投资5.4亿元，其中政府投资5 950万元，拉动自筹资金投入4.805亿元。优势水产品养殖示范园区在现代渔业建设中的示范带动作用明显，促进了水产养殖业由单一追求经济效益向经济、生态效益并重转化。

（4）推行健康养殖，保证水产品质量。水产品质量安全已成为社会关注的热点，规范水产养殖业质量管理，从苗种、饲料、用药全过程按标准化组织生产。全市已创建37个农业部健康养殖示范场。

（5）出口贸易稳步发展。2010年鲜活水产品出口量达到5 000吨，出口贸易额实现700万美元。“公司+基地+农户”产业化组织进一步加强，形成了生产销售一条龙，实现了订单农业，带动养殖户200余家。

（6）观赏休闲渔业成为新的经济增长点。“十一五”末，观赏鱼年产量4.7亿尾，产值2.09亿元，增加值达到1.09亿元。观赏鱼进出口已经在天津形成北方的交易中心，观赏鱼的

规模养殖和经济效益日趋明显。在水产品经济价值增加的基础上，引导观赏、垂钓、休闲渔业发展，增加产品附加值。为城市休闲服务的垂钓园区，面积已达到万亩以上；海上一日游渔船发展到50余艘，休闲渔业已成为渔业经济新的增长点。

2. 落实水生生物资源养护纲要，积极养护水生生物资源　“十一五”期间，根据国务院《中国水生生物资源养护行动纲要》精神，制定了天津市《贯彻落实〈国务院关于印发中国水生生物资源养护行动纲要的通知〉的实施意见》。通过减船减网、控制捕捞强度、实施伏季休渔、开展增殖放流活动及人工鱼礁建设、依法保护水生野生动物、开展河道综合治理和推进生态补偿等措施，加大对渔业水域生态环境修复和对水生生物资源保护的力度。“十一五”期间，共向渤海湾近岸、大型水库、市级主要河道，投放各种水生生物苗种37.76亿尾（只/粒），主要放流品种资源恢复迹象明显。启动海洋牧场建设，在汉沽大神堂外海投放生态型人工鱼礁3 790个，总计1.69万空方，礁区面积1.47平方公里。

3. 加强科技创新，推动渔业发展　“十一五”期间，共实施各级、各类科技项目283项，取得了显著的经济效益、社会效益和生态效益。取得科技创新成果6项，3项成果获得天津市科技进步二等奖，1项成果获得天津市科技进步三等奖。创新体制进一步健全，建立国家级产业技术体系工作站3个，开展与国家级科研机构合作项目16项，建立成果转化基地2个，与中国水产科学研究院合作建设的渤海水产研究所已开展工作。

4. 加强渔业服务体系建设，提升支撑保障能力　围绕渔业及渔业经济发展对公共服务的需求，瞄准农民增收，产业竞争力提升，水产品质量安全保障，渔业水域生态环境保护，水产良种体系建设，渔业科技创新与转化应用，水生生物疫病防控及依法行政，不断加强渔业社会化服务与管理体系建设。渔业产业竞争力进一步提升、渔业生产安全、质量安全、生态安全得到保障，推动了渔业生产水平提升和渔业技术进步。

渔业执法监督能力有明显增强。一支成熟的渔业执法队伍初步形成，执法装备水平不断提高，完成300吨渔政船建造。初步建成渔政指挥信息平台，执法监督能力进一步增强。加强依法行政，工作效率明显提升。

建立了“农业部药残监控”、“水产品例行监测”和天津市“节日期间水产品监测”3项例行监测制度，有效保障了居民的食品安全。

河 北 省

一、发展概况

“十一五”期间，河北省渔业加快由数量速度型向质量效益型转变，渔业基础设施建设得到加强、综合生产能力稳步提升、渔业结构调整成效显著、渔民收入持续增长、渔业科技进步日益加快、水产品质量安全和行业管理水平进一步提高。2010年，全省水产品总产量达到106.33万吨。其中养殖产量71.78万吨，占总产量的68%；渔业经济总产值达到176.66亿元，渔业产值达148.50亿元；渔民人均收入8 500元，比“十五”末增加2 000元。渔业发展在保障粮食安全、繁荣农村经济、促进农民增收、改善水域生态环境等方面发挥了重要作用。

二、发展特色及变化

1. 渔业基础设施建设进一步加强 “十一五”期间，共争取省级以上渔业基建投资1.4亿元、完成工程总投资2.3亿元。重点加强渔港、渔政执法车船、水产良种繁育、疫病防控、生产安全管理等方面的建设，进一步夯实了渔业发展的基础。其中，批准建设渔港9个，建造渔政船和渔政执法快艇28艘；建设省级良种场11处、国家级增殖放流苗种生产基地1处、省级以上水产种质资源保护区9处；建设省级渔业环境监测和水产品质量检测中心1处、省级海洋渔业环境检测站1处、县级水生动物疫病防治站20个；建设了河北省渔业安全通讯网和河北省渔业安全救助通讯指挥系统。

2. 渔业产业结构不断优化 按照国家和省水产品优势区域布局规划，积极加快渔业结构战略性调整，产业结构不断优化。继续压缩近海捕捞强度，开展小型渔船报废和渔民转产转业，大力发展外海、远海生产，不断加大人工鱼礁建设和增殖放流工作力度，经济效益明显好转。水产养殖业，逐渐规划形成了“三大产业带”和“八大产业基地”的特色产业格局，并大力推广标准化、生态健康养殖技术，“优质、高效、生态、节水”的特点更加鲜明。加工流通业发展步伐加快，水产品市场购销两旺，已建成年交易额5 000万元以上水产品批发市场12家。注册水产商标30多个，培育渔业专业合作社59家。2010年全省水产品出口量近2万吨、出口额1.5亿美元。

3. 渔业科技实力明显提升 “十一五”期间，全省渔业科技创新体系进一步加强，建立了“河北省海洋生物环境资源重点实验室”和“河北省水产院士工作站”，与13家大学或科研院所建立了技术攻关联盟，基层技术支撑服务体系建设逐步完善，完成了20个县级水生动物疫病防治站建设，创建水产专家大院等科技研发基地6个、国家级渔业标准化示范县3个、部省级渔业标准化健康养殖示范区68个。渔业自主创新能力水平有了较大提高，共取得科技成果50多项，其中获得省部级以上奖励13项，并通过推广、示范、培训，不断加速科技成果转化。

4. 安全管理水平明显提高 “十一五”期间，全省渔业质量安全管理工作全面展开，渔业标准体系建设、水产品药残检测、渔业生产资料打假、无公害产地认定、产品认证等工作取得重大成果。先后制定行业标准1项、省级地方标准75项；河北省水产品质量检测中心建成并投入使用，部分市县配备了水产品质量速测设备等。目前，全省已认定无公害水产品产地143处、14.4万公顷，占全省水产养殖面积的79%；96个产品获无公害水产品认证，产量达17.1万吨，占养殖产量的27%。各级船检港监、渔政管理机构围绕渔业安全管理，严格开展渔船检验和渔港监督工作，不断强化海上作业秩序和涉外渔业管理，积极组织抢险救助工作，渔损海难事故发生率进一步降低，渔业互保协会启动了渔业政策性保险，使渔民生命财产得到了更加有效的保障。

此外，这五年，渔用柴油补贴、渔机补贴、渔船救生筏配备补助、以及免除农业税、特产税等惠渔政策的实施，使广大渔民享受了历史上少有的国家政策扶持。其中，仅渔用柴油补贴资金就总计达到11.9亿元。

三、主要经验：

1. 坚持把促进渔业增效和渔民增收放在工作首位 “十一五”期间，各地特别是渔业重点县（市、区）的党委政府，十分重视渔业发展，把渔业作为农村经济中的特色主导产业进行规划与发展，以渔业增效和渔民增收为核心，积极落实惠农惠渔政策，大力推进科教兴渔、依法治渔、产业化经营与渔业对外开放，充分发挥各地比较优势，推进渔业又好又快发展。

2. 坚持把结构战略性调整作为渔业工作的主线 水产养殖业围绕品质调优、效益调高，更加注重集约化、标准化、产业化发展，名优品种养殖比例进一步提高；生态渔业建设受到前所未有的重视和加强，渔业资源与环境保护、近海和内陆大中水域渔业资源增殖、海洋牧场建设以及水产健康养殖等工作深入推进，资源节约型、环境友好型生态渔业及健康养殖成为渔业发展的主要方向。渔业经济发展重心向二、三产业适度转移，水产加工流通业快速增长，涌现出一批省级以上水产龙头企业和较具影响力的专业批发市场、知名产品品牌；休闲渔业发展加快，已成为渔业经济新的增长点。

3. 坚持把基础项目建设作为实现可持续发展的着力点 “十一五”期间，各级加大了对渔业的投入。大型渔港、渔政执法体系、水产原良种场、标准化健康养殖示范区、水产品质量安全及水生动物防疫体系的建设，改善了渔业服务的基础条件，增强了发展后劲；实施捕捞渔民转产转业、增殖放流、人工鱼礁建设等项目，有效地保护了渔业资源和环境生态，促进了渔业经济健康发展；落实燃油补贴、渔机补贴等惠农惠渔政策，清理各项不合理收费，改善了渔业发展的外部环境。

4. 坚持把科学管理与改进服务作为渔业工作的基本内容 “十一五”期间，重新修订了《河北省渔业条例》，制定了水产苗种管理、养殖证制度建设、质量安全监管、水生野生动物保护、跨界捕捞作业管理、渔业资源增殖放流等一系列配套管理制度，加快了渔业法制化进程。严格实施渔业行政许可、行政执法、环境监测、资源保护以及海洋伏季休渔、渔船检验、渔港监督等管理措施，依法维护渔业生产秩序、保护渔民权益。同时拓宽服务领域，成立了河北省渔业互保协会，为渔业发展和广大渔民提供市场、科技、信息、培训等全方位服务，较好地发挥了行业部门的指导调控职能。

山 西 省

一、发展概况

“十一五”时期，山西省渔业经济保持了平稳较快发展。2010年，水产品总产量达到3.17万吨，渔业经济总产值达到4.98亿元，其中渔业产值达到4.06亿元。渔民人均纯收入达到5 267元。

二、发展特点及变化

1. 各级政府关注渔业，支持渔业的氛围明显增强 省政府颁布的《山西省水产品质量安全管理办法》，为全面有序地推进水产品质量安全管理提供了强有力的政策支撑。省级渔业投资从580万元增加到1 470万元。运城市要求渔业部门继续扩大水产养殖规模，增加新品种，突出亮点，力争将水产养殖产业打造成华北、西北地区淡水良种孵化、繁育、养殖的重要基地。清徐县发布了汾河两岸生态渔业示范园规划，永济、垣曲等市县也出台了政策性文件，有力地促进了全省渔业的快速发展。

2. 多元发展结构加快，渔业发展空间得到明显扩展 各级渔业行政主管部门根据资源特点、区位特点，大力发展生态渔业、设施渔业、水库渔业、淤地坝渔业、休闲渔业和观赏鱼养殖。从节能减排、推广底层增氧技术入手，启动了池塘标准化改造工程试点，试点面积1 250亩，为正式启动池塘标准化改造工程进行了有益探索。

3. 狠抓质量管理，水产品质量安全状况明显好转 通过采取水产苗种专项整治、创建水产健康养殖示范场、建立三项制度、加大水产品药残抽检力度等多种措施，认真解决水产品质量安全问题。全省水产苗种药残抽检合格率达到97.1%，在养水产品药残抽检合格率达到99.3%，实现了本省养殖水产品药残抽检合格率达到95%以上的目标。稳步推进无公害水产品产地认定和产品认证，累计认定无公害水产品产地44家，面积2 200公顷，累计认证无公害水产品46个，产量2 629吨。按照“认证与监管”并举的原则，在推进认证认定的同时，加强证后监管和跟踪检查，保证了无公害水产品产地和产品的时效性和公信力。在省级水产健康养殖示范场创建活动中，有11个养殖单位获得“农业部水产健康养殖示范场”称号，27个养殖单位获得“省级水产健康养殖示范场”称号。

4. 渔业资源和生态环境保护工作加强 通过渔业可利用资源调查，全面掌握了全省渔业资源状况，结合资源调查成果，建立了圣天湖鲶鱼黄河鲤和沁河特有鱼类两个国家级水产种质资源保护区；在渔业资源增殖放流的重点区域，投放黄河鲤、黄河鳖、鲢、鳙等9 500万尾，促进了湖库水生生物资源的回升；分别与内蒙古自治区渔政局、河南省渔政局联合在双方共管水域实施了禁渔期管理，在省内黄河干流碛口至军渡段、小浪底水库（垣曲县境内）等重要河流水域及大中型水库也陆续实施了禁渔期制度，有效保护和促进了渔业生态环境和资源增殖。

5. 渔业工作制度化、规范化水平得到明显提高 省水利厅渔业局加挂了“山西省渔船渔港监督检验局”的牌子。在省水产技术推广站基础上，成立了山西省渔政执法总队；与有关部门联合，组织开展了低质量船舶专项治理活动；将水产品质量安全、渔船安全管理工作纳入全省水利工作目标责任制之中；制定了《山西省养殖水域滩涂发证登记工作实施方案》，对各市和渔业重点县养殖水域滩涂发证登记工作和养殖水域滩涂规划编制工作进行了安排部署；颁布实施了《淡水水产健康养殖管理规范》等4项渔业地方标准。制定出台了《山西省省级水产健康养殖示范场建设要求》。

对水生野生动物驯养繁育及经营利用实施了许可管理，并与健康养殖、水产品质量安全管理、资源养护等工作相衔接。各级渔政部门组织开展执法管理工作，查处各类渔事案件，对各种违法活动给与相应处罚，达到了宣传教育、规范引导、整顿提高的目的。

6. 坚持科教兴渔战略，科技是第一生产力的作用得到明显发挥 “十一五”期间，科研、推广部门根据资源特点，积极申报和实施渔业科研推广新项目。省水产技术推广站重点围绕新品种引进、新技术推广做文章，开展了新吉富罗非鱼、加州鲈全人工饵料养殖技术等技术的推广和示范，并获得全国农牧渔业丰收奖二等奖、三等奖各1项。省水产科学研究所与山西大学及中国地质科学研究院生物室合作对“山西野生大鲵分子标记及人工繁育技术研究”、“寄生虫鱼病药物防治应用研究”、“生物技术培育多倍体与单性虹鳟种苗”三项课题进行联合攻关。2名基层水产技术推广人员、3名养殖户获得了中华农业基金会神内基金农技推广奖。

内蒙古自治区

一、发展概况

“十一五”期间，内蒙古自治区渔业系统全面落实中央、自治区关于“三农”、“三牧”工作的各项方针政策，以渔业增产、增效，渔民增收和可持续发展为主攻目标，切实转变观念，不断深化渔业经济结构调整，转变渔业增长方式，推进水产健康养殖，保障水产品质量安全，加强渔业资源养护和生态环境保护，推进“平安渔业”建设，实现了渔业持续、协调、健康发展的总体目标。

经过五年的发展，2010年，全区水产品产量达到11.4万吨，比“十五”期末增加3.1万吨，年均增长6.6%；养殖产量达到7.7万吨，比“十五”期末增加3万吨。水产品人均占有量4.7公斤，比“十五”期末增加1.2公斤，年均增长6.1%。渔业产值13.8亿元，比“十五”期末增加6.5亿元，年均增长13.6%；渔民人均收入7 225元，比“十五”期末增加2 636元，年均增长9.5%。渔业在保障水产品供给、丰富菜篮子和食品安全，促进农牧民增收和农村牧区经济发展中发挥了重要作用。

二、发展的特色及变化

“十一五”期间，内蒙古东部地区依据资源丰富和环境无污染的优势，以增加产量，提高品质为目标，加强鱼类产卵场、洄游通道等基础设施建设，开展网箱、围栏和中小水面人工养殖，建设了呼伦湖、达里诺尔等一批绿色、有机水产品生产基地。截至2010年全区天然水面人工养殖总面积达到9.3万公顷，天然水域水产品养殖产量3.4万吨；西部地区加快池塘养殖品种结构调整，改变传统生产方式，推广生态健康养殖技术等手段，发展池塘名优特养殖和无公害水产品生产；在盐碱水域开发方面，去年内蒙古新增螺旋藻养殖面积200公顷，螺旋藻产量突破1 000吨，盐藻养殖面积3 300平方米，年生产盐藻粉8吨。

三、渔业发展变化的原因

准确的发展定位，正确的发展思路，积极的发展态度，科学的发展举措是内蒙古渔业经济快速发展的主要原因。“十一五”期间，全区按照“结合实际，因地制宜，突出特色，创建品牌”的发展思路，积极引导，加快渔业基础设施建设，加大科技投入，加强渔业管理，渔业经济取得了快速发展。五年来，结合实际，先后提出了“三个渔业产业带建设”、“打造中国北方绿色、有机水产品生产基地”、“加快渔业步伐，走具有内蒙古特色的现代渔业之路”、“实施绿色、特色、生态渔业发展战略”。

四、主要经验与体会

（1）坚持“科技兴渔”的发展战略。不断推进科技创新、成果转化和技术推广工作，提高渔业发展的科技含量，突破制约渔业经济发展的技术瓶颈。重点围绕水产新品种、渔药、高效饲料和健康养殖模式等方面开展联合攻关，解决盐碱水域的开发利用问题，保障水产品安全供给，促进渔民稳定增收。

（2）坚持发展特色养殖。发挥内蒙古渔业资源的优势，大力发展天然水域人工增养殖、池塘名特优品种精养殖、冷水性鱼类和耐盐碱鱼类的增养殖。坚持发挥市场机制的作用，调动各方面的积极性和创造性，充分利用"两种资源，两个市场"，促进渔业经济持续、稳定、健康发展。

（3）坚持可持续发展理念。把渔业资源和生态环境保护作为渔业发展的重点，处理好渔业发展与资源养护、生态环境保护之间的关系，发展生产与市场开拓的关系，产量与效益的关系，促进协调发展。

（4）坚持"以养为主"的发展方针。遵循渔业发展的客观规律，转变依赖捕捞天然资源的传统增长方式，大力发展水产生态、健康养殖和天然水域渔业增殖。

（5）坚持"依法治渔"。加强渔业法制建设，维护渔业生产秩序和公平正义，为渔业稳定健康发展提供坚强保障。

（6）坚持以人为本。始终把维护渔民长远利益与合法权益放在突出位置，维护好广大渔民群众的根本利益。

辽　宁　省

一、发展概况

到2010年末，全省渔业经济总产值达到1 049亿元，年均增长13%；渔业经济增加值549亿元，年均增长15%。上述两项指标均为“十五”末的1.8倍和1.2倍。水产品总产量430万吨，年均增长6.7%；渔民人均纯收入达到12 300元，年均增长9%；渔业出口创汇达到18.3亿美元，年均增长11%。上述三项指标均为“十五”末的1.4倍。渔业在农业乃至整个国民经济中占有越来越重要的地位。

二、发展特点及变化

1. 养殖规模迅速扩大　2010年养殖面积达到73万多公顷，比2005年增长10.8%。扇贝、海参、鲍鱼、裙带菜、海蜇的养殖面积全国领先。工厂化设施渔业养殖规模达到310万平方米，比2005年增长12.8%。

2. 精品养殖做大做强　全省精品渔业养殖由2005年的15.3万公顷和70万吨增加到2010年的30万公顷和160万吨。海参养殖势头迅猛，由2005年的2万公顷已发展到2010年的3.7万公顷；海蜇养殖从无到有，目前养殖规模达到1.2万公顷。

3. 增殖渔业领域不断拓宽　坚持25年连续向黄海北部海洋岛渔场累计放流中国对虾195亿尾，坚持5年连续向渤海辽东湾累计放流海蜇13亿头，增殖日本对虾6.2亿尾、中国对虾1.6亿尾。以虾夷扇贝、海参、魁蚶等海珍品底播为主的面积已达14万多公顷，占总面积的52%。

4. 加工渔业壮大发展　“十一五”以来，全省新增水产品加工企业129家，达到846家，每年的固定资产投入超过20亿元。

5. 水产苗种质量优化　全省水产苗种场已经从2005年的986家发展到2010年的1 750家。2010年，全省水产苗种出苗总量达到2 000多亿单位，育苗品种达到50多个，实现产值40亿元，占全省渔业经济总产值的9.5%。

三、发展变化的原因

1. 科学编制规划，统筹协调发展　集思广益，科学编制《全省渔业“十一五”规划》、《全省海洋经济“十一五”规划》、《全省渔港建设“十一五”规划》等渔业发展规划，并坚持“三个统筹”，一是统筹项目投资与规划，必须先有规划后有项目和投资；二是统筹海洋经济发展规划与渔业发展规划，与全省“十一五”国民经济与社会发展规划相协调；三是统筹保运转和促发展，找到机构运转和行业发展的平衡点。

2. 各方加大投入，夯实基础建设　抓住国家扩大内需增加对农业投入和省政府提出渔业倍增发展的难得机遇，强化基础工作，优化投资环境，加强沟通协调，经过各方面的不懈努力，辽宁省海洋与渔业的投入总量成倍增长，投资领域不断拓宽。

截至2010年末，全省共申报实施农业部渔业基本建设项目36个，项目总投资25 601亿元。从2008年起，每年投入省本级资金1亿元用于渔业倍增发展。这些项目的实施，极大地拉动了社会投资，促进了海洋渔业基础设施建设，恢复和保障了海洋渔业生产能力。

3. 加大培训力度，促进经济转型 五年来，渔业发展遵循渔民转产、经济转型的指导方针，加大渔民的培训投入，新建健康养殖示范区 1 025 个，增殖放流 91 亿单位，，新建 3 个人工鱼礁示范区，新建省级水产原良种场 72 家、水产苗种场 764 家，实现了“经济增长、渔业增效、结构优化、渔民增收”的既定目标。

4. 狠抓项目管理，严守工程质量 严格进行项目管理和资金管理，严把“三关”，即申报关、质量关、验收关。确保项目质量。

四、基本经验

（1）领导高度重视。近年来，省委、省政府主要领导和分管领导经常听取渔业工作汇报，多次就渔业工作进行批示和指示，省政府每年都召开工作会议研究部署渔业工作，有力地加强了渔业工作的领导。省委、省政府领导高度重视渔业安全生产，对渔业海难事故，及时做出重要批示和组织施救，有效地保障了渔民生命财产的安全。伏季休渔管理特别是海蜇管理期间，主管副省长及沿海五市的市县（市、区）党委、政府的主要领导都深入一线，坐阵指挥。省委、省政府对渔业工作高度重视，极大地激发了渔业战线广大干部职工的工作热情，调动了大家的积极性。

（2）发挥科技支撑作用。一是多方争取加大科研投入，积极申报、争取科研项目。先后完成了一批渔业科研项目，新品种繁育和健康养殖模式研究等 4 项科研成果获省科技进步一等奖，17 项科研成果顺利转化，科技贡献率提高了两个百分点。二是全力推进渔业科技入户工作，大力推广辽宁“盘山模式”。三是切实加强水产品质量安全管理。颁布实施了《辽宁省水产品质量安全管理办法》，完善了省、市、县三级水产品质量检测中心建设。认定无公害产品 120 个，产地 60 万公顷。

（3）强化渔业执法，为渔业发展保驾护航。一是认真开展水产养殖业专项执法行动，重点检查养殖证、苗种生产许可证及养殖生产过程中渔用兽药使用等情况，规范养殖业生产秩序，取得良好效果。二是贯彻海洋捕捞许可制度，严格海洋捕捞渔船管理。全面开展“三无”渔船的清理整顿工作，从重从严处罚违规渔船，进一步改善了海上捕捞生产秩序。三是全力做好伏季休渔管理和海蜇资源管理工作，省市政府领导挂帅，县乡主要领导出征，渔业、公安、边防、监察、工商等部门齐抓共管，联手配合，圆满实现全省统一禁渔和统一开捕的管理目标。

吉 林 省

一、发展概况

“十一五”期间，各级政府和渔业主管部门全面落实科学发展观，大力推进渔业结构调整和发展方式转变，渔业产业地位得到了进一步巩固和提高，经济发展和资源养护工作取得了显著成效，为繁荣农村经济、增加农渔民收入、保障“菜篮子”水产品安全有效供给、促进生态文明建设等做出了重要贡献。

全省渔业综合生产能力逐年提高，渔业经济保持较快发展，总量由“十五”末期的12万吨提高到当前的16.59万吨，年均增幅近8%；水产品累计出口1.9亿美元，占全省同期外贸出口总额的约1.5%、农产品出口总额的约10%，渔民人均收入由4 200元提高到5 565元，收入水平始终远远高于种植业农民。

二、发展的特色及变化

1. 渔业结构进一步优化，自然资源开发利用趋向合理 “十一五”期间，自然江河捕捞产量连续实现“零增长”，增养殖产量所占比重逐年提高，2010年全省养殖产量14.6万吨，在水产品总产量中所占的比重由“十五”末的82%提高到近90%。

2. 渔业服务体系建设不断完善，支撑保障能力显著提高 “十一五”期间，各级政府加大了对渔业的投入，先后建成省级水产良种场32家，水生动物疫病防治、水产品质量检测机构18个，内陆标准渔港2处，购建渔政执法车、船、艇26辆（艘），为渔业经济稳步发展提供了有力支撑。

3. 水产品质量水平保持稳定，有效保障了居民消费安全 “十一五”期间，先后建成国家级水产标准化示范区6处、农业部水产健康养殖示范区36处、无公害水产品养殖基地82处，认证无公害、绿色、有机水产品184个，涉及水域面积16万多公顷，占全省已养殖面积的约60%；累计抽检样品达2 000余个，产地水产品药残合格率保持在100%。

4. 渔业资源养护工作不断深入，促进了生态文明建设 水生生物增殖放流工作持续开展，全民认识不断提高，形成了政府主导、各界支持、群众参与的良好社会氛围，生态、经济和社会效益显著。编制完成了《吉林省水生生物资源增殖放流规划》，累计放流水产苗种2.5亿尾、国家重点保护水生野生动物500万尾；大麻哈鱼、滩头鱼等溯河产卵鱼类人工增殖放流取得历史性突破。

5. 依据资源环境，合理调整产业结构 按照“突出区域特色，加强薄弱环节，促进产业集群，提高竞争优势”的原则，在全省确立不同区域的功能定位和发展方向，建设特色突出、结构合理、功能完整的优势渔业经济区。逐渐形成中西部地区的大水面绿色有机渔业和稻田养蟹，东部地区的虹鳟、花羔红点鲑等冷水鱼养殖，中部地区的名优鱼类池塘集约化养殖，延边州鳕鱼加工及海产品转口贸易，大中型湖库冬捕旅游等特色渔业。

三、发展变化的原因

1. 领导重视 吉林省委、省政府高度重视渔业发展，要求全省各级政府和渔业部门全面落实农业部渔业局各项支渔惠渔政策，积极争取渔业发展资金，努力打造地方品牌，为渔业发展提供了政策上的支持。各级政府加大了对渔业的投入，为渔业经济稳步发展提供了有力支撑。

2. 地方各级部门协力 “十一五”期间，全省各级渔业部门大力推进渔业结构调整和发展方式转变，渔业经济发展和资源养护工作取得了显著成效，为现代化渔业建设做出了突出贡献。

四、主要经验

“十一五”渔业发展的实践充分证明：坚持在农业和农村经济发展大局中谋划渔业，创造良好政策环境，是加快渔业发展的重要前提；调整渔业产业结构，转变渔业发展方式，是加快渔业发展的重中之重；促进渔业生产经营专业化、标准化、规模化、集约化，是加快渔业发展的必由之路；强化科技、人才、体制支撑，完善基础设施，是加快渔业发展的基础保障；严格有效执行各项重大管理制度，强化资源和质量安全管理，是加快渔业发展的基本要求。

黑 龙 江 省

一、发展概况

“十一五”期间，围绕渔业增效、渔民增收这条主线，不断加快渔业经济结构调整，切实转变增长方式，全面推进水产生态健康养殖，着力抓好水产品质量安全，加强渔业资源和生态环境保护，全省渔业经济取得了飞跃式发展。2010 年，全省渔业总产值实现 64 亿元，比 2005 年增长 1.04 倍；全省放养面积达到 38.9 万公顷，比 2005 年增长 49.3%；渔民人均纯收入由 2005 年的 4 600 元增加到 6 800 元，增长 47.8%；全省水产品总产量实现 48.1 万吨，比 2005 年增长 53.7%，其中养殖产量 43.1 万吨，比 2005 年增长 55%。全省地产鱼人均占有量达到 12.7 公斤，比 2005 年增长 49.4%。

二、发展特点及变化

1. 特色养殖快速发展 “十一五”期间，特别是近两年，省委、省政府高度重视渔业工作，做出了“积极发展黑龙江特色渔业”的工作部署，各级政府和有关部门支持渔业发展的力度不断加大，具有当地特色的水产养殖业迅猛发展。2010 年，全省繁育生产鲟鳇鱼、大白鱼、怀头鲶、方正银鲫等地产名贵优质鱼类苗种 3 亿多尾，比 2005 年增长 5 倍以上，除了供应省内发展养殖生产外，还销往全国十几个省区。全省名特优鱼类养殖面积比 2005 年增长 124.5%，网箱养鱼面积是 2005 年的 2.4 倍多，池塘驯化养鱼面积比 2005 年增长 65.9%。

2. 健康养殖全面推进 按照确保水产品质量安全的工作思路，在全省全面推进了健康养殖。已建成 27 处部级水产健康养殖示范场（区）和 54 处省级水产健康养殖示范场（区），示范面积 11.6 万公顷。以示范场（区）为带动，无公害（绿色）水产品养殖规模不断扩大，2010 年，全省无公害水产品养殖面积已扩大到 30.2 万公顷，比 2005 年增长 91.3%。

3. 基础设施力度加大 “十一五”期间，渔业基础设施建设力度不断加大。共争取国家基本建设投资项目 49 个，其中，水产良种场 7 个，湿地、自然保护区 4 个，水生动物疫病防治站 15 个，渔港 2 个，渔政执法船 5 艘，渔政执法快艇 14 艘，渔政车 2 辆。项目总投资 9 171 万元，其中国家投资 5 884 万元。这些项目的陆续建成使用，使渔业综合生产能力和管理能力得到大幅提升。

4. 资源保护初见成效 从保护生物多样性和保护鱼类资源的角度出发，加大了渔业资源的养护力度。至“十一五”末，全省已有鲟鳇鱼放流站 7 个、鲑鱼放流站 3 个、水产种质资源保护区 7 个，在黑龙江、乌苏里江水域形成一个规模较大、水平较高、布局合理的鱼类生态保护体系。这一期间，农业部与省政府多次联合举办渔业资源增殖放流活动，增强了增殖放流活动的影响力。五年来，共增殖放流濒危、珍稀名贵和经济鱼类苗种 27 728.3 万尾，其中，国际濒危物种鲟鳇鱼 138.2 万尾，分别比“十五”期间增长 4.9%和 31.6%。通过资源增殖，主产区捕捞鲟鳇鱼、大麻哈鱼数量明显增多，其中大麻哈鱼捕捞量由过去年产 3 万尾恢复到近年年产 20 万尾，增长了 6.7 倍。

三、发展变化的原因

1. 各级党委、政府高度重视 纷纷出台政策、投入资金扶持渔业生产，一些县（市）的主要领导直接过问水产工作，研究问题，为全省渔业的快速发展提供了强大动力。

2. 渔业经济结构调整 特别是地产名贵优质水产品养殖的迅猛发展，为全省渔业发展注入了新的活力。近两年，把发展特色渔业放在突出位置，加大投入力度，以抚远、同江、黑河、虎林、杜蒙、呼玛、兴凯湖、镜泊湖为重点，选择20个县，在全省发展适应北方高寒地区养殖特点、拉动力强的鲟鳇鱼、大白鱼、怀头鲶等特色品种的养殖，带动了全省特色养殖的发展，有力地促进了渔民增收。

3. 自然生态环境良好 天蓝、地洁、水清，为生产绿色、有机水产品奠定了良好基础。全省已有一批水产品得到了有机水产品认证。所生产的鱼类、河蟹等水产品畅销湖南、山东、辽宁、吉林和上海等地。

四、制约因素

渔业生产虽然发展较快，但一些深层次的矛盾还很突出，影响和制约了渔业的持续稳定发展，主要有以下几点。

1. 渔业的产业化和组织化程度较低 渔业生产方式多为粗放型，产业结构中二三产业比重偏低，水产品加工与外向型渔业仍然是渔业发展中的“短腿”，缺乏有带动力的龙头企业，渔业合作经济组织建设刚刚起步，多数养鱼场户处于家庭式的分散经营状态，市场竞争力弱，渔业增效、渔民增收后劲不足。

2. 支撑保护体系较弱 渔业公益性、基础性投入不足，缺乏必要的财政扶持和金融部门信贷支持，基础设施建设薄弱，渔业安全生产管理手段落后，科技成果储备不足，自主创新能力不强。渔业原良种体系、基层推广服务体系、质量监控体系、水生动植物防疫体系等较为薄弱，渔业管理的配套制度不够健全。

3. 管理体制不够顺畅，技术推广体系薄弱 全省各地的渔业行政主管部门设置多样，隶属关系不同，且从事渔业管理的公务人员少，严重削弱了渔业发展政策及管理决策的执行力。很多市、县的水产技术推广机构不健全，绝大多数乡镇站更是连最简单的技术设备都没有。由于人员、经费不足，技术推广、人员培训、项目实施等不同程度受到影响。

上 海 市

一、发展概况

“十一五”期间，按照《上海市农业发展十一五规划》确定上海“都市现代渔业”的发展新思路，加速实现分散向集约、数量向质量、生产向生态、产品向服务的战略转型，充分运用先进科技改造传统渔业，用市场化手段、商业化理念加快渔业产业结构调整，养殖、捕捞、加工、休闲等四大产业有序发展，渔业生产安全形势总体稳定，渔业生态环境逐步改善。基本完成了上海市渔业“十一五”规划所确定的各项目标。2010 年全市水产品总产量达到 28.97 万吨；渔业总产值 52.62 亿元，占全市农业总产值 18.33%；渔民人均收入 14 400 元，比 2005 年增长 38.81%。

二、发展特色及变化

1. 渔业生产基础设施明显改善 标准化水产养殖场的建设对于提高水产养殖业规模化、组织化程度，保障上海地产水产品最低保有量和水产品质量安全，夯实上海都市现代渔业发展基础，具有极为重要的意义。至 2010 年底，共批复改建 6.7 公顷以上标准化水产养殖场 218 个，面积 0.7 万公顷，总投资约 9.6 亿元。

2. 地产水产品质量安全得到有效保障 建立了 1.7 万公顷养殖池塘的档案渔业“二项登记、五项制度”，试行地产水产品产地证明制度；在青浦区、奉贤区、金山区、崇明县约 1 万公顷的养殖面积上建立村级水产监管员队伍，填补了水产品质量安全监管空白；稳步推进水产养殖场准出制度，把好地产养殖水产品出场关。2010 年底试行“准出”制度的水产养殖场达到 102 家。形成了一套由渔业行政主管部门主持、渔政管理部门监督、水产质检部门检测的有效监管机制，建立了生产、投入、监管、抽检、准出、问责等工作程序，使本市水产品质量安全监管工作落到实处。

3. 渔业生产安全形势总体稳定 通过培训捕捞渔民、建立船东俱乐部、装配 AIS 卫星定位系统、建立抢险救助应急联动机制、加强渔业安全生产检查和船舶检验、赠送救生衣和救生筏等工作的开展，渔民安全生产意识和自救互救能力逐步提高。全市渔业安全生产形势处于可控状态。

“十一五”期间，通过加强服务和宣传，积极引导渔民参加人身和财产互助保险，渔民互保事业取得长足发展。2006—2010 年累计投保渔船 1 475 艘（次），投保渔民 9 443 人（次）；全市淡水养殖保险也得到大力发展，淡水养殖保险面积从 2006 年的 7.7 万亩增加到 2010 年的 20.89 万亩，渔业保险政策为渔业健康发展提供了坚实的后续保障。

4. 休闲渔业得到较大发展 “十一五”期间，结合标准化水产养殖场改造，因地制宜，加快休闲垂钓场所建设，共建成初具规模、设施良好、管理规范的休闲垂钓场 36 家。水族产业也得到了较大发展。2010 年本市观赏鱼养殖面积达 141 万平方米。连续举办了五届上海国际休闲水族展览会；集观赏、种源、科研、物流、交易、科普等多种功能于一体的上海浦东观赏鱼中心初步建成。

5. 远洋渔业稳步推进 在保护和合理利用近海渔业资源的基础上，重点开发外海渔场，发展远洋渔业。在国家政策的支持下，大力开展增收节支，积极挖掘生产潜力，总体形势较好，远洋捕捞产量稳定在15万吨左右。目前，上海地区已拥有8 000吨级大型拖网加工船4艘、大型金枪鱼围网船9艘、大型鱿鱼钓船7艘、金枪鱼延绳钓船11艘以及过洋渔船58艘，在世界各地建立合作、合资企业和办事机构13家。

6. 渔业行政执法管理和生态资源保护得到加强　有序开展了鳗苗整治、长江禁渔、伏季休渔等渔业管理工作及电捕鱼等专项整治行动，确保渔业资源得到保护、渔场稳定、长江航道畅通。配合财政部门做好渔业柴油补贴工作，至2010年底，约4.14亿元渔用柴油补贴资金发放到渔业生产企业和渔民手中。

通过制定放流计划，招投标采购苗种等措施，水生生物增殖放流工作的规范化、科学化水平不断提高。“十一五”期间在杭州湾、长江（上海段）、内陆水域放流各类水产苗种逾5亿尾（只）。

5年共抢救大型中华鲟、野生海龟、江豚、海豚、小抹香鲸、布氏鲸等野生保护动物29尾（只）。

“十一五”期间新建、更新渔政执法船艇30艘，截至2010年底，共有注册登记的各类渔政执法船艇59艘，执法车辆36辆，渔政执法管理进一步加强。

7. 渔业科技水平进一步提高　根据农业部的统一部署，积极开展渔业科技入户活动。2006—2010年共培训养殖渔民44 000多人次，共有263名科技人员参与渔业科技入户工程，指导带动836户科技示范户，辐射6 920户水产养殖户，实现单产平均水平提高12.31%、单产节本6.19%的目标。

“十一五”期间，重点在主导产业适用技术、产业发展关键技术、技术成果推广等重要领域进行科技兴农立项34个，经费达2 930万元。不但取得显著经济效益，而且在渔业资源养护、保护养殖水域环境和挽救濒危物种方面发挥了重要作用，有效提高了渔业科技对社会的贡献度。2006—2010年共获得省部级以上科技奖46项，其中国家级二等奖7项，省部级一等奖10项。

8. 渔业产业带优势更加明显　沿杭州湾的海水虾类、长江口的中华绒螯蟹、黄浦江上游及淀山湖的淡水虾类和特种鱼类三大产业带的优势更加显现。2010年三个产业带合计产值约22亿元，占全市水产养殖总产值的58.46%。

江 苏 省

一、发展概况

2010年，全省水产品总产量达460万吨，比2005年增长18.3%；实现渔业经济总产值1 310亿元，其中渔业一产产值805亿元（占大农业的19%左右），渔民人均纯收入达到11 106元，分别比2005年增长52%、57.7%和68.4%。渔业不仅成为农村经济中的优势产业，而且为渔农民就业创业和保障食物安全、改善环境生态、平抑市场物价、丰富居民生活等作出了重要贡献。

二、发展特色及变化

1. 渔业产业结构不断优化 在渔业一产稳定健康发展的同时，二三产业得到较快发展，产值已达505亿元，比2005年增长91.3%。培育了一批主导品种和优势产业，优势特色水产品养殖面积占全省总面积70%以上，高效渔业养殖面积达到38万公顷，占全省总面积的51%。渔业质量安全监管和品牌建设成效显著，水产品质量标准体系、检测体系、防疫体系框架初步形成。水产品质量检测合格率保持在97%以上。

2. 渔业组织化程度不断提升 省级以上渔业龙头企业增加到47家，其中国家级龙头企业7家。全省渔民专业合作组织发展迅速，达到2 158个。渔业行业协会纷纷建立并发挥作用。龙头企业、合作经济组织与渔农户的连结更加紧密，方式更加灵活，推动了生产标准化和渔民组织化水平的提高，形成了一批产业化程度较高的优势品种，增强了市场竞争能力和抗风险能力。水产品流通更趋活跃，市场供应丰富。

3. 渔业科技不断创新 科技创新体系、成果转化应用体系、推广服务体系建设有新发展，造就了一批科技创新推广人才。加快推广应用新品种、新技术、新模式，较好地解决了产业发展的关键性技术，取得了一批新成果，培育了一批新兴优势产业。广泛开展了先进实用技术培训，培养造就了一批新型渔民。

4. 生态渔业建设力度不断加大 全面实施海洋伏季休渔制度、长江和湖泊禁渔期制度，启动了内陆渔船数量和功率双控制度。重视渔业资源增殖放流和保护，全省累计放流各类经济水生动物苗种33亿尾（粒），有17个水产种质资源保护区被批准为国家级保护区，水生生物资源养护工作不断强化。太湖流域共拆除网围养殖面积近2万公顷，试行了《太湖流域池塘养殖水排放标准》，实施养殖池塘水净化及循环利用工程，实行达标排放，减排效果明显。

5. 依法治渔水平不断提高 出台了《江苏省渔业港口和渔业船舶管理条例》、《江苏省国有渔业水域占用补偿暂行办法》等法律法规及一系列配套措施。大力实施水域滩涂养殖证制度、水产苗种许可证制度，启动了水产养殖执法工作。加强渔业安全生产管理，推行了“三化五覆盖”的安全管理措施，建立了10人以上海洋渔船安全监管数据库，初步建成并启用渔船动态监控系统。强化了捕捞许可管理，建设了海洋捕捞渔船信息管理系统，有效维护了渔业生产秩序。

6. 渔业基础设施和渔民民生不断改善 实施了池塘标准化改造，设施渔业建设步伐加快，渔港码头和执法基地建设取得新进展。渔业政策性补贴逐步扩大，渔业政策性保险开始起步，渔民社会保障覆盖面加大，渔民维权的渠道通畅，渔区和谐安定。

三、发展变化的原因

渔业工作始终坚持以科学发展观为指导，以渔业增效、渔农民增收为目标，注重经济、生态、社会三个效益相协调，切实转变渔业发展方式，加大渔业结构调整力度，提升产业发展层次，提高渔民综合素质，提高渔区综合配套水平，增强渔业综合竞争力，努力促进渔业向“质量安全、资源节约、环境友好、效益提高”的方向发展。

四、主要经验

（1）高效渔业规模化是提高渔业综合生产能力的重要抓手。“十一五”期间，推进了百万亩鱼池标准化改造工程、水产良种工程，推广应用新型渔业机械，大力推进高效设施渔业建设，2010 年全省高效渔业中设施渔业面积达到 14.3 万公顷。

（2）延伸产业链是提高渔业产业化水平的重要途径。坚持理顺市场、流通、销售、生产、加工关系，拓宽渔业发展环境。加强了水产品促销；组织了境内外江苏水产品推介活动，在金融危机中，江苏水产品出口呈现逆市上扬的势头。

（3）科技兴渔是提高渔业发展水平的重要动力。坚持“创新、产业化”的目标，组织实施省水产品种、技术、模式三项工程 287 个项目，突出加强渔业科技创新体系建设，集成创新了池塘循环水养殖技术、池塘微孔增氧技术等一批渔业新技术，示范推广了优良水产新品种引进驯养、优质安全水产品生产关键技术等一批渔业先进技术。2010 年渔业科技入户在全省 55 个县（市、区）实施，示范面积 103.3 万亩，辐射带动 496 万亩，成为渔业科技成果转化的良好载体。加强渔业科技成果集成展示平台和能力建设，建成了 20 多个省级渔业科技示范园区。

（4）体制机制创新是增强渔业发展活力的重要源泉。加快了渔业行政审批制度改革，减少和规范了行政审批。不断完善渔业市场机制，健全竞争有序的现代渔业市场体系，发展渔业生产要素市场和商品市场，完善市场监督体系，规范市场秩序；逐步建立了生态建设和环境保护机制，严格实施渔业环境保护制度，探索并建立生态补偿机制，加大了对渔业保护区等重要生态功能区的生态补偿。

（5）政策扶持是促进产业健康快速发展的重要保障。落实国家对渔业捕捞、养殖用渔船的燃油价格补贴政策，使渔业捕捞从业人员在资源衰退的情况下能够维持生产生活。落实国家强渔惠渔政策，加大了对高效设施渔业、海洋捕捞渔民转产转业、现代渔业等类别项目的扶持力度，促进了渔业发展。

浙 江 省

一、发展概况

“十一五”期间，浙江渔业以加快产业结构调整为重点，围绕“生态养殖、调整捕捞、扶持远洋、改良种苗、绿色加工、拓展休闲渔业”的发展方针，强化基础设施建设，完善行业管理和服务，经济规模不断扩大，产业结构不断优化，行业管理不断加强，发展水平不断提高，渔民收入不断增长，实现了渔业经济的稳步发展。

2010年，全省渔业经济总产值1 336亿元、水产品总产量517.7万吨，分别比2005年增长38%、7%；渔业产值占大农业的比重达到24%。水产品的出口量和贸易额年均增幅为2.9%和5.4%。渔民人均收入达到13 350元，比“十五”末增长69%。

二、发展特色及变化

1. 结构调整不断推进 2010年,渔业经济一、二、三产结构比例为40∶36∶24。“十一五”期间，涉渔一、二、三产内部转型升级进一步加快，国内海洋捕捞强度得到进一步控制，海洋捕捞渔船数量总减幅达8.7%；远洋渔业产业规模和水平继续保持全国领先；生态高效养殖模式不断创新，水产养殖产值占一产的60%；水产品质量安全水平明显提高，优质、名牌产品比例逐年增加;“渔家乐”等休闲观赏渔业蓬勃兴起，全省现有休闲渔业1 310家，从业人员1.48万人，总产出11.8亿元。

2. 基础设施明显改善 全面实施以标准渔港、标准鱼塘、渔船安全救助信息系统等为重点的渔业基础设施建设。建成标准渔港7座，新开工和在建标准渔港29座；改造标准鱼塘7.1万多公顷；对19 400艘渔船安装了海上渔船安全救助信息系统并投入运行；建成渔业种质资源保护区和增殖放流区20个；39个水生动物疫病防治站建设全面启动。

3. 科技兴渔成效明显 “十一五”期间，建成专业实验室40余个，其中省部级重点实验室10个，新建各类涉渔科技创新服务平台、创新中心和区域高科技园区11个，通过国家审定的水产新品种4个，获得省、部级以上科技成果奖25项。通过责任渔技推广制度的全面落实和“渔业科技入户”示范工程的实施，建立了6个省、部级渔业科技入户示范县，推广了10大主推品种、18项主推技术，应用面积8.7万公顷，直接增效6亿元，全省水产养殖标准化实施率达到35%。

4. 管理能力不断提升 探索推广渔业安全生产社会化管理机制，落实安全生产责任制，加强渔船检验、执法管理，全省渔船安全事故比“十五”末下降48.4%；全面实施养殖证制度，强化水产品质量安全监管，初步建立了省、市、县三级质量安全监管体系，水产品抽检合格率98%以上；严格执行捕捞渔船“双控”和捕捞许可管理制度，完善伏季休渔制度，开展水生生物资源养护行动，增殖放流各类水产苗种16亿尾（粒、只）。

5. 公共服务逐步深化 加强渔民培训，累计培训36万人次；探索政策性渔业互保，累计参保渔船14 392艘、渔民124 847人，承载风险保额超310亿元;开展海洋灾害预警报、养殖水域环境监测预警、水产养殖病害测报服务，范围基本覆盖全省；落实国家柴油补助政策84.5亿元，缓解了渔民生产成本上升的压力。

三、主要经验

（1）始终坚持围绕党委政府中心工作来谋划事业发展。

把渔业工作紧密融合于经济社会发展大局，紧扣保障市场供给、促进渔民增收、建设生态文明等主题，谋划工作思路，制定政策举措，强化落实机制，用好战略机遇，在推动中心工作的同时，不断发挥作用，做出贡献，壮大实力，有为有位。

（2）始终坚持以改革创新的精神来推动事业发展。

把创新作为推动渔业事业发展的源动力，以科技创新引领产业跨越发展，以制度创新破解体制机制羁绊，以管理手段和方法创新提升整体工作水平，在渔业结构调整、安全生产和水产品质量管理、渔业公共服务等方面不断探索新办法、积累新经验、取得新突破，努力把握工作的主动权。

（3）始终坚持把因地制宜、因势利导作为渔业工作的基本原则。

在明确方向的基础上，指导各地结合实际，因地制宜地选择具体的发展目标和重点，发挥特色优势、加快要素集聚、优化资源配置，促进区域差异化竞争和特色化发展。在充分发挥市场配置资源基础性作用的同时，发挥政府“有形之手”因势利导的功能，通过法制环境完善、规划导向控制、税费政策调控、产业政策引导等，把市场主体的创造性与政府管理的规范性有机结合起来，增强发展的主动性、协调性和可持续性。

（4）始终坚持把维护和实现广大渔民群众的根本利益作为渔业工作的出发点和落脚点。

无论是实施标准鱼塘、标准渔港、渔船安全救助信息系统、海洋防灾减灾体系等基础设施工程，还是推动“连家渔船渔民上岸”，开展“平安渔场”和“平安渔船”建设等，始终突出改善民生这个重点，牢固树立以人为本的理念，把促进渔农民增收、维护渔农民权益、保障渔民群众生命财产安全作为渔业工作的出发点和落脚点。

安 徽 省

一、发展概况

“十一五”时期，全省各地立足资源优势，坚持因地制宜，认真组织实施渔业“三进工程”，深化产业结构调整，强化渔业资源和水域生态环境保护，渔业经济持续、稳定、健康发展。2010年全省水产养殖面积近53万公顷；水产品总量193万吨，比“十五”期末增长29%；渔业经济总产值420亿元，增长47.6%；渔民人均纯收入7 731元，增长58%。几年来，农业部、省质监局、省农委对水产养殖基地、批发市场、农贸市场和超市的水产品抽检中，平均合格率96%以上。渔业在繁荣农村经济、增加农民收入、改善食物结构、保障市场供给、促进社会稳定中发挥了积极作用。

二、发展特点及变化

1. 注重发展优势区域 区域布局进一步优化，2010年全省水产品产量万吨以上主产县已达50个，3万吨产量或5亿元产值以上的大县已达32个，其产量和产值均占全省总量的60%以上。沿江、沿淮和环巢湖三大产业带共覆盖15个市39个县（市），占全省农业县区的48%；产量和产值分别为117.5万吨和294.2亿元，分别占61%和69%。2010年全省渔业二、三产业产值达125亿元，占总产值30%以上，上升8个百分点。城郊休闲、观赏渔业也已逐步成为拉动地方经济发展的新兴产业。

2. 注重发展生态健康养殖 多年来，安徽省始终把生态健康养殖作为现代渔业发展的准则。一是大力推广生态健康养殖技术。全省生态健康养殖面积达33万公顷以上，占养殖总面积的60%多，生态河蟹养殖面积达近29万公顷。池塘生态健康养殖主要是推广“种草、投螺、混养、稀放、控水”技术模式；大水面生态健康养殖主要是推广“大水面、稀放养、原生态、巧育肥、保品质”技术模式。当涂池塘养蟹和安庆湖泊养殖模式被全国作为内陆地区健康养殖的典范样板加以推广，当涂县还被授予“中国生态养蟹第一县”称号。二是大力开展健康养殖示范场和标准化基地建设。全省已建健康养殖示范场和标准化基地100多个，其中农业部认定的健康养殖示范场75个，核心示范面积近11万公顷，辐射带动面积20多万公顷。

3. 注重推进渔业产业化 一是产业化龙头企业不断壮大。全省已有水产龙头企业77家，其中国家级1家，省级30家。二是水产品加工有了新突破。逐渐由传统腌制、冷冻向精细分割、即食产品等精深加工发展。年加工鲜活水产品达12万吨。三是出口创汇能力不断扩大。出口品种已发展到十几个，出口地区扩大到十多个国家和地区，基本形成年出口1亿美元加工水产品的创汇能力。四是主导品种产业化链条进一步延伸。全省龙头企业直接带动近50万农户从事水产业，比“十五”期末扩大近2倍。

4. 注重水生生物资源养护 一是坚持依法规划养殖。全省90%以上的县（市、区）级人民政府出台了《养殖水域滩涂规划》。二是实施禁渔期制度。连续9年实施了长江春季禁渔，连续7年在全省120多处、33多万公顷的重要渔业水域实行了禁渔期、禁渔区制度。三是加大增殖放流力度。“十一五”期间累计增殖放流经济鱼类6亿尾、珍稀鱼类胭脂鱼等 85 万尾，全省水生生物资源养护的社会意识进一步提高，增殖放流活动呈现出制度化、规范化和社会化。四是加快水产种质资源保护区建设。全省批准建立了 24 个省级水产种质资源保护区，其中国家级保护区 13 个。

5. 注重增强渔业竞争力 水产品“三品”认证步伐加快。全省建成无公害、绿色和有机水产品养殖基地 15.3 万多公顷，认证无公害水产品 280 个、绿色水产品 80 个，认定有机水产品基地 8 个。省级水产龙头企业中获得 HACCP、GMP、ISO9000 系列以及欧盟、美国等卫生注册的企业有十多家。水产品质量安全合格率保持高水平。21 个水产品牌被认定为安徽省名牌农产品，11 家水产企业 11 件商标被认定为安徽省著名商标，2 家企业 2 个系列水产品荣获安徽省名牌产品称号。

三、主要经验

（1）政府重视和扶持是渔业快速发展的保障。2006 年，安徽决定在全省实施渔业“三进工程”（鮰鱼进水库的网箱养殖、龙虾进稻田的稻虾连作、河蟹进湖泊的生态养殖），渔业进入持续健康发展期。安徽省人民政府办公厅于 2009 年 9 月份转发省农委《关于实施水产跨越工程的意见》，明确了到 2020 年渔业发展的总体思路、发展目标和关键措施。各级政府对渔业实行优惠扶持政策，省财政每年安排专项资金扶持渔业发展，各级发改委、财政、金融等部门给予大力支持，初步建立了促进渔业发展的激励机制和竞争机制。各地以推进水面市场化为重点，加快改革开放步伐，推行投资主体多元化，经营体制多样化，大力筹措资金，鼓励社会资本投资渔业，形成全社会发展渔业的新格局。

（2）科技推广是渔业快速发展的重要支撑。坚持推广水产良种和健康养殖先进实用技术，水产品养殖优势区域和渔业经济板块逐步形成；推进产学研合作，探索出一套适合当地的池塘和湖泊生态健康养殖模式，为水产养殖业增长方式转变提供了成功经验。科技在渔业增长中的贡献率不断增加，促进了渔业结构不断调整优化、产业转型，适应现代渔业发展需要。

（3）坚持资源开发利用与养护相结合是渔业可持续发展的必由之路。认真落实国务院《水生生物资源养护行动纲要》，把保护水生生物资源与转变渔业发展方式、优化渔业经济结构结合起来。全面实施渔业资源保护与增殖放流工作，坚持在江河、湖泊实施禁渔期制度。全面推广和实施资源节约、环境友好型的养殖技术和养殖模式。在实现渔业经济持续、健康发展的同时，促进经济增长、社会发展和资源保护相统一，使渔业资源和渔业水域环境明显好转，可持续发展能力增强，生态、经济与社会效益显著。

福　建　省

一、发展概况

“十一五”时期是福建省渔业经济快速发展的五年，渔业经济实力显著提高，实现了由数量的扩张向质量和效益提升的根本转变，形成了以优势品种养殖为主导，加工、物流、远洋和休闲渔业为辅的发展格局，促进了渔业产业结构调整和渔民增收，初步构建了生态型现代渔业发展新格局。

2010年全省水产品产量达586.96万吨，五年年均增长2.31%。其中，海洋捕捞产量190.85万吨，年均增长1.78%；淡水捕捞产量8.19万吨，年均增长1.95%；海水养殖产量303.9万吨，年均增长2.37%；淡水养殖产量65.97万吨，年均增长4.11%。全省人均水产品占有量达159.06公斤，年均增长1.43%。水产品消费已成为居民改善食物结构、提高生活质量的重要产品。

2010年全省渔业经济实现总产值1 495.94亿元，年均增长10.55%，其中，渔业产值（含苗种）701.45亿元，年均增长11.72%，占农业产值比重达30.4%；实现渔业经济增加值797.25亿元，年均增长10.36%，占地区生产总值比重达5.41%，其中，渔业增加值388.76亿元，年均增长11.17%；水产品出口创汇值达26.83亿美元，年均增长25.7%，形成了烤鳗、对虾、大黄鱼、贝类等一批出口创汇拳头产品；全省渔民人均纯收入9 168元，年均增长7.27%，渔业已成为渔民脱贫致富的重要渠道。

二、发展特色及变化

1. 渔业结构逐渐优化　水产养殖、水产加工、远洋渔业、休闲渔业结构日趋完善，2010年养殖产量占水产品总量的63.01%，比2005年提高1.11%，呈现养殖产量逐年提高、捕捞产量逐年下降态势。2010年水产品加工产值362.99亿元，年均增长17.02%，加工业处于全国领先水平。远洋渔业从单一捕捞生产，发展到产、销、工、贸综合经营，从开始涉足个别海域，扩展到三大洋公海及21个国家200海里专属经济区海域。休闲渔业快速发展，“水乡渔村”成功获国家注册商标，休闲渔业品牌效应初步显现。

2. 安全管理不断加强　全省初步建立以省海洋环境与渔业资源监测中心、省水产养殖病害防治中心为骨干的水产品质量安全及病害监测检验体系，扶持9个设区市建设水产品质量安全检测站，扎实开展水产品质量安全、苗种生产安全等专项整治活动，全省水产品质量合格率保持在96%以上。

3. 渔业设施日趋完善　全省初步形成了以批发市场为中心、集贸市场为基础、直销配送和超市连锁为补充的水产品营销网络，促进了大市场、大流通格局的形成；海洋防灾减灾“百千万工程”建设稳步推进，至2010年末，已建或在建8个中心渔港、11个一级渔港、46个二级渔港、167个三级渔港，渔船就近避风率从2005年30%提高到2010年的55%。海洋监测体系初步建立，海上渔船安全应急指挥系统投入使用，成为渔船安全管理的重要手段。

4. 渔业合作日益深化　闽台渔业合作涵盖水产苗种繁育、水产加工、水产饲料、远洋渔业、水产贸易、渔工劳务、科技合作等领域，台湾省已成为福建省第二大水产品出口目的地，福建省已成为台湾省先进渔业科技、设备外移的重要区域。

三、发展主要原因

1. 渔业发展基础较好 近年来福建省渔业经济持续发展，积累了丰富的管理经验，应对各种挑战的能力增强。福建水域资源条件较好，充分利用渔业资源，科学规划渔业发展布局，合理调整养殖、捕捞结构，为拓展农业发展空间、增加食物来源、改善食物结构、提高渔民收入提供了良好条件。

2. 渔业发展政策有力 《国务院关于福建省加快建设海西的若干意见》和《中共福建省委关于进一步贯彻落实胡锦涛总书记来闽考察重要讲话精神推动福建跨越发展的若干意见》及一系列扩大内需保增长的政策措施，为福建省渔业发展、改善渔业基础设施提供了政策支持。

3. 渔业消费结构合理 随着城乡居民消费结构的逐步升级，消费习惯和消费观念发生深刻变化，更加崇尚自然、绿色、健康，水产品成为农产品批发市场中成交量较大的商品，市场需求量的不断扩大，为渔业经济发展提供广阔的空间。

4. 渔业科技成果显著 “十一五”以来，福建省渔业科技发展成绩显著，以品种培育、健康养殖技术为重点的科技攻关成效明显，渔业科技入户工程深入开展，渔业科研体系建设稳步推进，特别是在养殖、加工、捕捞和资源养护等重要领域，一大批科技成果得到应用，产生了良好的经济和社会效益。

四、主要经验

通过“十一五”的渔业发展实践，逐步摸索出了一条渔业可持续发展道路：以科学发展观统领渔业发展全局，以建设亲环境现代渔业为目标，立足于在节约资源、保护环境中求发展，立足于在科技创新上挖掘内涵，积极实施科技兴渔、外向带动、可持续发展和依法治渔战略，促进渔业发展方式向主要依靠科技进步、自主创新、质量提高方向转变；大力发展渔业二、三产业，提升产业整体素质、效益水平和国际竞争力；做强做大养殖业、加工业、远洋渔业和休闲渔业；扩大水产品出口，加强水产品质量安全管理和渔业生态环境保护，提高资源的利用率和渔业综合效益。

江 西 省

一、发展概况

“十一五”期间，江西渔业紧紧围绕“发展养殖、压缩捕捞、主攻加工、搞活流通”的发展方针，坚持以可持续健康发展为主题，以实现渔（农）民增收为目标，以产业结构调整为主线，以“三区一带”优势水产品基地建设为突破口的指导思想。渔业经济保持了持续快速稳定发展，为繁荣农业和农村经济，增加农民收入做出了积极贡献。2010 年渔业经济总产值 509 亿元，其中一、二、三产业产值分别达到 277.9 亿元、147.1 亿元和 83.96 亿元；水产品产量 215.34 万吨；水产品加工率达到 20%；渔民人均纯收入达到 7 620 元。

二、发展的主要特色和变化

1. 全面完成了养殖证发放工作 “十一五“以来，江西始终把养殖证发放工作作为一项重要工作来抓，通过加大目标管理考核力度，解决发证工作经费，加强与农业银行、农村信用合作社等金融单位的沟通与合作，解决水域滩涂养殖证作为农村家庭种养业小额贷款抵（质）押物等问题，充分调动渔业主管部门和水产养殖户的积极性。至 2010 年，全省养殖证发证面积达 43.6 万公顷，全面完成了水域滩涂养殖证核发工作。

2. 启动并实施了现代渔业标准化池塘改造建设 江西利用中央财政支持现代农业生产发展资金项目，从 2008 年开始，启动并实施了千亩连片标准化池塘改造和年繁苗能力达 5 亿尾以上的规模化苗种繁殖场的改扩建，极大地促进了全省水产健康养殖业的发展，取得了良好的经济、社会和生态效益。

3.“一条鱼一个产业”的水产区域化布局逐步显现 “十一五”以来，江西以“一条鱼一个产业”、“一个县一个品牌，数个县一个板块”的优势水产区域化布局逐步显现，全省形成了四大鳗鱼产业板块、三大珍珠产业板块、鮰鱼（乌鱼、罗非鱼）板块、龟鳖版块等。目前，全省 92% 的珍珠产量、77% 的河蟹产量、74% 的虾类、51% 的鳜鱼、73% 的鳗鱼、98.4% 的长吻鮠和 80% 的斑点叉尾鮰、70% 的龟鳖等都集中在优势产区。

4. 主攻加工战略取得显著成绩 “十一五”期间，江西水产品加工业按照“两个面向”和“三个一批”的发展思路，在进一步稳定烤鳗加工，加快发展鱼片、小龙虾、珍珠系列产品和传统特色产品加工的基础上，引进并建设了一条先进的标准化淡水鱼糜及其深加工生产线。通过积极开拓市场，扩大出口能力，使全省水产品出口呈现多品种、多市场的新格局。2010 年，全省水产加工品总产量达到 25.39 万吨，用于加工的水产品达到 43.7 万吨，水产品加工率达到 20.3%。

5. 产业化经营水平和品牌意识显著提高 依托“一村一品”建设，渔业产业化经营水平和水产品牌意识有了显著提高。全省有省级以上龙头企业 34 家，其中国家级龙头企业 1 家，已建立各类渔业合作经济组织 320 家，比 2005 年翻了两番。全省获无公害水产品、绿色（有机）食品认证的水产品数量分别有 80 个和 171 个。

6. 现代渔业技术支撑能力得到较大提升 一是在机构职能得到了拓展，如水产养殖病害及疫情的监测、预报、防治和处置；水产品生产过程中的质量安全检测、监测；渔业资源、生态环境和渔业投入品的使用与监测等。二是加大了与科研院所、大专院校的合作，运用现代生物技术，开展了引育种和新品种开发、无公害养殖、水产品鲜活运输及深加工、病害防治及测报等研究与示范。三是技术服务手段不断完善。如国家投资建设的“三合一”中心和26个县级水生动物疫病防治站，充分发挥了水产技术推广网络的技术支撑作用。

7. 依法治渔、资源养护工作取得显著成效 十一五以来，江西渔政管理工作成效显著。渔政执法机构逐步健全、设施不断完善；禁渔期制度全面落实；渔业资源增殖放流形成制度；水生生物保护区建设初具规模；水生野生动物特许利用进一步规范。

三、发展变化的原因

首先是省委、省政府的高度重视和大力支持，十一五以来，省委、省政府出台了一些支持、鼓励渔业发展的方针、政策，并从财政上给予了大力支持；渔业主管部门狠抓六坚持：一是坚持把结构调整作为一条主线。实施了“特种水产工程”、渔业结构战略性调整、水产优势产区“三区一带”建设，推动了优势产业的集群。二是坚持把产业化经营作为发展战略。推进水产品牌发展，涌现出了一大批水产产业龙头企业、渔业合作经济组织和水产知名品牌，有效地提升了水产品质量安全水平。三是坚持把加工与流通作为主攻方向。水产品市场不断开拓，水产品加工率不断提升，加工产品的数量不断增加、质量不断提高，水产产业链条不断延伸，渔业外向度不断拓宽。四是坚持把科技创新作为发展先导。始终坚持科技创新和人才培养工作，注重科技对渔业发展的贡献。五是坚持把依法治渔作为发展保障。既规范了渔业行为和生产秩序，又搞活了流通、繁荣了市场。六是坚持把多元投入作为发展基础。注重项目引进、企业引进和资金引进。

四、经验教训

（1）水面经营机制待改革。水面是目前仅有的未进行经营权改革的国土资源。目前大多水面是实行承包经营，并且承包期都较短，有的甚至是一年一包、轮流坐庄，造成生产经营的短期行为，加大了对设施、资源的掠夺性开发或使用，对维护基础设施和保护渔业资源环境极为不利。池塘淤塞，池埂倒塌，排灌堵塞、良繁设施损毁、亲本老化等等，已无法适应目前水产健康养殖和现代渔业建设的基本要求。目前江西省资源开发与保护矛盾仍较突出。如何正确处理资源开发与保护兼顾的问题，是必须着重考虑的问题。

（2）支撑体系不健全。渔业支撑体系是确保渔业可持续发展的重要基础。目前渔业支撑体系不健全问题相当突出。基层水产技术推广体系基本上处于“网破、线断、人散”的窘况，改革进展缓慢，导致部分地方无力承担水产新技术、新品种的推广工作，对提升科技对渔业的贡献严重不利。

（3）渔民负担沉重。目前，作为渔业生产主体的渔民，国家不仅没有相应的促进其增收的配套政策，而且还承担相应的负担。捕捞渔民要交纳渔业资源增殖费，养殖渔民要交纳水面承包费；出口养殖基地备案和出口产品检验检疫也都要渔民承担相应的费用。再加上生产资料价格不断上涨，渔民增收逐年减缓，难度加大。

山 东 省

一、发展概况

“十一五”期间，山东渔业坚持“生态、高效、品牌”发展理念，实施规模化、标准化、品牌化、外向化、科技化、产业化等“六化”发展战略，加快建设以山东半岛为主体的现代渔业经济区，有效提高了渔业综合生产能力，加快了传统渔业向现代渔业的转变。

2010 年，全省水产品总产量 783.8 万吨，年均增长 3.3%，其中：捕捞产量 263.1 万吨，养殖产量 520.7 万吨，年均分别增长 0.8% 和 4.8%。水产养殖面积 75.8 万公顷，年均增长 6.2%。渔业经济总产值 2 375.1 亿元，渔业经济增加值 1 101.9 亿元，年均分别增长 13.1% 和 15.3%。渔业总产值 901.8 亿元，增加值 548.2 亿元，年均分别增长 13.7%、10.3%。2010 年，渔民人均纯收入达到 10 416 元，年均增长 7.7%。

二、发展特色及变化

1. 转方式调结构步伐加快，发展能力和水平显著提升 2010 年全省渔业二、三产业产值比重达到 62%，产业结构更趋合理，发展协调性显著增强。全省远洋作业渔船达到 522 艘，比十五末翻了一番，产量达到 15.0 万吨；水产养殖向优质健康化发展，养殖产量占总产量的比重由 2005 年的 61.9% 提高到 66.5%。名优品种养殖产量和产值，分别占全省水产品总产量和总产值的 18% 和 45%。水产品加工呈现精深化、高档化发展态势，加工产品已发展到鲜活、冷冻、即食、保健等 19 个门类的 3 000 多个品种；对外贸易回升向好，年出口水产品 101 万吨，创汇 39.7 亿美元。渔耕体验、海上田园、都市观赏渔业等新兴产业发展迅猛。

2. 产业化步伐加快，质量效益明显提高 建成省级以上健康养殖示范区 169 处，标准化、无公害水产品养殖面积达到 27.5 万公顷，占全省养殖总面积的 36.3%。全省规模以上渔业企业发展到 610 多家，省级以上龙头企业 82 家，渔民专业合作组织 390 余个。积极开展山东渔业十大品牌推介培育活动，“胶东刺参”、“黄河口大闸蟹”等水产品牌知名度、市场价值和占有率明显提高。扎实开展了水产品质量安全专项整治行动，苗种、产地水产品合格率分别达到 94% 和 98%，质量安全水平稳步提高。

3. 科技创新能力增强，渔民培训实现新突破 大力实施“科技兴渔”战略，努力构筑多层次科技创新平台，建成省部级以上海洋与渔业重点实验室 25 个，国家级、省级水产原良种场和遗传育种中心 60 处。取得渔业科技成果 400 多项，获省部级以上科技奖励 140 多项，渔业科技贡献率达到 62%。实施了渔业科技入户和渔业阳光培训工程，经省级培训的新型渔民达 23 万人次，有效提高了渔民的整体素质。

4. 资源修复成效显著，生态效能日益显现 深入贯彻落实《中国水生生物资源养护行动纲要》，2005 年在全国率先实施渔业资源修复行动计划以来，全省回捕海洋增殖资源 24.2 万吨，产值 66.7 亿元，直接受益渔民 60 万人，年人均增收 2 200 多元，综合投入产出比达到 1∶16.5。回捕增殖放流资源已成为全省 4 万余艘中小马力渔船的主要生产门路；人工鱼礁礁区水体藻类生物量增长迅速，鱼类种类及数量明显增多，海洋底栖生物恢复加快，藻类、贝类吸附二氧化碳的生态贡献显著，加之，渔业生态环境监测体系逐步健全，渔业维系海洋生态效能日益凸显。

5. 依法管理力度加大，安全生产形势稳定 “十一五”期间，陆续出台了《山东省渔业港口和渔业船舶管理条例》、《山东省渔业养殖与增殖管理办法》等渔业地方性法规、规章及规范性文件，建立起较为完整的渔业法律法规体系。组织各类执法行动500余次，查处各类违法违规案件1.8万起，维护了全省渔业发展秩序。建立县（市、区）、渔业乡镇、渔村安全管理组织2 190个。五年来救助渔船和其他行业船舶519艘，挽回直接经济损失1.92亿元。

三、发展变化的原因

1. 有利的政策环境 党的十六届五中全会提出了建设社会主义新农村的重大历史任务，把农业放在国民经济的首位，渔业作为优势产业，在农业结构战略性调整、带动农村经济发展、增加农民收入等方面的重要地位和作用日益凸显，为渔业发展创造了更加有利的政策环境。

2. 良好的经济环境 随着国民收入分配格局和资金投入朝着有利于“三农”的方向转变，各级财政对渔业的扶持稳定增长，渔业公共服务和管理领域的投入进一步增加。国民经济的快速增长，工业化、城镇化进程的不断加快以及科学技术水平的快速提高，为传统渔业向现代渔业的加速转变提供了强大动力。

3. 广阔的市场空间 随着国内人民生活水平的不断提高，消费结构升级加快，对水产品的消费需求逐步增加。受渔业资源衰退因素的制约和资源保护措施加大的影响，国际水产品消费越来越依赖养殖业的发展。出口产品结构调整优化和质量安全管理体系的不断完善，在国际市场的竞争优势加强，促进了渔业的持续发展。

4. 优越的基础条件 山东半岛是全国重要的对外开放窗口，发展外向型渔业潜力巨大。全省海岸线长达3345千米，拥有与陆地面积相当的管辖海域，有经济价值的各类海洋生物达400多种，大量的河流、水库、湖泊为发展淡水渔业创造了条件。人力资源丰富、科技力量雄厚、交通基础设施完备，特别是胶东半岛制造业基地建设和山东半岛城市群的崛起，极大地推动了渔业经济的快速协调发展。

四、主要经验

（1）领导高度重视，创新渔业发展理念。省委、省政府高度重视渔业发展，全省国民经济和社会发展“十一五”规划把“积极发展水产业，保护和合理利用渔业资源”作为现代农业建设的重要内容，为渔业发展创造了更加有利的政策环境。大力发展生态、高效、品牌渔业，规模化、标准化、品牌化、外向化、科技化、产业化水平显著提升。

（2）加强规划引导，科学谋划项目建设。以科学发展观为指导，坚持规划先行，科学谋划大思路、大项目，先后制订了山东渔业“十一五”发展规划等各类专项规划近20部，构建起山东省渔业发展规划体系。省委、省政府把建设山东半岛现代渔业经济区纳入重大战略决策之中，从宏观规划层面保障了财政专项的公益性、科学性、长远性，提升了计划工作的前瞻性、可操作性、科学性，极大促进了现代渔业持续健康发展。

（3）抢抓发展机遇，夯实渔业发展基础。在国家作出“扩内需，保增长”的战略部署后，山东省及时制定了把握“三条主线”、实现“六项突破”，建设“十大基础工程”的发展战略，进一步优化投资结构，加大渔业投入，极大地推进了山东蓝色半岛经济区建设的步伐。

（4）落实强渔惠渔政策，加强支撑保障能力。认真执行中央渔业柴油补贴政策，累计发放补贴资金 52.4 亿元，有效降低了渔民生产生活负担。规范实施减船转产政策，拆解渔船 2 500 艘、8.7 万千瓦，累计发放拆船补助资金 1 亿元，安置转产转业渔民 1.3 万人。组织开展渔业互助保险和渔民小额贷款，增强渔业发展活力。大力推行水域滩涂养殖发证登记，保护渔民合法权益。

河 南 省

一、发展概况

“十一五”期间，河南渔业以“保供给、保安全”为基点，以“渔民增收、渔业增效”为核心，抓机遇，谋发展，促崛起，认真贯彻、落实党的支农惠农政策，加强科技和生产管理，开展资源养护和增殖放流，适时调整养殖品种结构，水产品产量持续、稳定增长，产品结构不断优化、质量不断提高。

2010 年，全省养殖面积 209 830 公顷，比 2006 年增加 123 455 公顷，水产品总产量 578 550 吨，比 2006 年增加 168 773 吨，年均增长 9.0%。2010 渔业经济总产值 1 517 601 万元，渔民人均纯收入 7 016 元，比 2005 年增加 3 346 元。2010 年水产品超 5 千吨的县（区、市）有 56 个，比 2005 年增加 30 个；渔业乡 24 个，比 2005 年增加 13 个；渔业村 446 个，比 2005 年增加 337 个。在鲜活产品自给的基础上，鲤鱼、鲢鱼等部分大宗产品销往西北、东北等地。

二、发展特色及变化

1. 养殖水平不断提高，科技贡献率和劳动生产率进一步增加 2010 年养殖单产 2 370 公斤 / 公顷，比 2005 年增加 274 公斤；池塘养殖单产 5 239 公斤 / 公顷，增加 1 502 公斤；网箱养殖单产 19.6 公斤 / 平方米，增加 1.9 公斤；“十一五”期间渔业增产中的科技因素占 64%。2010 年渔业劳动生产率 1 300 公斤 / 人。

2. 区域生产格局在巩固中壮大，特种养殖升华为品牌养殖 沿黄（河）鲤鱼产业带、沿淇（河）淇鲫产业带在巩固中发展，2010 年沿黄河 9 市鲤鱼产量是 2005 年的 1.8 倍，沿淇（河）淇鲫产量是 2005 年的 2.2 倍；豫中鮰鱼、豫东及东南河蟹、豫南青虾及生态鲢鳙与甲鱼、豫西及西南银鱼等名特优产品集聚区在巩固中壮大。如，2010 年豫南信阳青虾产量 2 318 吨，比 2005 年增加 1 125 吨；甲鱼产量 3 286 吨，增加 2 257 吨；镇平县观赏渔业异军突起，迅速发展。各地在特色品种养殖的基础上不断创立品牌产品。

3. 加强支撑体系建设，增强发展保障能力 苗种是渔业发展的基础。“十一五”期间继续加强渔业苗种生产管理，2010 年苗种池面积 6 973 公顷，比 2005 年增加 1 594 公顷；人工孵化鱼苗 504 582 万尾，增加 118 560 万尾；培育鱼种 450 086 万尾，增加 193 145 万尾 。“十一五”期间，渔业科技研发力度加大，苗种、技术推广、饲料、检疫、渔政、船检等体系建设进一步加强，对渔业持续较快发展起到了重要的保障和推动作用。

4. 水产行业二三产业发展较快，产业化程度进一步提高 涉渔二三产业生产不断扩大，2010 年上规模的水产品加工企业有 41 个、加工品产量 16 060 吨，分别比 2005 年增加 12 个、4 049 吨；年产 500 吨以上渔用饲料生产厂（点）117 个、生产渔用饲料 710 142 吨，比 2005 年增加 214 673 吨。2010 年水产行业第二产业产值 199 401 万元，比 2005 年增加 84 508 万元，年均增长 11.7%；第三产业产值 520 871 万元，增加 287 344 万元，年均增长 17.4%。二、三产业产值比由 2005 年的 1：2.0 到 2010 年的 1：2.6，产业化程度大大提高。

5. 水产行业质量不断提高，效益持续增加 “十一五”期间，在发展生产、保障供给的前提下，注重品种结构调整，加强产品质量和生产安全监管，开展资源和环境保护。2010年，主要名特优品种主养面积占池塘面积的11.3%，产地水产品药残抽检全部合格；"十一五"期间新增渔业船舶检验职能，到2010年底已对所有机动渔船检验完毕；持续开展增殖放流和资源养护，鱼类生存环境进一步改善。产品安全、生产安全和生态安全监管成为"十一五"期间渔业管理的特点。

三、发展变化的原因

（1）中央及省委高度重视"三农"工作，完善支农、惠农政策，安排渔业政策性补贴，为渔业发展创造了稳定、良好环境。

（2）省委、省政府高度重视经济发展，把发展作为保证民生的第一要务。省政府召开全省水产工作会议，制定了加速发展水产业的措施，调动了渔民的积极性。五年新建鱼池18 509公顷。

（3）积极转变发展方式，开展增殖放流，调优养殖品种结构，加强生产管理；持续推广先进适用养殖技术，加强渔业科技入户工作，发挥示范户的带动和辐射作用；巩固和提高池塘集约化养鲤技术、网箱养殖技术、草鱼健康养殖技术等；五年累计培训383 381人次，改造鱼池90 533公顷。这些也是渔业持续、稳定发展的根本动力。

（4）水产品市场行情和气候条件总体上对渔业生产较为有利。

主要经验：制定一个有引领作用且切实可行的发展规划，加强领导，依靠科技，产量与环境协调、可持续发展。

湖 北 省

一、发展概况

“十一五”期间，湖北水产业取得了令人瞩目的成就，连续五年保持着快速、健康的增长势头，养殖规模和水产品总量等多项指标一直位居全国淡水渔业的领先地位，不仅为丰富城乡居民的“菜篮子”、保障农产品安全有效供给发挥了重要作用，也为农业增效、农民增收作出了重要贡献。全省水产业已成为农业农村经济社会发展的优势特色产业和重要支柱产业。2009 年，湖北水产业还获得了“辉煌荆楚六十名片”的殊荣。

2010 年，全省水产品总产量 353 万吨，比 2005 年增 83 万吨，增 31%。水产养殖总面积达 65.7 万公顷，比 2005 年增 12.8 万公顷，增 24%；主要养殖水面养殖单产达 309 公斤 / 亩，比 2005 年增加 36 公斤 / 亩，增长 13%。

2010 年，全省渔业产值 508 亿元，比 2005 年增加 234 亿元，增长 117%；渔业工业建筑业产值 148 亿元，比 2005 年增加 129 亿元，增长 679%；渔业流通服务业产值 275 亿元，比 2005 年增加 232 亿元，增长 540%。渔民人均纯收入 7 700 元，比 2005 年增加 2 900 元，增长 60%。农村居民人均渔业纯收入为 245.81 元，比 2005 年增加 151.75 元，增长 161.3%。

二、发展的特色及变化

1. 规模特色渔业亮点纷呈 大县板块建设作为近几年渔业发展的助推器，极大地推动了渔业集约化和现代化的进程。全省主要板块基地基本实现了“集中连片规模化，鱼池鱼舍标准化、道路交通网络化、供水排水机电化、养殖生产专业化、养殖模式高效化、产地产品无公害化、生产加工营销一体化”的“八化”格局，集中连片板块达 33.3 万多公顷，总产量超过 240 万吨。

2. 加工和出口取得突破 2010 年全省水产加工企业 216 家，其中国家级重点龙头企业 4 家，省级 26 家，出口注册企业 20 家；加工产值 127.7 亿元，比 2005 年增加 112.4 亿元，增长 735%；加工量 67 万吨，比 2005 年增加 42 万吨，增长 168%。出口创汇 2.3 亿美元，比 2005 年增加 1.43 亿美元，增长 164%。

3. 质量安全体系建设步伐不断加快 5 年来，全省建立了 30 个水生动物疫病防治站，逐步完善了渔业病害的防控体系。同时不断加强水产品质量安全监管，坚持在全省推行标准化生产和渔业生产记录、养殖用药记录、产品销售记录以及产品标签制度，建立产品溯源制，确保了水产品质量安全。全省无公害标准化生产面积发展超过 33.3 万多公顷，无公害水产品产地认定 592 个，产品认证 897 个，绿色水产品 175 个，有机食品 15 个。

4. 品牌整合初见成效 2010 年，按照“五统一”模式，着力打造了“楚江红”小龙虾、“梁子”牌梁子湖大河蟹和“洪湖渔家”生态鱼三艘水产品牌航母。以在北京钓鱼台国宾馆举行“楚江红”小龙虾品牌新闻发布会为起点，相继成立了省小龙虾产业协会、河蟹产业协会和渔业产销协会等三大协会。通过举办第二届中国湖北（潜江）小龙虾节、中国荆州淡水渔业展示交易会、梁子湖大河蟹展示交易会等活动，使湖北省三大主导水产品牌在国内外的知名度迅速提高，市场核心竞争力空前提升。

5. 渔业资源养护力度不断加大 全面推进生态渔业建设，实现渔业经济发展与生态环境相互促进。一是全面实施养殖证和渔业捕捞许可制度。二是全方位开展大水面整治。三是广泛开展增殖放流。五年累计投入资金8 000万元，放流经济鱼类苗种22亿尾，中华鲟、胭脂鱼等珍稀保护品种80万尾。

三、发展变化的原因

1. 全面贯彻科学发展理念，大力转变水产业发展方式 “十一五”期间，水产系统以转变发展方式为主线，以低碳循环、生态高效为主攻方向，以精养鱼池改造、名特优调整、加工增值、品牌增效、规模化集约化发展为重点，确立“不与粮争地、不与人争水”的全新发展理念，坚持“内涵挖潜、质效优先”的基本思路，调优品种结构，推进“湖泊拆围、水库限养、江河禁捕”措施。全省水产呈现出结构趋优、集约发展、质效提升、全面发展的局面。

2. 各级政府加大投入，产业扶持力度空前 在中央和省委省政府的高度重视下，“十一五”期间许多支持水产业发展的政策措施出台，水产业的发展也得到大力扶持。如农业部预算内水产业基建项目投资、中央财政支持现代农业五年共计2.54亿元、省政府每年拿出6 000万元财政专项支持小龙虾产业的发展，每年安排3 000万元支持水产大县和板块建设。

3. 着力打造水产品牌，通过宣传提升产品附加值 近年来，全省把打造水产品牌作为提升产业核心竞争力、增加产品附加值的突破口，集聚全省优势资源，打造了“楚江红”小龙虾、“梁子”牌梁子湖大河蟹和“洪湖渔家”生态鱼三大水产品牌。通过品牌展示交易、集中强势宣传、组建营销网络、实施农超对接等一系列举措，实现了渔业品牌建设的大突破，其激活效应、传导效应和联动效应正在不断放大，成为推动全省水产业新一轮发展的加速器。

4. 重点扶持龙头企业，实现水产加工业辐射带动优势 “十一五”期间，全省重点加快洪湖、浠水、潜江、仙桃等水产品加工示范园区建设，引导龙头企业提高创新能力，实现了甲壳素及其衍生品、鱼胶原蛋白、水解氨基酸、鲟鱼鱼子酱等高附加值精深产品批量生产。水产加工解决了大量市场水产品出路，带动了水产养殖户的积极性，同时提升了产品附加值。

5. 依靠科技进步，发展名特优产品 水产系统依靠科技，不断创新，在全省主推十大主导品种、十大实用技术和十大优化模式，带动名特优养殖比重同比提高6个百分点，其中小龙虾、黄鳝产量分别占全国的51%、42%。

湖 南 省

一、发展概况

“十一五”期间，湖南把养殖业作为农业结构战略性调整的突破口，水产业的发展得到了进一步重视和加强，规模不断扩大，经济总量显著增加。到2010年，全省水产养殖面积达到39万公顷，水产品总产量198万吨，渔业总产值达到了210亿元。占农业总产值的比重提高到了6.82%，一些重点县渔业产值的比重占到当地农业总产值的30%以上。

二、发展特点及变化

1. 产业结构逐步优化，区域布局日趋合理 “十一五”期间，湖南各地根据资源组合和地域特色，着力打造一县一品、一乡一品、一村一品的区域特色经济，通过办点示范等方式，带动了相关优势产业带的蓬勃发展，产业结构不断优化，区域布局日趋合理。2010年，湖南省名特优水产养殖130万吨，占全省水产品总量的65.6%；85个水产加工企业加工品总量约5万吨，产值10亿多元，较2005年分别增长了28.87%和25%；全省共发展具有产业特色的水产“一村一品”特色村400多个，面积13.3万多公顷，其中养殖业比例占90%，休闲垂钓业比例占10%。初步形成了甲鱼、珍珠、大口鲶、黄鳝、鳜鱼、乌鳢、银鱼、斑点叉尾鮰等各具特色的水产品优势产区，并出现了一批精品品牌。

2. 产品质量显著提高，渔业效益稳步上升 近年来，湖南各地通过开展水产健康养殖示范、水生动物疫病防控培训、渔业科技入户工程等措施，产品质量显著提高，渔业效益稳步上升。到2010年，全省已建健康养殖示范场104个，涵盖水面7.4万公顷。无公害产地认定水面占全省养殖面积的85%以上。到2010年，全省渔民人均纯收入5 680元，高出农民人均纯收入30%以上。渔业已成为农民增收的一个重要来源。

3. 保障体系不断完善，科技推广成效显著 按照“科技兴渔”战略，湖南省各地把加强渔业科技推广和完善渔业服务保障体系作为提高产业素质的首要任务来抓，全省水产科研与推广体系、水产种苗繁育体系和水产品质量安全监测体系等三大基础服务体系从无到有，不断完善。到2010年，已有省、市级水产研究所6个。水产技术推广机构1 825个，水产技术推广人员4 580名，其中专业技术人员2 694名，基本形成了以省站为龙头，市县为骨干，乡镇为基础的水产技术推广网络。省现有水产苗种生产场点494个，其中国家级水产原良种场3个，省级水产原良种场13个，年产苗种370多亿尾，初步形成了原种—良种—苗种繁育供应体系。水产品质量安全检测体系建设进一步加强，初步形成了以农业部渔产品质检（长沙）中心为龙头，部分市州和12个渔业大县检测机构组成的水产品质量安全检测体系。全省共取得水产科研、教育、推广成果100多项，其中8项获国家科学大会奖，5项获国家科技进步奖，2项获国家发明奖，60多项获部省级科技进步奖，10项获部省级“丰收计划”等级奖。

4. 渔政管理不断加强，资源养护初见成效 为加强渔业资源养护，湖南省制定了一系列规范性文件。先后建起了湖南鱼类原种场、中华鳖原种场、洞庭鱼类原种场等3个国家级原种场和张家界大鲵救护中心及南洞庭湖濒危水生野生动物自然保护区等5个保护区。积极组织实施人工增殖放流和环境监测。坚决处理各类渔业污染事故，并依法多次对水工建筑提出了资源保护及补偿建议。到目前，全省共有渔业行政执法专职机构 140 个，渔业行政执法人员 1 000 多名，渔政、船检、渔监三位一体的渔业执法体系基本形成。全省渔政管理和渔业资源养护工作正逐步步入法制化和规范化管理轨道。

5. 法制建设不断加强，行业管理逐步规范 随着国家渔业法制建设的不断完善，湖南省相应制定了一系列法律法规，形成了以法兴渔的良好氛围。“十一五”以来，全省各地先后实施了养殖证发放制度，到 2010 年，发放养殖证 5.2 万本，涵盖水域面积 26.7 万公顷。完善了水产苗种生产许可制度，健全了渔业生产“三项登记”制度，制定实施了渔业生产监控月报制度，渔业生产行为进一步规范。出台了《关于解决洞庭湖区捕捞渔民生产生活的意见》、《关于实施“上岸定居渔民就业援助计划”的通知》等一系列政策性文件。渔民解困政策已惠及 2.3 万户，7.7 万人，着力解决了渔民最直接最现实最根本的利益问题。渔业行业管理和渔业法制建设不断规范完善。

三、基本经验

（1）以激励政策激发发展原动力。近年来，湖南省委、省政府先后出台了《关于加速发展水产业的决定》、《关于加快发展养殖业的通知》等一系列鼓励政策及具体措施，全省出现了工商企业下乡养、外地客商来湘养、养殖大户带头养、农（渔）民转产养的开发热潮。

（2）以结构调整作为发展主线。在发展名特水产养殖政策的鼓励下，产业结构逐步调整，渔业产业素质和渔业经济运行质量不断提高。

（3）以创新经营机制挖掘发展潜力。随着国有、集体、大批生产者和个体商贩进入市场，形成了开放型、多元化、少环节、多渠道的水产品市场流通体制。从单一生产经营转变为生产、加工、销售一体化，并向产业化方向发展。全省水产资源逐步得到全方位的开发，渔业产业结构得到了调整，增长方式也发生了转变，从而很大程度上激发了渔业经济发展潜力。

（4）以科技创新作为发展先导。坚持渔业科技创新，注重科技对渔业发展的贡献。科研成果有 90% 以上的应用于实践，渔业生产的科技贡献率达到了 52.6%。

（5）以依法治渔保作为发展保障。高度重视渔政执法队伍建设和渔业资源养护，配套制定了一系列地方法律法规。渔政管理和渔业资源养护工作正逐步步入法制化和规范化轨道。

（6）以帮扶解困促进渔区和谐。渔民社会保障、医疗救助、子女就学等一系列政策的落实，有效保障了渔民的合法权益，极大地缓解了渔民的生产生活困难，促进了全省渔业的和谐发展。

广 东 省

一、发展概况

“十一五”时期，广东省委、省政府高度重视现代渔业建设，先后召开了全省第六次海洋工作会议、全省现代渔业工作会议和全省淡水渔业工作会议。在省委、省政府的高度重视和正确领导下，全省渔业系统深入贯彻落实科学发展观，扎实推进渔业经济建设，以产业结构调整为主线，实施科技兴渔、外向带动、可持续发展和依法治渔等战略，转变增长方式，落实支渔惠渔政策，实现了渔业增效、渔民增收。

2010 年，全省渔业经济总产值达到 1 616 亿元，比 2005 年增长 58.7%，年均递增 10%；水产品总产值达 764 亿元，年均增长 7.2%，占农业产值比重 20%，成为农业的重要支柱产业；水产总产量达到 729.03 万吨；水产品出口量达到 44.8 万吨，出口额达 21.8 亿美元，出口量和出口额分别比 2005 年增长 45% 和 48.5%，占到了全省农产品出口份额的 1/3；渔民人均纯收入达到 9 698 元，比 2005 年增长 40.4%，年均增长 7%。

二、发展特色及变化

1. 渔业发展方式加快转变，现代渔业产业体系建设迈出新步伐 适应国际海洋渔业发展的新趋势，把发展“深蓝渔业”作为调整优化渔业产业结构的战略重点，建立了一批以深水网箱养殖为主的“海上产业园”。渔业生产结构进一步优化，近海捕捞强度得到有效控制，养殖与捕捞的产量比例由 2005 年的 73∶27 转变为 2010 年的 77∶23。以培育发展渔业龙头企业和建设出口加工基地为抓手，加快发展渔业二、三产业，推进渔业产业转型升级。

2. 渔业科技创新能力增强，科技带动示范闯出新路子 坚持实施“科技兴渔”战略，培育出一批具有自主知识产权的优良品种，对虾、石斑鱼、军曹鱼、罗非鱼品种选育研究走在全国前列。突破了一批影响渔业发展的重大技术难题，形成一批具有自主知识产权的渔业科技创新成果，“十一五”期间，全省海洋与渔业科技项目共获得省级以上奖励 92 项，其中，获得国家科技进步二等奖 2 项，获得国家海洋成果创新奖 11 项。科技创新体系建设不断加强，建立了 6 个拥有前沿技术的省级渔业重点试验室，7 个区域性水产试验中心。水产技术推广网络基本建成，全省水产技术推广机构达 1 057 个，较 2005 年增加了 209 个。实施渔业“科技入户”工程，建成省级科技入户示范县 9 个，培训示范户 8 500 户，示范户养殖产量、经济效益平均增加 10% 以上。建成基层水生动物防疫站 47 个、防疫检疫实验室 71 个、水生动物病害诊所 12 个。基本建成鱼病远程监测与诊断网络，率先在全国实施执业渔医和水产养殖处方制度，组织编写了全国首部培训教材《渔医指南》。

3. 加强水生生物资源养护，渔业可持续发展能力不断提高 贯彻实施《中国水生生物资源养护行动纲要》，在全省组织开展以海洋、江河和湖泊为重点的大规模统一增殖放流活动。率先设立“休渔放生节”，进一步完善禁渔休渔制度。开展大规模人工鱼礁建设，改善渔业生态环境。渔业保护区数量、面积和保护品种均居全国首位。完善工程建设项目资源与生态补偿机制，促进了全省水生生物种群资源的恢复和水域生态环境的改善。

4. 加强水产品质量安全监管，水产品质量不断提高 率先开展了水产品质量安全可追溯体系试点，建立了企业的水产品质量安全可追溯平台和政府的监管平台。出台《广东省水产品质量安全监控工作规范》，从制度上和源头上控制水产品质量安全。通过制定省级渔业地方标准和建设渔业标准化示范区，初步建立了与国际接轨的渔业标准体系。实施了执业渔医试点，建立了一批市、县水生动物防疫实验室和生产第一线的鱼病诊所，水生动物防疫检疫体系不断完善，全省水产品药物残留抽检合格率保持在 95% 以上。

5. 加强渔政执法能力建设，渔业管理水平不断提高 率先在全国实现“一个执法主体、一个领导班子、一个窗口对外、一本证管理、一本帐收支”的海洋与渔业统一综合执法新模式，有效增强了执法队伍整体战斗力和行政执法效率。认真贯彻落实《广东省渔业管理条例》，进一步完善养殖水域滩涂确权发证、捕捞许可、种苗生产许可等一系列管理制度。积极参与国家护渔维权巡航行动。建立粤港地区联合打击非法捕捞合作机制，加强了粤闽交界水域联合执法管理。严格执行南海伏季休渔制度。

6. 加强改善渔民民生，渔民生活质量不断提高 “十一五”期间全省实施海难救助 684 次，成功救助渔民 3 191 人，挽回经济损失 6 100 多万元。渔船气胀式救生浮配备、防碰撞系统终端配置和 IC 卡管理系统建设稳步推进。渔业互助保险覆盖面大幅提高，五年共支付渔业互助补偿金 5 375 万元。认真落实国家渔用柴油补贴政策，保证了渔民生产的正常运作。大力实施沿海渔民转产转业，自 2004 年实施沿海渔民转产转业议案以来，全省财政共安排用于扶持沿海渔民转产转业资金 5 亿多元，安排建设渔民安居工程 3 005 户，安排扶持渔业产业发展项目 280 多个，培训渔民近 2 万人，直接和间接带动渔民就业 2 万多人。改革开放成果惠及广大渔民，有效改善了渔民民生，提高了渔民生活质量。

广西壮族自治区

一、发展概况

2010年，全区水产品产量达275.51万吨，比2005年增长21.29%，年均增长4.25%。水产品总产值257.76亿元，比2005年增长73.19%，年均增长14.64%。其中，罗非鱼21.00亿元，对虾36.39亿元，龟鳖45.00亿元、近江牡蛎25.95亿元。渔业经济总产值354.33亿元，比2005年增长96.44%，年均增长19.29%。渔业经济总产值占全区大农业比重9.11%，比2005年增加1.11个百分点。全区人均占有水产品53.9公斤。

二、发展特色及变化

1. 结构调整成效明显，产业布局更加优化 2010年，全区渔业第二、三产业产值分别达45.62亿元和50.95亿元，是2005年的5.79倍和2.15倍，年均增长95.93%和23.03%。全区有水产品加工企业218家，其中，规模以上企业51家，年加工能力达36.67万吨。有15家水产品加工企业通过HACCP体系国际认证、10家获得出口欧盟注册、5家通过ISO系列认证。2010年，全区水产品出口量6.9万吨，出口值2.4亿美元。

水产养殖业发展迅猛。2010年，全区养殖业产量达197.11万吨，占全区水产品总量71.55%，捕捞与养殖的产量比例由2005年的1：2转变为1：2.5。

2. 特色养殖蓬勃发展，助农增收效果显著 “十一五”期间，全区渔业特色养殖蓬勃发展，十大特色品种产值占渔业产值的58.8%。2010年，全区渔民人均收入达到12 713元，比2005年增长55.61%。

3. 基础设施日趋完善，发展条件不断巩固 全区建设了一批主要养殖品种的原良种场，以及水产引育种中心和南美白对虾遗传育种中心。建成了县级水生动物疫病防治站28个、疫病测报点205个。现有渔港21个，重点渔港14个。

4. 科技兴渔全面实施，支撑能力持续增强 积极创建渔业科技创新平台，加快推进渔业科技研究和推广应用。一是加强重点实验室和中试基地的建设，组建了罗非鱼及贝类试验站，建成了1个省级重点实验室，为全区渔业科技成果的转化奠定了良好的基础。二是渔业科技攻关和技术推广取得显著成效，“十一五”期间，全区渔业系统共获得国家级科技进步奖2项，省部级科技进步奖15项。三是启动渔业科技入户工程，为科技推广人员直接到户、良种良法直接到塘、技术要领直接到人创立了新机制。

5. 深入推进生态保护，依法管理日益强化 一是全区初步建立起以广西渔业生态环境监测中心、柳州市渔业生态环境监测中心、钦州市渔业生态环境监测中心等为骨干的渔业生态环境监测体系。二是继续实施海洋伏季休渔制度，有效保护了近海渔业资源，控制了近海捕捞强度。启动了人工鱼礁建设规划，渔业资源人工增殖放流力度不断加大，取得明显效果。三是加强自然保护区和水产种质资源保护区建设，全区已建成自治区级渔业自然保护区4个，水产种质资源保护区5个。四是实施养殖使用证制度，规范了养殖生产行为。五是加强渔政执法队伍建设，提升渔业行政执法能力。六是出台了《广西壮族自治区人民政府关于贯彻实施〈中国水生生物资源养护行动纲要〉的意见》和《广西壮族自治区实施〈中华人民共和国渔业法〉办法》，确保渔业生产经营活动依法有序开展。

6. 质量安全稳步提高，渔业产业健康发展 全区初步建立起以农业部渔业产品质量监督检验测试中心（南宁）、广西渔业病害防治环境监测和质量检验中心为骨干的水产品质量安全及病害检验监测体系。已挂牌国家级水产健康养殖示范场61个，总面积0.7万公顷，辐射带动健康养殖面积达2万公顷。共发布实施地方渔业标准76项，认定无公害水产品产地166处，认证无公害产品252个。

三、主要经验

1. 积极推进优势品种产业开发 在实施现代渔业建设中，大力实施优势品种开发战略，积极发展规模化、标准化、产业化健康养殖，重点发展优势主导养殖品种。为实现一条鱼一个产业的发展目标，根据《广西壮族自治区人民政府关于进一步加快罗非鱼产业发展的意见》，2005年自治区水产畜牧兽医局与自治区财政厅联合制定了《广西罗非鱼产业化发展扶持暂行方案》，2006年又印发了《关于延长罗非鱼产业化发展扶持政策实施期限的通知》，2009年自治区水产畜牧兽医局和自治区财政厅又联合制定了《广西罗非鱼产业化发展继续扶持方案》。这些政策的出台，极大地推动了罗非鱼养殖、加工的快速发展，提高了罗非鱼加工出口在国际市场的竞争力。

2. 进一步提升水产品质量安全 坚持每年对水产品进行4次抽查和专项检测，年检测产品样品700个以上，严把水产品质量关。大力开展水产品质量安全整治行动，严格检查苗种场、养殖场、养殖出口基地和养殖投入品经营场所。大力推广健康养殖技术，积极创建水产健康养殖示范区。按照标准要求，全区建立了国家级健康养殖示范场61个，总规模达0.4万公顷，辐射带动健康养殖面积1.17多万公顷。

3. 加强水产养殖基础设施建设 2006年以来，全区先后投入资金3 400万元，建设了一批主要养殖品种的原、良种场，同时建成了水产引育种中心和南美白对虾遗传育种中心，为水产养殖业的进一步发展奠定了坚实的基础。为确保水产养殖业实现健康、持续发展，2006年起，先后投入资金2 457万元，建设了县级水生动物疫病防治站28个，县级疫病测报点57个。

4. 抓好宣传展示树立渔业良好形象 一是与有关单位联合举办了第七届罗非鱼产业发展论坛，同时，还成功地举办了罗非鱼加工产品和广西特色水产品活体展示活动，有效地宣传了广西罗非鱼等产业，扩大了影响。二是协助举办了“水产院士广西行活动”，为加快渔业发展找点子、谋策略。三是组织开展了全区名特优水产品活体展示活动，充分展示了广西渔业的新风貌；组织开展了广西首届龟鳖大赛，促进了龟鳖产业的发展；组织评比表彰了十个特色水产先进县，树立了全区渔业发展的榜样。

海 南 省

一、发展概况

2010年海南省水产品总产量达149.48万吨，较2005增长36%，年平均增长6.3%。其中：捕捞产量、海水养殖产量和淡水养殖产量分别为99.47万吨、18.42万吨和31.59万吨，比2005年分别增长22.8%、30.8%和64%，年均增长分别为4.2%、5.5%和10.4%。2010年全省渔业经济总产值达259.0亿元（现行价，下同），比2005年增长58%，年均增长9.5%，渔业经济已成为海南省农业经济和海洋经济的重要支柱。

二、发展特色及变化

1. 渔业产业结构不断优化 通过近几年坚持不懈地抓结构调整，渔业内部结构发生了重大变化，产业结构不断优化。2006~2010年，海南省渔业第二、三产业产值年均递增19%和17%，远快于第一产业的增长速度；渔业一、二、三产业比例由2005年的82∶15∶3转变为2010年的73∶23∶4。

“十一五”期间，全省捕捞作业结构进一步调整，加强了外海捕捞生产。目前，拥有大中型渔船4 719艘，外海捕捞产量从2005年的18万吨提高到2010年的30.8万吨，占海洋捕捞产量的份额从17%提高到28%，外海与近海捕捞产量比例从2005年0.20∶1上升到2010年的0.39∶1。

2010年，全省水产养殖产量达50万吨，占渔业总产量的31.3%，比2005年增长51.4%，年均增长8.7%。继续发展罗非鱼、对虾、石斑鱼、军曹鱼、尖吻鲈、卵形鲳鲹、东风螺、锯缘青蟹等国内外市场需求较旺的优势品种；进一步推行罗非鱼精养、高位池养虾、深水网箱养鱼、工厂化养殖东风螺等设施化养殖模式，使养殖方式从半精养向设施集约化养殖转变。全省罗非鱼养殖面积由2005年的1.33万多公顷增至2010年2.88万公顷，其中新增山塘水库精养面积0.99万公顷，水库大水面网箱养殖已辐射到全省各市县。以高新技术为依托的深水抗风浪网箱养殖尽显优势，增强了养殖业抵御洪涝、台风等自然风险能力。目前，全省共投放深水网箱1 476口，比2005年增加了1 000多口，年产值达3亿元以上。

2. 水产品加工出口保持高速增长 “十一五”期间，海南省新建12家，扩建2家水产品加工厂，新增出口加工能力23.8万余吨，在巩固欧美、日本等水产品市场的同时，积极组织水产品加工企业开拓其它新兴市场，有效抵御了2008年金融危机的冲击，水产品加工出口继续保持高速增长。2010年，全省水产品加工量达46.0万吨，比2005年增长16.5万吨，年均递增9.3%。出口量11.3万吨、出口值4.03亿美元，分别较2005年增长115%和121%，2006—2010年，水产品出口量、出口值年平均分别增长16.6%和17.1%。

3. 水产品质量安全管理进一步加强 2006—2010年，海南省共有42个水产养殖基地通过了无公害农产品产地认定，其中35个水产养殖基地生产的金鲳鱼、东风螺、南美白对虾、斑节对虾产品通过了农业部无公害农产品认证；4家水产品加工企业获得全国农产品加工技术创新单位称号，7家水产品加工企业获得全国农产品加工业示范基地称号。

2010年，农业部对海南省15个市县进行2次产地水产品质量安全监督抽查，合格率达100%。

4. 科技兴渔成效显著 “十一五”期间，海南省共投入渔业科技推广示范经费5 000万元，实施养殖、捕捞及加工等渔业新技术项目120多个，有力推动了新技术的示范推广作用。

养殖方面，组织技术攻关，繁育优质对虾、罗非鱼、石斑鱼等苗种，提高良种覆盖率。同时推广池塘精养、工厂化养殖、深水抗风浪网箱养殖等先进的养殖模式和技术，大幅度提高了全省水产养殖的设施水平和技术管理水平；捕捞方面，积极推广应用高口拖网、高目流刺网、三重定置刺网、深水浮子制造技术等先进渔具、渔法，同时推广应用现代通讯技术，建设渔业生产安全通讯保障体系，不断提高捕捞业科技含量；加工运销方面，推广保活、保鲜等加工新技术，应用先进的冷冻、冷藏、运输设备。

全省持续开展科研成果转化应用和科技服务工作，一批渔业科技项目通过验收，不少项目获省科技进步奖、农业科技成果转化奖或国家海洋科技创新成果奖等奖励，其中，“凡纳滨对虾引种、育苗、养殖技术及应用”项目荣获2008年国家科技进步二等奖。渔业新技术的不断推广应用，使渔业科技成果及时转化为生产力，有力地推进了渔业生产的发展。

5. 渔业基础设施进一步增强 “十一五”期间，渔业基础设施建设进展顺利。一是渔港建设项目加快推进，陵水新村中心渔港主体工程全面竣工，琼海潭门和东方八所中心渔港、昌江海尾一级渔港和西南中沙渔业补给基地主体工程建设基本完成；儋州白马井中心渔港和乐东岭头一级渔港已动工建设。二是水产良种场建设项目稳步推进，海南方斑东风螺良种场和石斑鱼良种场建设项目通过验收，海南斑节对虾原种场生产设施已建成投产，文昌罗非鱼良种场基本建成，国家级南美白对虾遗传育种中心项目已动工建设。三是市县级海洋环境监测实验室与水生动物疫病防治站整合建设进展顺利。四是启动了北斗通信技术应用于渔船装备，提升了海洋渔业技术装备水平。

重 庆 市

一、发展概况

重庆现有水面25.3万多公顷，包括三峡水库8.9万公顷，大型水库2.7万公顷，中小型水库1.8万公顷，河流7.2万公顷和池塘4.7万公顷。另有宜渔稻田26.7万公顷。“十一五”期间，重庆渔业发展步伐明显加快。至2010年全市水产品总量达到22.43万吨，渔业经济总产值45.6亿元，渔民人均纯收入6 461元，高出全市农民人均纯收入24.3%。

二、发展特色及变化

1. 池塘渔业发展迅速 2010年全市池塘养殖面积4.7万公顷，比2005年增长42.3%。池塘渔业规模化、专业化经营利用水平提高，池塘渔业“保供增效”主体地位进一步巩固。

2. 生态渔场全面启动 市政府出台了《关于加快推进三峡库区天然生态渔场建设的意见》，决定每年统筹安排2至3亿元，实施“五大工程”、“四大体系”建设，力争到2015年，库区实现年产有机水产品3万吨，10万农民和移民致富达小康。

3. 特色渔业成效初显 实施稻鳅双千工程，推广稻（藕）田生态养鳅（虾、蟹）0.2万多公顷，实现每亩“千斤稻，千元纯收入”目标；实施大巴山和武陵山区土著鱼养护开发项目，储备地方名优鱼亲本18 000公斤，水花鱼苗繁育生产能力达到1.9亿尾。

4. 观赏渔业稳步发展 立足资源特点和区位优势，引入“4S”理念，精心打造环渝中都市观赏渔业产业化工程，积极发展集养殖、垂钓、游乐、餐饮、度假为一体的休闲渔业，引进高附加值观赏鱼品种30多个，年产观赏鱼5 000多万尾。

5. 水产品质量安全保持较高水平 建成市水产品质量监督检验测试中心，建成县级鱼病监测站30个、设监测点259个，创建农业部健康养殖示范区（场）15个，建设标准化养殖示范区3个。全市共有51处、1.2万公顷的水面通过了“三品”产地认定，产量达到18 000多吨。

6. 渔业生产安全形势持续稳定 完善管理制度，开展从业人员培训，推行标准船型，推进互助保险，实施“渔民生命工程”，渔民安全救生设施配备率达到100%。渔业船舶每年均无重大事故发生，一般事故发生情况和死亡人数在市政府全年控制指标之内。

7. 渔业生态安全保障能力增强 贯彻实施《中国水生生物资源养护行动纲要》，强化禁渔管理，加大增殖放流力度，依法介入涉渔工程环评。自2006以来，全市累计投入资金8 000多万元，向长江及其主要支流投放鱼类苗种1.9亿余尾；介入20多个涉渔工程环评项目，涉及生态补偿方案资金2 000余万元。

三、主要经验和问题

（1）政策促进和领导重视是关键。“十一五”期间，在确保粮食生产稳定发展的同时，把渔业作为引领全市农业发展的优势特色产业之一，出台了《关于加快渔业发展专题会议纪要》和《关于加快推进三峡库区天然生态渔场建设的意见》，各级财政性资金投入总量达到2亿多元，是“十五”期间的2.5倍。

（2）产业体系构建和两个风险防范是难点。重庆渔业在面对重大机遇的同时，也存在诸多困难和瓶颈，产业体系尚需完善，支撑保障能力相对较弱，综合生产能力有待提高。尤其是依然落后的渔业基础条件，总体能力偏低的渔业从业人员，无法根本消除的市场和自然风险，很大程度上制约着渔业发展的步伐。

四 川 省

一、发展概况

“十一五”时期是四川省渔业发展史上极不平凡的五年。在省委、省政府带领下，在兄弟省（市）的大力支持下，全省人民先后战胜了旱洪灾害和低温雨雪冰冻灾害特别是汶川特大地震等严重自然灾害，夺取了渔业抗震救灾和灾后恢复重建的重大胜利。抓住机遇，夯实基础，加快建设、加快发展，渔业经济保持平稳较快增长，经济总量不断扩大，经济结构不断优化，发展能力不断增强，农渔民收入不断提高。

全省水产品总产量由 2005 年的 74 万吨增长到 2010 年的 105.06 万吨，增长 42%；渔业经济总产值由 2005 年的 117 亿元增长到 2010 年的 215.78 亿元，增长 84.47%；全省农民人均渔业收入由 2005 年的 174 元增加到 2010 年的 321.88 元，增长 84.99%；全省渔民人均纯收入由 2005 年的 4 410 元增加到 2010 年的 7 322 元，增长 66%。

二、发展特色及变化

1. 生产能力显著增强，名优产品比重提高 水库健康生态养殖、池塘高产高效养殖、“稻鱼轮作”蓬勃发展。到 2010 年，全省水产养殖面积由 2005 年的 15.1 万公顷增加到 18.3 万公顷，增长 21.1%；稻田养鱼面积达到 31.4 万公顷；鱼苗生产能力达到 160 亿尾；名优特色水产品年产量达到 42 万吨，占总产量的比重由“十五”末的 30% 提升到 2010 年的 40%。

2. 产业链条不断延伸，专合组织发展迅速 到 2010 年，全省休闲渔业年产值达到 13.08 亿元；水产品年加工能力 2.88 万吨，年加工产值达到 7 400 万元，流通服务业年产值达到 62.1 亿元；渔用饲料年产量达到 52.74 万吨、产值达到 22.44 亿元；渔药年产值达到 1.26 亿元。全省水产龙头企业达到 267 个，带动农户 30 万户；渔业专业合作经济组织达到 413 个，带动农户 20 万户。

3. 质量安全切实加强，科技兴渔取得突破 发布并实施了 59 项水产地方标准，创建了 5 个国家级水产标准化示范县，制定了 6 个质量管理规范性文件，水产品质量抽检合格率保持在 98.5%。全省无公害水产品生产基地达到 221 个、面积 97.01 万亩，无公害水产品达到 622 个。全省共获得省科技进步和技术推广二等奖 1 项、三等奖 2 项，厅级科技进步奖 5 项。渔业科技贡献率达到 60%，推广新品种 10 个、新技术 20 余项、推广养殖面积 100 多万亩，新增渔业经济产值 20 亿元。

4. 水产投入大幅增加，灾后重建基本完成 “十一五”期间，中央总投入 2.36 亿元；省级投入 1.47 亿元；各市（州）县（区）级政府投入 8 亿元；民间资金每年投入接近 10 个亿（灾后重建资金不计在内）。截止 2010 年底，全省完成渔业灾后重建投资 7.22 亿元（其中中央资金 1.5 亿元），实现了“三年任务两年基本完成”。

5. 新村建设快速推进，产业支撑地位凸显 到 2010 年底，全省新农村水产示范村达到 521 个，示范片养殖面积 16 万亩，涉及农户 10 万户，辐射带动养殖面积 75 万亩，带动农户 44 万户。示范村人均渔业产值 4 000 元，农民从渔业获得的收入占到了总收入的

40%。

6. 渔政监管扎实开展，资源养护收到实效“十一五”期间，累计落实放流经费7 400余万元、投放鱼苗（种）3.6亿尾。累计落实水下工程作业补救资金7 000万元。已建立1个国家级、3个省级、2个市（州）级、2个县级鱼类自然保护区、5个珍稀鱼类驯养救护中心以及14个国家级、7个省级水产种质资源保护区，落实保护区建设项目经费共计6 640余万元。

三、发展的主要经验

（1）坚持把渔业放在国民经济全局中去谋划，纳入各地农业农村经济规划中去推动，落实到农民增收和新农村建设项目中去实施，努力争取各级党政的重视和有关部门的大力支持，始终做到有为有位。

（2）坚持巩固和完善强渔惠渔政策，切实增加投入，保护和调动各地重农抓渔、广大农民务农养鱼的积极性。

（3）坚持强化渔业基础设施建设，改善渔业生产条件，努力提高渔业综合生产能力。

（4）坚持加快渔业科技创新，提高技术推广服务能力和水平，不断增强科技对渔业的支撑保障作用。

（5）坚持深化改革，创新发展体制机制，不断增强渔业经济发展活力。

贵 州 省

一、发展概况

“十一五”期间，贵州省渔业围绕农业结构调整和农民增收，立足资源特点和生产实际，认真贯彻落实国家渔业产业政策，积极发展生产，调整渔业结构，加快科技推广，加强资源环境保护和渔政管理，渔业得到了持续稳步发展。

至2010年，全省水产养殖面积2.98万公顷，比2006年增长2倍；池塘山塘养鱼面积增加到2 996公顷，网箱养鱼面积有235.12万平方米，稻田养鱼发展到11.6万公顷；全省水产品产量达到8.79万吨，比2006年增加2.09万吨，增长31.1%，年均增长5%；渔业产值12.3亿元，比2006年的6.7亿元增长83.5%。

二、发展特色及变化

1. 坚持把促进渔业增效和渔（农）民增收放在首位 “十一五”期间，各级党委政府十分重视渔业发展，把渔业作为农村经济中的一项重要产业进行规划和发展，并把渔业增效和渔（农）民增收作为渔业政策目标的核心，大力实施科教兴渔、依法治渔、可持续发展，抓住机遇，充分发挥资源、科技、人才等优势，加快发展，取得显著成效。

2. 紧紧抓住产业结构调整主线，大力发展地方特色养殖 推进养殖品种结构调整和产业结构调整，传统落后的养殖方式逐步减少，生态健康养殖模式逐步增加。充分发挥资源优势，发展大水面健康养殖、冷水鱼养殖、特色渔业和观赏鱼养殖。5年累计建设大水面不投饵网箱健康养殖面积156.01万平方米；在29个县建成大鲵驯养繁殖基地，驯养大鲵总量10.934 4万尾，产值超过1.5亿元；全省冷水鱼养殖产值达1 902万元；观赏鱼养殖发展到27公顷，年产观赏鱼500万尾，产值500多万元。特色养殖、休闲观光等产业成为渔业新的增长点，丰富了产业特色，繁荣了农村经济，增加了渔（农）民的收入。

3. 加大项目投资，加强基础建设 “十一五”期间，以项目建设为载体，不断加大对渔业的投入。实施大水面健康养殖、特色渔业养殖等项目；加快了渔业品种和技术更新的步伐，促进了增产增效和渔（农）民增收；实施捕捞渔民转产转业等项目，有效地保护了渔业资源和环境生态，促进了渔业经济健康发展；加强渔港建设、渔政船（艇）装备、水产原良种场及水生动物防疫体系建设，改善了渔业服务的基础条件。

4. 不断提高管理水平，有效保证渔业发展 “十一五”期间，全省渔业坚持依法行政，认真贯彻落实《渔业法》、《贵州省渔业条例》等法律法规，把法规和制度建设作为一项重要的基础性工作来推动，切实加强对渔业的管理。制定了水产苗种管理、养殖证发放、质量安全等制度，坚持寓服务于管理之中。各地加强了水域养殖规划的编制，实施了渔业行政许可、行政执法、环境监测、资源保护、水生野生动物管理、禁渔期、渔船监管等管理措施，有效地维护了渔业生产秩序，保护了渔民权益。增强了渔业发展活力。

云 南 省

一、发展概况

“十一五”期间，全省渔业依托资源优势，依靠科技支撑，通过优化区域布局、调整产业结构、转变增长方式、强化渔政管理，实现了又好又快地发展。2010 年全省水产养殖面积、水产品总产量、渔业产值分别达 10.8 万公顷、48.2 万吨、48 亿元，比 2005 年分别增加 2.2 万公顷、24.4 万吨、25 亿元，增幅 25.6%、103%、114%，分别比“十五”期间高出 20.6%、60%、41%。其中罗非鱼产量 9.6 万吨，比 2005 年增加 6.5 万吨。渔业从业人员人均产值 15 245 元、渔业人口人均纯收入 4 958 元（比全省农民人均纯收入高 1 006 元），渔业产值占农业产值的比重由 2005 年的 2.1% 上升到 2010 年的 2.6%。

二、发展特色及变化

1. 以发展外向型渔业为主攻方向，推进渔业产业化经营取得新突破 充分发挥云南省资源优势，根据资源禀赋条件，形成出口创汇渔业优势开发区、优质水产品优势开发区、特色渔业开发区，促进了生产要素向优势区域聚集，为大力发展水产品加工、推进渔业产业化经营进程奠定了基础，水产品加工量由 2005 的 5 541 吨增加到 2010 年的 35 731 吨，增长 5.4 倍，出口创汇从 2005 年不足 200 万美元到 2010 年的 2 200 多万美元。

2. 以加快转变渔业增长方式为抓手，提升产业素质取得新成效 通过加强基础设施建设、推广先进适用技术、加强水生动物疫病防控和水产品质量安全监管等措施，2010 年养殖产量、水产苗种年生产能力和池塘单产分别比 2005 年增加 23.1 万吨、30 亿尾、216 公斤，增幅分别达到 108%、75%、69%；水产品养、捕比例由 2005 年的 89∶11 优化到 2010 年的 92∶8；名特优水产品产量占养殖产量的比重由 2005 年的 2% 提高到 2010 年的 3.5%。

3. 以加强水生生物资源养护与开发为基础，开创渔业可持续发展新局面 五年来，全省各地筹措资金 6 835 万元，投放各类鱼苗 1.9 亿尾。江河资源明显增多，湖泊资源恢复明显。做好长江禁渔、珠江打击非法捕捞专项行动，完成了长江上游（云南段）珍稀、特有鱼类国家级自然保护区建设任务。获得农业部批准 11 个水生动植物自然保护区（含水产种质资源保护区）。

4. 以加大渔业开发力度为着力点，拓展渔业功能迈出新步伐 以裂腹鱼、金线鲃、大头鲤、丝尾鳠和滇池高背鲫等为代表的土著经济鱼类开发效果明显；电站库区渔业已成为渔业经济新的增长点和解决库区失地农民安置与发展的重要途径；休闲观光渔业为旅游业增添了新亮点；放养滤食性鱼类治理水体富营养化效果明显。渔业功能已从解决“菜篮子”供应拓展到农民增收、旅游观光、库区移民就业、生态治理和文化传承等方面。

5. 以拓展执法领域为突破口，推进渔业依法行政开辟了新领域 经过多年的努力，《云南省渔业条例》已通过省人大审议。渔政管理已从为渔业生产保驾护航、打击电炸毒鱼等常规的行政执法活动延伸到依法管理水生生物资源、渔业水域环境，规范渔业经济秩序，加强渔业生产安全、水产品质量安全、水生生态安全等监管领域。

三、发展变化的原因

1. 领导重视 省委领导对渔业工作有明确批示、省政府在2008年召开了全省渔业工作现场会议将渔业列为20类现代农业示范区之一、批准了《云南省渔业规划（2010—2020年》。

2. 加大投入 2005年—2010年，中央和省级投入渔业资金10 091万元，其中中央4 193万元，省级财政4 659万元，省级其它部门1 239万元，使全省渔业基础设施进一步夯实，科技研发与技术推广条件有所改善，服务和监管能力有所提升，综合生产能力有所增强。

3. 工作努力

（1）五年来，引进5家水产品龙头加工企业，建成1家罗非鱼片加工厂，签署6项加工协议，可形成30万吨以上水产品加工能力。

（2）全省建成库区养殖网箱近66.7公顷，标准化改造中低产池塘0.67万公顷，水产良种基地20个，工程化稻田养鱼设施1.7万公顷，建设11个水动物病害防疫站（中心）。创建水产健康养殖示范场11家，面积891公顷，带动水产健康养殖的快速发展。

（3）做好养殖证制度、水产苗种生产许可证制度和水产养殖记录制度为主要内容的水产品质量安全监管制度建设，发放养殖证8 550本，水产苗种生产许可证近300本，从源头保证水产品质量安全。五年来，水产品质量产地检测合格率达98%。圆满完成节能减排目标。

（4）做好长江禁渔、珠江打击非法捕捞专业行动，大力开展增殖放流活动，查处渔业水域污染事故50起。渔业科研、渔政机构积极开展涉渔工程环境影响评价，参与制定生态补偿方案，保护水生生物资源。

（5）认真落实惠农政策，2006—2010年，发放渔业燃油补贴1 120万元。

四、主要经验

（1）必须坚持把渔业发展纳入农业和农村经济发展的大格局中去谋划，领导重视，各方支持，才能获得广阔的发展空间。

（2）必须坚持依托优势资源，因地制宜，因势利导，突出优势，合理布局，优化结构，规模发展，才能充分发挥潜力。

（3）必须坚持“以养为主、科技兴渔”的方针，依靠科技进步与创新，转变渔业经济发展方式，才能全面提升产业素质。

（4）必须以工业化的理念谋化渔业，走产业化发展之路，现代渔业建设才能实现跨越式发展。

（5）必须坚持科学发展，坚持不懈地抓好渔业资源与生态环境保护，坚持保护与开发并举，才能奠定产业可持续发展的基础。

西藏自治区

一、发展概况

“十一五”期间，西藏自治区渔业经济发展稳定，渔业工作不断迈出新的步伐，对增加群众收入、促进农牧区经济和渔业可稳定发展起到了积极作用。

五年来，自治区水产品年平均产量基本稳定在500吨上下，渔业产值平均在900万元左右。

二、发展特点及变化

1. 理顺渔业管理机构，加强渔业管理职能 在自治区机构改革中，自治区、各地（市）及绝大部分县渔业工作职能从乡镇企业管理系统划入农牧系统，渔业工作关系得到理顺。在内设机构中，自治区农牧厅设立了畜牧草原水产处，七地（市）设立了畜牧草原水产科，上、下机构保持一致，渔业行政管理力量得到加强，为渔业事业的发展提供了组织保证。

2. 加强法制建设，促进渔业生产 为了加强渔业资源的保护、增殖和合理开发利用，发展水产养殖业，保障渔业生产者的合法权益，根据《中华人民共和国渔业法》，结合自治区实际，2006年1月8日，区八届人大常委会第22次会议通过了《西藏自治区实施〈中华人民共和国渔业法〉办法》，确定了西藏22种主要经济鱼类及最小可捕标准。

2008年，为进一步加强渔业资源保护利用工作，自治区农牧厅在自治区畜牧总站、七地（市）及41个县（市、区）农牧局组建了133人的兼职渔政检查员队伍，同时开展了渔业法律法规及水产基础知识学习培训，颁发了执法证件，并进行了统一着装，对提高全区渔业法制化进程起到了很大的促进作用。

3. 采取休渔禁渔措施，增殖保护渔业资源 从2000年开始，自治区对第二大湖泊色林湖进行了全面禁渔。“十一五”期中，自治区对湖泊鱼类继续实行全面禁渔。拉萨市人民政府继续在拉萨河墨竹工卡县至达孜县河段进行休渔。这些政策措施的出台，促进了渔业资源的保护和增殖，实现了资源保护与开发利用的良性循环。

4. 充分利用科学技术，开发地方特优品种 在农业部的支持下，2007年，自治区完成了第一个鱼类良种场——黑斑原鮡良种场建设，对推动西藏水产养殖业发展发挥了积极作用。从2008年开始开展了黑斑原鮡人工驯化繁殖科技攻关项目的研究。自治区畜牧总站技术人员根据该鱼特点，以遵循该鱼种自然繁殖特点为基础，结合其他鱼类人工繁殖科学技术，分别开展了黑斑原鮡人工催产、授精、孵化、育苗培育、亲鱼驯化等科研工作，并取得了一定成果。

5. 开展增殖放流工作，保护地方渔业资源 开展渔业资源增殖放流工作是保护渔业资源，促进渔业可持续发展的重要措施。2009年，林芝地区农牧局在对口援藏单位——福建省海洋与渔业厅的大力支持下，开展了当地土著鱼类——异齿裂腹鱼人工繁殖，在雅鲁藏布江和尼洋河交汇处放流人工培育的3万余尾异齿裂腹鱼鱼苗，对增殖保护该鱼类资源发挥了积极作用。2010年加大该鱼类繁育力度，林芝地区农牧局在尼洋河放流异齿裂腹鱼鱼苗50万尾。自治区畜牧总站也开展了多种当地鱼类繁殖增殖的研发工作，2010年在拉萨河放流鱼苗2.5万尾，放流品种包括拉萨裸裂尻鱼、异齿裂腹鱼等。有效地保护了地方渔业资源。

6. 建立资源保护区，保护特有资源 2007年12月，农业部发布的第948号公告，将西藏自治区农牧厅申请的开发量比较大、具有较高经济价值和遗传育种价值的拉萨裸裂尻鱼、黑斑原鮡2种鱼类纳入国家重点保护渔业资源品种名录（第一批）。自治区积极组织水产种质资源保护区的申报工作，2010年，林芝地区巴松错特有鱼类水产种质资源保护区列入“第四批国家级水产种质资源保护区”。促进了西藏特有水产种质资源的保护工作。

三、存在问题

“十一五”期间，西藏的渔业取得了一定成绩，但存在的问题也比较突出：一是水产基础设施薄弱，财政投入不足，西藏各级财政没有设立渔业发展专项资金；二是缺乏渔业专业技术人才，没有建立水产技术推广服务体系；三是渔政执法人员不足。将在今后的渔业发展工作中改进和加强

陕 西 省

一、发展概况

“十一五”时期，陕西渔业经济保持较快发展。通过提高科技水平、不断优化养殖品种结构和产业结构，全面推进池塘、水库、湖泊、流水养鱼和网箱养鱼等先进技术，协调发展水产养殖业、都市渔业、稻田生态渔业，形成了新品种、新技术广泛应用，资源养护和渔业生产全面发展，产业链进一步拓展，渔业经济结构不断优化的良好态势。2010年，全省水产养殖面积3.6万公顷，水产品总产量9.3万吨，人均占有量达到2.4公斤；水产苗种总产量9.4亿尾，良种覆盖率达到65%；全省渔业人口总数69 980人，渔业劳动力总数54 456人，渔民家庭人均收入6 920元。渔业经济总产值27.3亿元，其中渔业产值19.88亿元，渔业工业和建筑业产值1.16亿元，渔业流通和服务业产值6.22亿元，分别占总产值的72.8%、4.3%和22.9%，与2000年的相应比重比，渔业产值比重降低23.5个百分点，二、三产业产值比重分别提高了3.6和20个百分点。渔业已成为农业经济的主要增长点。

二、发展的特点及变化

1. 利用地方资源，发展特色养殖

（1）名优水产品养殖业迅速发展。在水库与渔场等虹鳟、鲟鱼养殖的带动下，利用秦巴山区山涧流水资源发展冷水性鱼类集约化养殖生产已初步形成产业群带，养殖场、点超过30个，成为全省渔业经济发展新亮点。

（2）大鲵人工养殖成为优势特色产业。大鲵人工驯养繁殖与养殖技术取得重大突破，产区政府和当地群众参与大鲵资源开发利用的热情高涨，全省大鲵资源开发利用条件日趋成熟，大鲵养殖生产发展迅猛。2010年，全省累计建成大鲵养殖场650多个，群众养殖户6 500户，新建大鲵养殖场超过150个，新增群众养殖户超过1 000户；大鲵幼苗繁殖年繁育能力超过50万尾，养殖大鲵总数超过100万尾，按当年市场价格计算，年产值10亿元以上。

2. 发展休闲渔业，提高经济效益 大中城市郊区已建成垂钓—休闲—观赏为一体的渔业产业带，并保持高速增长的势头。休闲渔业在延展渔业产业链的同时，大大提升了渔业产出和效益。调查显示，休闲渔业使单纯的水产养殖生产的产值、利润实现翻番。产值接近渔业经济总产值四分之一，投入产出比好于1∶1.5。

3. 加强资源保护，依法管理生产 “十一五”期间，全省建立国家级水产种质资源保护区5个、水生野生动物保护区10个（其中国家级3个、省级4个、市县级3个），保护区总面积已达到4.36万公顷；全省共审理水生野生动物驯养繁殖许可100项、经营利用许可49项、运输许可35项、捕捉许可3项；全省累计投入放流资金1 122万多元，放流水产苗种1 990多万尾、国家重点保护水生野生动物1.5万多尾。

4. 加强质量管理，确保产品安全 “十一五”期间，中央和陕西省投入水产品质量安全监管资金2 500多万元，落实养殖生产管理制度，大力推广健康养殖技术，开展无公害水产品产地认定和产品认定工作，建立水产品质量溯源管理体系；推进水产原良种、水生

动物疫病防控、水产品质量检验检测和渔业环境检测监测体系建设，建立了省级渔政管理指挥系统，改善了渔政执法装备，既保证了水产品质量安全，又为渔业发展提供了支撑。

5. 领导高度重视，加强基础建设 “十一五”期间，各级领导高度重视渔业生产，各级政府加大了对基础设施建设的投入，全省渔业累计投入财政专项资金 9 895 万元，较“十五”期间大幅增加。

甘 肃 省

一、发展概况

“十一五”期间，全省各级渔业部门，紧紧围绕渔业增效、农民增收、农村稳定的目标，积极推进渔业产业结构调整，大力发展特色休闲渔业，加快渔业基础设施建设，加强渔业资源环境保护，强化渔业执法监管，渔业养殖结构调整取得了新成效，特色渔业产业得到长足发展，渔业资源保护和合理开发利用有了新进展。

截止 2010 年，全省水产养殖面积达 1.26 万公顷，水产品总产量达 1.23 万吨；渔业产值 1.87 亿元，渔民人均纯收入达到 2 406 元。

二、发展特色及变化

1. 特色产业发展迅速 鲑鳟鱼产业是甘肃省特色渔业的龙头，2010 年，全省生产鲑鳟鱼发眼卵 1 000 多万粒，培育鲑鳟鱼鱼种 500 多万尾，鲑鳟鱼产量达 1 850 吨。

2. 休闲观光渔业亮点纷呈，产业结构不断优化 充分利用大水面资源和城郊鱼池，在旅游名胜景区开展旅游垂钓、餐饮娱乐活动，休闲、观光渔业带动了城郊传统养殖渔业向休闲渔业转变。永靖县、肃州区、甘州区、徽县等地的休闲渔业面积超过 600 公顷，占当地养殖面积的 70% 以上。休闲渔业的发展，吸引了一大批投资者兴建以鱼为主的生态园或度假村。

3. 水生生物养护工作成效显著，天然资源逐年恢复 甘肃省认真贯彻落实《中国水生生物资源养护行动纲要》，针对全省渔业水域资源状况，把黄河及其重要支流和内陆河流域、省内大中型水库作为渔业资源增殖放流的重点区域，2006 年以来投放黄河鲤、兰州鲶、鲤鱼、鲫鱼等各种经济鱼类 5 000 多万尾，修复了水域生态环境。建成了 5 个水生野生动物自然保护区和 10 个国家级水产种质资源保护区，有效保护了省内重点水生野生动物的栖息地。制定了《甘肃省重点保护水生野生动物名录》。开展了近 10 种经济价值较高的土著鱼类的驯养工作，其中驯化国家二级保护水生野生动物 2 种。省农牧厅分别于 2006 年和 2010 年下发了《关于在全省自然水域继续禁渔的通知》，规定在省内长江水系、黄河水系、内陆河水系的所有渔业资源物种进行禁渔，严禁在禁渔区、禁渔期内从事渔业捕捞活动，严禁偷鱼、抢鱼、炸鱼、毒鱼和电捕鱼，严禁非法制造、买卖炸针、毒鱼物品和电捕鱼工具，对保护渔业资源起到了重要作用。

4. 渔业执法工作稳步推进，监管能力明显提升 全省已有 13 个市（州）60 个县成立了渔政监督管理机构，348 名渔业行政执法人员经培训合格上岗开展工作；颁布了《甘肃省渔业船舶监督管理办法（试行）》和《甘肃省渔业船舶检验办法（试行）》；组织渔船相对集中的市县参加国家船检局部级验船师培训班，建立了初级验船师队伍；进行低质量渔业船舶专项治理活动，初步建立了渔船管理档案。查处了十多起渔业污染事故，挽回经济损失 300 多万元；大力开展了涉渔工程环境评价工作，生态补偿得到了突破。

青 海 省

一、发展概况

“十一五”期间，青海渔业立足本省实际，以生态建设为重点，坚持保护与开发并举的原则，进一步加快渔业生产基础设施建设，加大水域生态环境治理力度，调整养殖结构，大力发展以冷水性鱼类养殖为主的高原特色渔业，适度开发土著经济鱼类的试验养殖，扩大增殖放流规模。法制建设不断加强，渔业资源和水域生态环境的保护力度进一步加大，全省封湖育鱼工作成效显著，促进了渔业稳定、健康、有序的发展。

2010年，全省水产品总产量为2 480吨，比“十五”增加1 602吨，增长182%。渔业总产值按现行价计算为2 400万元。养殖面积达到4万公顷。

二、发展的特色及变化

“十一五”期间，是全省第四次封湖育鱼的重要时期，也是渔业产业结构调整的关键阶段，在保护与开发并重原则的指导下，大力发展大水面池沼公鱼、高白鲑等冷水鱼类的增养殖，沿黄水库虹鳟鱼、金鳟鱼的网箱养殖，可鲁克湖、贵德黄河沿岸滩涂沼泽的河蟹特色养殖，东部农业区的池塘、中小型水库的旅游、观光、垂钓渔业养殖以及青海湖裸鲤人工全淡水试验养殖，养殖渔业得到较快发展。

1. 渔业资源和水域生态环境保护工作进一步加强 继续贯彻落实青海省人民政府封湖育鱼通告精神，对青海湖、鄂陵湖、扎陵湖实施封湖育鱼，实行零捕捞政策，有力的保护了渔业资源和水域生态环境。为了进一步加强对封湖育鱼工作的领导，省政府专门成立了青海湖封湖育鱼工作领导小组，明确了各级政府和有关部门的职责，整顿了渔政执法队伍，调整充实了领导班子和执法人员，渔政执法装备得到进一步加强。至“十一五”末，全省封湖育鱼工作有了一个比较好的局面。同时，经过多年的努力，青海湖渔业生态环境保护和渔业资源增殖放流工作得到了国家的高度重视，渔业基础设施建设得到加强，从2002年至2009年期间共向青海湖投放裸鲤苗种5 500万尾。据测算，到2010年，青海湖裸鲤资源量达30 120吨。

2. 水产技术推广工作成效显著 “十一五”期间，水产技术推广工作有了长足发展，在新品种引进和土著鱼类驯养等方面有新突破，对基层的技术服务工作进一步加强，大水面增养殖呈现良好的发展态势。

（1）冷水性鱼类引种与示范推广工作取得突破。一是白鲑属鱼类引种示范推广面积达3.3万多公顷，高白鲑人工繁育取得成功，目前有近2.7万公顷水面移植成功。二是沿黄大中型水库群众网箱养殖、河湟谷地池塘养殖、可鲁克湖及贵德县特色养殖发展势头迅猛。至2010年底全省网箱养殖面积发展到33 463平方米；大水面养殖面积发展到37 556公顷；湖泊养殖面积达到4 133公顷；池塘养殖面积258公顷亩。养殖品种有普通虹鳟、金鳟、三倍体虹鳟、目松白鲑、哲罗鲑、鲤鱼、鲫鱼、草鱼、鲢鱼、青海湖裸鲤等。三是三倍体虹鳟、全雌虹鳟、哲罗鱼等冷水性鱼类的引种驯化工作也取得很好的效果。

（2）加快池沼公鱼移植增殖技术成果转化。池沼公鱼在龙羊峡水库移植增殖成功后，为加速科技成果转化和科技贡献率，尽快发挥效益，“十一五”以来，加大池沼公鱼的增殖力度，现年产千吨以上，年创产值400余万元，提供数百个就业机会，成为库区移民增收致富的重要途径和当地经济支柱产业之一。

（3）河蟹实现规模化增殖。可鲁克湖和贵德黄河滩地两大养殖基地，约有养殖面积0.42万公顷，年产优质河蟹30—50吨。可鲁克湖河蟹目前已取得了有机食品认证并获得了青海省名牌水产品的称号，该产品具有反季节上市（3–5月）和高原纯天然有机食品两大特色。

（4）青海湖裸鲤淡水人工养殖和大水面增殖试验取得成效。通过对青海湖裸鲤淡水人工养殖技术探索，全面创新关键技术环节，掌握其核心养殖技术。淡水池塘人工培育裸鲤取得亩产462公斤的成绩；大水面网箱养殖试验，每平方米产鱼60公斤，折合亩产40吨；河湟流域水库涝池增殖试验中，粗放的鱼苗，经过二年三个月的自然生长，平均个体达184.1克。为青海湖裸鲤优良种质资源的开发利用奠定了技术基础。

3. 国家级水产种质资源保护区建设工作取得新进展 已建立黄河河南段、黄河尖扎段、扎陵湖、鄂陵湖、玛柯河、青海湖裸鲤5个国家级水产种质资源保护区。其中，黄河河南段、黄河尖扎段已完成保护区建设规划，通过保护区的建设，有效地保护了土著鱼类。

4. 渔业水域生态环境工作得到拓展 “十一五”期间青海省渔业监测工作被纳入全国渔业生态环境监测网，并取得了渔业污染事故调查资格。一是开展全国渔业生态环境监测青海区工作。完成了全国渔业生态环境常规监测工作。二是开展三江源区渔业生态环境常规监测。三是开展涉水工程环境影响评价工作。为工程规划设计部门和主管部门决策提供了科学依据。渔业环境监测工作的开展，使青海省的主要渔业水域环境仍然保持洁净和良性循环的良好状态，为渔业的绿色发展奠定了环境基础。

5. 通过项目建设，缓解了苗种繁育和市场需求 “十一五”期间，完成了“青海省虹鳟鱼良种场”、“青海省高白鲑良种场”、“青海湖裸鲤救护中心二期改扩建”的建设项目，总投资为797.5万元，每年可繁育虹鳟鱼苗种200万尾，高白鲑苗种400万尾，青海湖裸鲤苗种2 000万尾。有效地缓解了全省养殖渔业对苗种的需求。

宁夏回族自治区

一、发展概况

“十一五”期间，宁夏渔业紧紧围绕《全国渔业发展第十一个五年规划》和《宁夏农业和农村经济发展第十一个五年规划》确定的目标和任务，坚持科学发展，渔业经济继续保持持续、快速发展的良好势头。2010 年，全区水产养殖面积达到 4.04 万公顷，比“十五”末增长 150.5%；全区稻田养蟹 0.36 万公顷；水产品产量 12 万吨，比“十五”末增长 103.6%；渔业经济总产值 18.6 亿元，比“十五”末增长 97.7%；从渔农民人均纯收入 6 560 元，比“十五”末增长 36.6%。

目前，全区各类水产养殖品种 41 个，其中乌克兰鳞鲤、草鱼、黄河鲶、河蟹等特色及名优养殖品种 31 个，养殖面积 2.07 万公顷，占养殖总面积的 50.8%。全区共创建农业部健康养殖示范场 38 个，认定无公害水产品基地面积 2.53 万公顷，认证无公害、绿色水产品 82 个。

二、发展特色及变化

1. 产业规模不断扩大，渔业在大农业中的地位更加突出 “十一五”期间，全区水产养殖面积、水产品产量连续五年保持两位数增长。渔业经济总产值 18.6 亿元，在农业总产值中的比重提高到 9%。渔业已经发展成为农业农村经济中一个不可替代的区域性特色优势产业。

2. 渔业功能不断拓展，发展空间更加广阔 “十一五”期间，自治区党委、政府以新的理念和思路破解渔业发展难题，充分发挥渔业在农业农村经济发展、生态保护、观光休闲、文化传承的综合优势，把以水产养殖为主，水生植物种植、水上休闲旅游等协调发展的“适水产业”作为现代渔业发展的重要突破口，强力推进。特别是，2009 年以来，在全区示范推广稻蟹生态种养技术，实现了“一水两用，一地双收”，提高了土地产出率和资源利用率。2010 年，全区示范推广稻田养蟹 0.36 万公顷，水生植物规模化种植 0.07 万多公顷，休闲观光渔业场点达到 198 家，渔业开始由单纯的生产型产业向生态型产业、旅游文化型产业延伸和拓展。

3. 健康养殖全面推进，水产品质量安全监管更加有力 “十一五”期间，面对我国农产品质量安全出现的各种挑战，全区各级渔业部门积极应对，不断加大工作力度，水产品质量安全水平不断提高。水产养殖投入品使用监管制度、水域环境监测制度、生产日志制度不断完善。

4. 渔业科技水平不断提高，科技对产业的支撑和引领作用更加明显 “十一五”期间，先后组织实施了国家自然基金、自治区科技攻关、自治区自然基金等一批重大项目。开展了湖泊湿地渔业水域环境调控、适水产业生态模式、黄河鲶人工繁育及高效养殖等研究开发。示范推广了一批养殖新品种和水产健康养殖、鱼类病害预测预报与综合防治、生态渔业、稻田养蟹等先进适用技术。全区苗种自给率达到 60%，水产良种化率达到 58%。

5. 基础建设不断加强，渔业支撑保障体系更加完善 “十一五”期间，国家及自治区不断加大对渔业的投入，加强渔业基础设施和支撑保障建设，渔业质量安全体系、水产原良种体系、渔政执法体系更加完善。截至2010年，国家及自治区投入我区渔业的各类项目资金达到8 000余万元，建设完成自治区渔业“三检”中心、8个县级水生动物疫病防治站和一批自治区及市县级水产原良种场，配备渔政执法车14辆、执法快艇14艘，全区水产品质量检测能力、良种生产能力、渔政现代化装备水平明显提高。

6. 渔业生态保护取得新进展，可持续发展理念更加深入 建立和完善了黄河宁夏段休渔制度和渔业资源增殖放流制度；建设了黄河卫宁段兰州鲶国家级水产种质资源保护区、黄河青石段大鼻吻鮈国家级水产种质资源保护区、西吉震湖特有鱼类国家级水产种质资源保护区；启动了沙湖、星海湖水生生物自然保护区建设项目。黄河宁夏段长期以来存在的酷渔滥捕行为得到有效遏止，鱼类种质资源开始恢复，宁夏渔业向“资源节约、环境友好”的可持续发展迈出了实质性步伐。截至2010年，宁夏共向黄河及沙湖、星海湖、阅海湖等重点水域累计投放各种经济鱼类2.5亿尾。

三、发展变化的原因

1. 坚持创新发展思路 5年来，宁夏以创新的理念和思路谋划渔业发展。针对全区不同资源禀赋和养殖特点，坚持因地制宜，大力推进现代渔业先导区、适水产业开发区、生态渔业建设区、稻蟹生态种养区建设，为全面提升黄河金岸生态渔业产业带发展层次和水平奠定了基础。立足引黄灌区百万亩水稻种植优势，积极推行稻蟹立体种养，为宁夏现代渔业发展和从渔农民增收探索出新方向，开辟了新途径。

2. 坚持政策引导和资金投入 5年来，自治区人民政府把渔业作为六大区域性特色优势农业产业和“四个百万亩”工程加快发展，在支撑保障体系建设、基地建设、无公害养殖、良种繁育等方面出台了一系列扶持政策，加大了资金投入。据统计，2006年以来，国家及自治区投入宁夏渔业的各类项目资金近亿元。

3. 坚持市场化发展方向 5年来，宁夏围绕品种结构调整、产品外销、产业化进程，大力发展适销对路的优质水产品，满足多样化的市场需求；建立了较为完善的运销网络，在周边省区形成了稳固的销售市场；引进一大批外省区客商和知名龙头企业参与水产养殖基地开发建设和水产品加工，进一步增强了产业发展活力。

4. 坚持渔业科技创新与推广 5年期间，宁夏大力推进产学研相结合，实施了一批重大渔业科技攻关项目，引进了一批名优水产新品种，推广了一批先进适用的渔业新技术，建设了一批渔业科技示范园区，从整体上推动了全区渔业科技水平的提高，科技对产业的支撑和引领作用不断增强。黄河鲶鱼繁育和基因工程育种项目获自治区科技进步一等奖。成立了国家大宗淡水鱼产业技术体系银川试验站和自治区渔业工程技术研究中心，为宁夏渔业跨越式发展搭建了科技创新平台。

新疆维吾尔自治区

一、发展概况

"十一五"时期，新疆渔业工作坚持可持续发展战略，以保障水产品有效供给和渔民增收为核心，以转变渔业增长方式，养护水生生物资源，促进渔业优势资源转换，推进现代渔业建设为重点，持续、稳定、健康发展，综合生产能力显著提高，增长方式由传统渔业向现代渔业转变，养殖品种结构由大宗品种向以市场为导向的名特优新方向发展，部分特有品种向全国推广。池沼公鱼、高白鲑加工出口日本、芬兰。农渔民通过水产养殖走上致富道路，渔业为促进农村经济发展、农渔民增收、保障食品安全做出了积极贡献。水产品产量由2006年的8.4万吨增加到2010年的10.1万吨，年均增长率4.2%，渔民人均纯收入由2006年的5 914元增加到2010年的8 400元，年均增长率7.3%。渔业总产值由2006年的7.51亿元增加到2010年的14.26亿元，年均增长率17.4%。

二、发展特色及变化

1. 产业结构不断优化，资源利用趋向合理

（1）养殖品种不断丰富，名特优新水产品比例逐年加大。团头鲂、罗非鱼、虹鳟、加州鲈、鳜鱼、中华绒鳌蟹、南美白对虾、鲶鱼、斑点叉尾鮰等养殖初具规模。

（2）特有土著经济鱼类开发利用成为渔业发展的又一热点。白斑狗鱼、江鳕、梭鲈、丁鱼岁、河鲈、东方欧编、贝加尔雅罗鱼、额河银鲫等人工繁殖取得较大进展。白斑狗鱼、丁鱼岁、梭鲈、河鲈等苗种向全国八省区推广。

（3）淡水养殖形式多样，养殖技术不断提高。湖泊渔业、水利渔业、池塘渔业、设施渔业等全面发展，冷水鱼、温水鱼、热水鱼因地制宜。各地在养殖业的发展过程中，积极引进资金、技术，学习外地先进经验，养殖技术日趋成熟，养殖成本逐年降低，养殖效益不断提高。

（4）天然水域渔业资源开发利用力度逐年加大，冷水渔业发展呈较快增长态势。赛里木湖的高白鲑、凹目白鲑等冷水品种以纯天然、无污染的有机品牌享誉区内外，并向全国推广。

（5）大力发展综合养殖和休闲渔业。根据不同养殖品种的习性，利用各种宜渔水面发展综合养殖，打破单一养殖模式，扩大渔业领域，向流通、服务多元化方向发展，以垂钓、旅游、餐饮、观光为主的休闲渔业日渐成为新的渔业经济增长点，效益显著。

（6）水产品加工业有所发展。博湖县蓝翔水产食品公司的八个品种通过了国家绿色食品发展中心的认证，被评为新疆农业名牌产品并出口日本；赛里木湖天润渔业公司产品已成为新疆知名品牌并获得欧盟产品认证，出口芬兰。

2. 加大管理力度，保证产品安全 制定并实施《自治区水产品专项整治行动实施方案》，依法强化水产品质量监管工作。养殖业专项执法、无公害水产品产地认定和产品认证及健康养殖标准化示范区（场）创建等工作扎实开展，共发放法律法规宣传单、养殖技

术手册1万余份；举办各级水产健康养殖培训班42期，累计培训渔民2 700人次；培植渔业科技示范户351户，辐射带动面积0.7万公顷；博斯腾湖、赛里木湖、乌伦古湖三大湖泊通过了国家有机食品生产基地认定，养殖主产区共计33个产地，136个产品通过无公害产地产品认定认证；创建国家级健康养殖示范区（场）29个，自治区级健康养殖示范区（场）40个；水产养殖产品主要药残指标检测合格率达到98%以上。

3. 加强渔政执法，保护增殖资源 “十一五”期间，各级渔业行政主管部门强化渔政执法队伍建设，不断提高各级渔政人员业务素质及执法水平。举办各级执法培训36期，培训人员1 800人次；依法实施禁渔期、禁渔区制度，开展全疆范围渔政执法联检5次；贯彻实施《中国水生生物资源养护行动纲要》，依法强化渔业资源增殖保护工作，五年共计放流水生生物苗种约3亿尾，投入资金近亿元。启动并建立国家级水产种质资源保护区4个，建立地区级自然保护区1个，依靠自治区科研力量开展国家Ⅰ级保护水生野生动物——扁吻鱼人工繁殖取得成功，培育上浮鱼苗140万尾，五年累计向原栖息水域投放该鱼苗74万尾。

至“十一五”末，全区设立渔政管理机构50个，重点边境河流渔业水域渔政部门基本配置了渔政专用车、船等执法装备，在伊犁河、额尔齐斯河两条国际河流设立边境河流渔政管理站，负责两条国际河流的渔政管理工作。乌鲁木齐市、阿勒泰地区、博湖县、福海县、博州等5个渔政站获得“全国渔业文明执法窗口创建单位”。自治区渔政管理总站和布伦托海渔政站获得“全国渔政工作先进单位”称号，3人获得“全国渔政先进工作者”称号。

4. 实施科技兴渔战略、科研推广成效显著 到“十一五”末，全区建立各级水产技术推广站29个，促进了技术推广工作的进展。“十一五”期间，渔业科研推广工作围绕渔业优势资源养护和合理开发、名特优品种人工繁育技术研究、渔业科技成果转化、适用技术推广普及、水利水电工程环境影响评价等，进一步实施科技兴渔战略，共承担科技部、环保部和自治区渔业科技项目65项，投入科技经费近千万元。获农业部、中国水产科学研究院及自治区科技厅、乌鲁木齐市科委等各类奖项11项。

5. 加大资金投入，加强基础建设 中央关于西部大开发战略的确立及积极财政政策的实施，有力地推进了新疆渔业基础设施建设。“十一五”期间，全区渔业财政投入近亿元。共承建农业部基本建设项目29项。有力地推进了水产原良种、水生动物疫病防治、渔政等设施的改善，为渔业发展提供了有力的支撑。

第二部分

“十一五”时期渔业主要统计指标数据

全国渔业经济总产值
（按当年价格计算）

单位：万元

指 标	2006 年	2007 年	2008 年	2009 年	2010 年
渔业经济总产值	**85 782 935.52**	**95 391 290**	**103 975 019.07**	**114 451 251.43**	**129 294 761.03**
1. 渔业	45 686 193.02	49 562 267	55 206 411.83	59 373 731.55	67 517 986.55
其中：海水养殖	10 333 403.28	11 079 660	12 633 659.52	14 003 860.72	16 506 007.59
淡水养殖	21 003 268.35	23 094 894	25 659 258.84	27 593 122.63	31 403 444.15
海洋捕捞	9 691 400.45	10 451 079	10 928 849.43	11 553 834.84	12 721 296.60
淡水捕捞	2 441 181.55	2 422 937	2 987 874.45	2 945 301.50	3 132 667.50
水产苗种	2 216 939.39	2 513 698	2 996 769.59	3 277 611.86	3 754 570.71
2. 渔业工业和建筑业	20 398 963.78	23 350 485.46	25 614 418.34	26 796 411.59	30 888 002.93
其中：水产品加工	15 434 312.24	18 011 270.34	19 713 704.17	20 265 994.15	23 586 028.87
渔用机具制造	878 542.02	979 734.90	1 042 748.14	1 137 598.45	1 382 114.09
其中：渔船渔机修造	457 647.86	536 154.36	609 419.81	676 445.64	826 957.17
渔用绳网制造	309 338.88	310 189.24	315 718.01	369 622.08	448 080.22
渔用饲料	1 974 805.40	2 295 550.48	2 675 423.52	2 897 865.65	3 025 299.83
渔用药物	57 762.23	101 660.49	109 824.38	108 650.61	126 505.19
建筑业	667 182.87	662 425.54	849 669.44	962 053.92	1 074 429.49
其他	1 386 359.02	1 299 843.71	1 223 048.69	1 424 248.81	1 693 625.46
3. 渔业流通和服务业	19 697 778.72	22 478 537.75	23 154 188.90	28 281 108.29	30 888 771.55
其中：水产流通	16 095 297.35	18 325 631.06	18 620 898.92	22 918 413.73	25 171 409.00
水产（仓储）运输	1 127 890.73	1 265 244.51	1 247 578.45	1 659 458.36	1 541 063.87
休闲渔业	1 016 379.74	1 535 227.16	1 744 831.12	2 157 791.48	2 112 454.56
其他	1 458 210.90	1 352 435.02	1 540 880.41	1 545 444.72	2 063 844.12

全国渔业经济增加值
（按当年价格计算）

单位：万元

指　标	2006 年	2007 年	2008 年	2009 年	2010 年
渔业经济增加值	**37 410 012.52**	**41 279 292**	**46 199 729.93**	**50 918 972.34**	**59 041 156.58**
1. 渔业	25 410 617.88	26 743 699	31 046 248.96	33 371 189.08	37 900 880.84
其中：海水养殖	5 955 147.55	6 383 065	7 621 670.66	8 424 715.49	9 767 742.83
淡水养殖	11 697 943.84	12 239 376	14 152 856.44	15 255 212.09	17 399 709.59
海洋捕捞	5 202 873.39	5 432 211	5 867 938.07	6 233 803.41	6 876 575.66
淡水捕捞	1 386 238.77	1 396 429	1 813 489.34	1 742 706.39	1 864 608.81
水产苗种	1 168 414.33	1 292 619	1 590 294.45	1 714 751.70	1 992 243.95
2. 渔业工业和建筑业	6 378 901.34	7 979 035	8 306 913.14	8 929 973.60	11 213 165.80
其中：水产品加工	4 753 857.09	6 178 765	6 363 129.76	6 641 285.35	8 635 369.01
渔用机具制造	255 313.48	304 641.83	309 268.30	368 117.08	468 804.40
其中：渔船渔机修造	139 389.32	167 952.80	171 768.10	205 711.06	260 252.28
渔用绳网制造	91 562.49	113 890.81	105 048.91	125 519.41	167 358.22
渔用饲料	703 154.70	826 235.44	888 913.80	1 006 219.04	994 203.08
渔用药物	19 733.51	30 820.85	32 027.72	45 690.93	39 476.83
建筑业	214 367.10	228 704.59	304 879.76	358 486.98	328 619.06
其他	432 475.46	409 868.79	408 693.80	510 174.22	746 693.42
3. 渔业流通和服务业	5 620 493.30	6 556 557	6 846 567.83	8 617 809.66	9 927 109.94
其中：水产流通	4 112 245.67	4 848 794.47	4 931 947.96	6 356 709.96	7 435 240.21
水产（仓储）运输	389 007.84	447 830	457 922.70	610 079.03	619 559.50
休闲渔业	471 250.45	706 480	790 012.35	962 626.34	979 784.48
其他	647 989.34	553 453	666 684.82	688 394.33	892 525.75

各地区渔业经济总产值
（按当年价格计算）

单位：万元

地　区	2006 年	2007 年	2008 年	2009 年	2010 年
全国总计	**85 782 935.52**	**95 391 289.75**	**103 975 019.07**	**114 451 251.43**	**129 294 761.03**
北　京	156 445.81	163 554.85	185 431.74	188 823.26	202 991.75
天　津	428 558.99	558 119.01	462 227.29	624 529.00	697 582.55
河　北	1 218 086.31	1 163 555.04	1 302 227.23	1 386 099.85	1 766 249.53
山　西	53 134.66	51 533.44	51 636.15	51 834.97	49 883.22
内蒙古	103 917.60	114 332.42	147 586.15	167 130.08	183 310.83
辽　宁	6 483 443.00	7 246 203.00	8 004 390.00	9 129 982.00	10 497 834.00
吉　林	172 116.48	202 853.53	246 595.30	252 779.35	273 996.47
黑龙江	586 669.00	644 928.00	510 060.22	602 254.20	646 037.70
上　海	640 121.37	654 784.65	686 827.40	696 774.00	698 143.00
江　苏	8 490 608.88	9 325 572.16	10 607 368.68	11 644 188.23	13 097 680.00
浙　江	11 045 053.00	12 475 720.00	12 738 278.00	11 952 384.00	13 415 820.00
安　徽	2 584 606.57	2 970 660.99	3 143 252.26	3 578 873.58	4 204 348.30
福　建	10 001 139.53	10 408 984.53	10 833 970.68	11 948 501.47	14 959 448.68
江　西	4 436 480.40	4 801 583.00	5 424 237.00	6 052 419.00	5 090 250.00
山　东	14 610 920.00	16 554 185.52	18 946 289.00	21 306 066.57	23 751 321.09
河　南	870 734.00	558 204.00	1 238 046.00	1 374 448.00	1 517 601.00
湖　北	4 332 719.00	5 781 208.00	6 535 087.00	8 062 233.00	9 308 372.00
湖　南	1 597 062.06	1 786 923.05	1 793 291.44	1 988 956.00	2 473 878.24
广　东	11 389 617.81	12 174 028.16	13 016 390.84	14 463 332.16	16 163 605.01
广　西	1 925 629.56	2 207 312.02	2 557 570.98	3 011 708.43	3 543 317.00
海　南	1 843 107.03	2 160 472.54	1 992 678.00	2 284 037.00	2 592 669.00
重　庆	347 435.39	405 404.15	370 105.31	403 445.74	456 130.29
四　川	1 534 483.78	1 817 150.32	2 174 302.23	2 011 976.94	2 157 870.71
贵　州	150 777.13	150 893.88	104 867.10	110 616.00	123 457.00
云　南	453 181.83	650 251.43	509 420.49	485 295.54	543 417.07
西　藏	1 143.00		1 522.80	1 631.00	1 516.60
陕　西	121 226.22	133 823.00	120 009.00	146 758.00	272 556.81
甘　肃	21 380.00	14 876.00	15 993.67	15 844.60	18 680.21
青　海	1 042.60		1 669.00	970.00	1 235.80
宁　夏	107 041.13	121 205.61	144 089.79	165 874.46	186 683.28
新　疆	75 053.38	92 967.45	109 598.32	112 700.00	142 673.89
中农发集团				228 785.00	256 200.00

各地区渔业经济增加值
（按当年价格计算）

单位：万元

地　区	2006 年	2007 年	2008 年	2009 年	2010 年
全国总计	**37 410 012.52**	**41 279 291.60**	**46 199 729.93**	**50 918 972.34**	**59 041 156.58**
北　京	42 222.34	42 040.91	57 960.23	60 739.92	63 772.43
天　津	207 484.29	204 172.26	221 684.15	263 150.00	284 900.83
河　北	591 055.69	604 590.91	704 080.15	764 897.30	1 015 873.29
山　西	10 375.01	8 069.11	7 851.31	7 864.65	7 562.34
内蒙古	42 340.89	46 804.85	59 200.61	88 704.55	98 839.17
辽　宁	3 085 773.00	3 463 074.00	3 990 922.00	4 622 777.00	5 492 307.00
吉　林	37 360.96	54 173.78	61 122.28	60 036.13	63 369.79
黑龙江	176 001.00	193 478.40	224 082.07	265 726.26	293 139.35
上　海	147 227.88	150 600.47	157 970.31	160 258.02	160 572.89
江　苏	2 968 139.70	3 764 193.71	4 600 981.56	5 016 161.07	6 094 550.00
浙　江	3 456 090.00	3 915 456.00	4 008 781.00	3 851 503.00	4 607 805.00
安　徽	1 286 392.86	1 980 233.77	1 589 403.67	1 845 672.46	2 138 425.42
福　建	5 372 043.46	5 543 060.28	5 804 448.49	6 362 885.14	7 972 514.96
江　西	1 859 681.22	1 996 653.72	2 361 406.00	2 728 101.05	2 598 970.42
山　东	6 168 815.00	7 122 243.42	8 557 181.00	9 788 241.05	11 018 976.81
河　南	418 568.00	166 921.00	595 216.00	647 634.00	699 004.00
湖　北	2 285 597.00	2 960 324.00	3 314 982.00	4 067 137.00	4 561 402.10
湖　南	1 004 413.27	1 157 620.90	1 165 899.90	1 296 592.00	1 603 711.41
广　东	4 847 353.20	4 188 132.61	4 231 513.01	4 226 339.55	5 075 599.33
广　西	1 093 351.64	1 045 962.74	1 588 476.44	1 870 365.56	1 923 640.56
海　南	1 065 885.95	1 230 219.37	1 242 824.00	1 405 364.00	1 601 041.00
重　庆	213 727.28	249 929.65	216 333.49	240 418.37	273 315.54
四　川	763 672.48	849 670.81	1 128 613.01	951 645.15	1 010 677.73
贵　州	90 544.43	89 426.67	68 097.70	72 120.70	80 200.00
云　南	95 014.78	146 474.67	113 964.51	131 242.65	120 207.61
西　藏	600.00		754.00	803.00	747.00
陕　西	17 033.50	33 204.37	43 643.60	16 419.00	54 895.81
甘　肃	5 291.00	9 032.53	7 620.61	5 545.99	7 098.98
青　海	726.90		385.00	540.00	833.60
宁　夏	31 617.24	35 680.44	42 499.32	46 762.77	50 825.07
新　疆	25 612.55	27 846.25	31 832.51	33 810.00	42 905.14
中农发集团				19 515.00	23 472.00

各地区渔业产值
（按当年价格计算）（一）

单位：万元

地 区	2006 年	2007 年	指数（上年为 100）	2008 年	指数（上年为 100）	2009 年	指数（上年为 100）	2010 年	指数（上年为 100）
全国总计	**45 686 193.02**	**49 562 266.87**	**104.80**	**55 206 411.83**	**106.00**	**59 373 731.55**	**105.80**	**67 517 986.55**	**105.50**
北 京	102 015.19	104 558.18	99.20	115 107.55	89.80	115 660.40	107.60	128 702.83	107.70
天 津	394 064.63	369 119.00	104.00	450 227.29	103.40	489 739.00	102.20	517 567.00	102.20
河 北	913 668.19	903 847.31	105.10	1 089 981.32	106.90	1 137 666.22	104.40	1 485 015.07	105.80
山 西	33 502.50	37 066.14	115.00	39 159.15	102.80	40 343.36	111.00	40 665.24	113.10
内蒙古	81 999.94	92 380.45	117.90	117 788.23	104.10	128 601.23	107.90	138 266.09	111.10
辽 宁	3 437 407.00	3 810 600.00	104.50	4 196 299.00	109.50	4 897 771.00	108.80	5 655 350.00	109.00
吉 林	107 506.34	139 848.01	105.80	175 650.15	111.30	180 028.86	111.90	190 722.35	100.70
黑龙江	509 600.00	541 455.00	103.40	412 628.02	115.20	491 018.00	112.00	555 349.70	106.20
上 海	552 500.00	560 747.00	97.60	591 384.55	90.70	548 060.00	92.60	552 462.48	92.00
江 苏	5 620 573.00	6 020 940.48	104.40	6 800 031.00	105.40	7 362 308.00	105.20	8 047 037.00	104.50
浙 江	4 218 029.00	4 451 714.00	101.70	4 422 368.00	103.80	4 500 807.00	101.50	5 376 189.00	108.10
安 徽	1 923 819.10	2 168 150.20	105.10	2 296 174.38	106.30	2 591 413.74	107.50	2 951 834.64	105.50
福 建	4 812 334.52	4 971 939.62	106.00	5 717 639.95	106.50	5 897 771.83	106.00	7 014 469.79	104.20
江 西	1 983 715.60	2 097 906.00	106.00	2 318 348.00	105.40	2 513 804.00	107.20	2 779 409.00	107.20
山 东	5 471 200.00	6 084 219.16	104.70	7 343 426.00	105.90	7 979 102.24	106.20	9 018 366.92	104.90

各地区渔业产值
（按当年价格计算）（二）

单位：万元

地　区	2006 年	2007 年	指数（上年为 100）	2008 年	指数（上年为 100）	2009 年	指数（上年为 100）	2010 年	指数（上年为 100）
河　南	487 729.00	62 253.00	113.10	670 048.00	108.50	734 888.00	106.60	797 329.00	107.50
湖　北	2 833 829.00	3 614 338.00	105.10	3 997 122.00	112.00	4 715 398.00	107.20	5 080 787.00	105.80
湖　南	1 504 600.00	1 694 149.38	105.80	1 695 600.00	105.00	1 885 300.00	105.30	2 326 965.00	105.50
广　东	5 703 722.07	6 073 327.80	104.10	6 685 913.83	104.70	6 795 167.46	105.10	7 639 169.00	104.50
广　西	1 609 111.86	1 868 346.84	105.20	2 209 490.51	102.40	2 272 278.71	106.20	2 577 567.13	105.80
海　南	1 509 867.01	1 730 140.00	110.10	1 473 879.00	106.20	1 633 900.00	106.70	1 886 206.00	104.80
重　庆	250 044.03	284 036.92	110.20	241 351.01	104.00	268 088.34	108.80	291 979.95	109.90
四　川	976 002.01	1 163 472.96	108.50	1 470 215.87	106.00	1 268 761.53	105.20	1 292 424.52	104.90
贵　州	136 697.73	133 966.00	106.60	98 516.40	101.50	103 942.00	102.60	116 128.00	111.60
云　南	315 014.19	360 836.41	110.00	341 952.50	105.10	315 287.22	110.70	361 847.97	109.40
西　藏	803.00		55.50	905.80	140.20	927.00	101.00	1 113.60	105.60
陕　西	58 210.72	69 481.00	106.70	49 948.00	108.70	75 340.00	107.80	198 746.23	109.00
甘　肃	16 729.00	10 806.00	107.20	11 948.75	101.20	12 172.60	101.00	14 133.78	105.30
青　海	1 042.60		106.00	1 069.00	130.30	970.00	49.60	1 235.80	173.00
宁　夏	54 788.64	60 855.94	110.10	73 538.57	109.70	87 530.81	111.50	97 532.46	111.20
新　疆	66 067.15	81 766.07	103.50	98 700.00	107.70	100 900.00	106.90	127 214.00	105.50
中农发集团						228 785.00		256 200.00	

各地区渔业增加值
（按当年价格计算）

单位：万元

地 区	2006年	2007年	2008年	2009年	2010年
全国总计	**25 410 617.88**	**26 743 699.42**	**31 046 248.96**	**33 371 189.08**	**37 900 880.84**
北 京	27 139.62	26 107.82	38 987.23	38 354.49	42 059.88
天 津	190 549.25	178 628.00	215 884.15	234 837.00	247 774.00
河 北	531 874.68	524 663.98	634 945.00	686 849.30	922 523.49
山 西	6 666.17	4 950.82	5 157.93	5 244.55	5 581.85
内蒙古	34 183.68	39 404.15	47 911.88	71 057.26	77 760.21
辽 宁	2 076 418.00	2 240 894.00	2 639 120.00	3 114 858.00	3 582 808.00
吉 林	29 945.51	40 870.49	51 148.48	50 510.48	53 931.11
黑龙江	152 880.00	162 436.50	194 852.41	232 355.40	265 932.95
上 海	127 075.06	128 971.81	136 018.45	126 053.80	127 066.37
江 苏	2 398 859.22	3 067 664.08	3 776 057.20	4 087 554.30	4 451 620.00
浙 江	2 173 802.00	2 316 465.00	2 404 544.00	2 508 367.00	3 091 358.00
安 徽	1 115 009.66	1 260 343.45	1 359 775.24	1 529 698.34	1 755 138.77
福 建	2 739 289.85	2 778 182.48	3 174 842.18	3 267 202.14	3 887 614.60
江 西	1 388 600.92	1 363 114.00	1 622 844.00	1 759 662.80	1 945 586.30
山 东	3 228 360.00	3 690 472.93	4 472 425.00	4 845 890.61	5 482 184.64
河 南	325 143.00	29 007.00	442 338.00	482 909.00	527 285.00
湖 北	1 797 304.00	2 288 816.00	2 491 137.00	2 904 327.00	3 139 943.10
湖 南	946 541.30	1 099 372.61	1 102 600.00	1 229 215.60	1 514 622.00
广 东	3 221 274.13	2 369 356.13	2 372 238.21	2 287 350.29	2 589 722.00
广 西	989 496.81	944 958.19	1 494 301.29	1 529 269.59	1 529 994.51
海 南	963 520.20	1 103 624.24	1 094 367.00	1 213 200.00	1 397 011.00
重 庆	183 503.81	212 660.93	176 759.33	199 206.82	220 918.46
四 川	542 092.89	624 978.81	853 542.21	697 266.20	725 826.06
贵 州	87 706.21	85 831.27	64 922.30	68 497.00	76 170.00
云 南	73 821.75	81 304.35	85 190.91	99 364.27	82 621.11
西 藏	390.00		476.00	491.00	565.00
陕 西	9 643.80	23 201.42	28 532.00	11 632.00	50 083.41
甘 肃	4 466.00	8 340.53	6 967.31	5 022.77	6 652.36
青 海	726.90		235.00	540.00	833.60
宁 夏	22 706.48	25 243.83	30 150.82	34 617.07	38 057.16
新 疆	21 626.98	23 834.60	27 978.43	30 270.00	38 163.90
中农发集团				19 515.00	23 472.00

各地区海水养殖产值
（按当年价格计算）

单位：万元

地　区	2006 年	2007 年	2008 年	2009 年	2010 年
全国总计	**10 333 403.28**	**11 079 659.61**	**12 633 659.52**	**14 003 860.72**	**16 506 007.59**
天　津	43 360.00	41 659.00	44 642.00	35 449.00	37 920.00
河　北	245 272.40	250 937.00	298 700.00	347 142.39	509 279.97
辽　宁	1 432 470.00	1 715 063.00	1 917 866.00	2 301 167.00	2 735 966.00
上　海	1 905.00	168.00			
江　苏	713 901.00	775 597.04	918 568.00	981 040.00	947 744.00
浙　江	962 806.00	952 400.00	870 222.00	896 195.00	1 091 385.00
福　建	2 072 752.40	2 166 979.00	2 550 088.85	2 639 258.92	3 160 811.92
山　东	2 577 150.00	2 730 788.65	3 316 799.00	3 833 126.82	4 191 922.70
广　东	1 566 896.48	1 466 668.99	1 734 114.67	1 859 854.59	2 544 500.00
广　西	298 225.00	490 774.00	615 715.00	693 627.00	797 451.00
海　南	418 665.00	488 624.93	366 944.00	417 000.00	489 027.00

各地区海水养殖增加值
（按当年价格计算）

单位：万元

地　区	2006 年	2007 年	2008 年	2009 年	2010 年
全国总计	**5 955 147.55**	**6 383 064.61**	**7 621 670.66**	**8 424 715.49**	**9 767 742.83**
天　津	22 027.22	21 255.00	21 488.00	17 370.00	18 480.00
河　北	144 975.53	148 326.99	176 600.00	212 138.80	320 578.34
辽　宁	879 499.00	1 046 147.00	1 231 801.00	1 486 812.00	1 752 715.00
上　海	438.00	39.00			
江　苏	304 692.96	395 166.04	510 080.81	544 673.53	540 214.00
浙　江	512 127.00	528 040.00	534 788.00	559 582.00	693 881.00
福　建	1 190 141.23	1 223 259.60	1 427 987.27	1 474 943.53	1 766 412.18
山　东	1 546 290.00	1 747 021.46	2 424 278.00	2 739 666.01	2 990 582.63
广　东	884 931.46	691 659.50	599 521.95	607 226.99	791 710.00
广　西	178 935.00	269 925.70	419 917.63	478 602.63	542 266.68
海　南	291 090.00	312 224.68	275 208.00	303 700.00	350 903.00

各地区淡水养殖产值
（按当年价格计算）

单位：万元

地 区	2006年	2007年	2008年	2009年	2010年
全国总计	**21 003 268.35**	**23 094 893.66**	**25 659 258.84**	**27 593 122.63**	**31 403 444.15**
北 京	90 604.91	92 087.17	92 590.62	93 701.45	99 516.22
天 津	281 143.00	269 498.00	332 043.00	365 048.00	386 783.00
河 北	293 740.18	294 811.00	329 000.00	357 516.14	423 443.67
山 西	30 505.80	33 512.14	37 601.00	38 661.42	37 733.79
内蒙古	52 069.63	61 629.10	82 722.90	90 102.77	97 845.11
辽 宁	694 993.00	713 948.00	835 353.00	1 016 843.00	1 199 077.00
吉 林	81 644.25	112 242.30	141 158.90	143 552.00	154 407.19
黑龙江	382 682.00	431 725.00	300 800.00	372 332.00	426 729.20
上 海	361 543.26	361 005.00	364 143.00	358 793.00	376 312.90
江 苏	3 649 148.00	3 916 113.23	4 352 057.00	4 721 122.00	5 522 507.00
浙 江	953 289.00	1 052 700.00	1 181 854.00	1 230 319.00	1 473 893.00
安 徽	1 522 059.00	1 698 483.74	1 772 421.25	2 004 996.72	2 236 914.41
福 建	969 492.25	932 622.00	987 748.93	1 043 203.80	1 248 434.69
江 西	1 458 100.00	1 723 600.00	1 759 748.00	1 905 841.00	2 138 526.00
山 东	833 880.00	974 254.40	1 335 357.00	1 365 959.90	1 527 490.09
河 南	407 557.00		554 931.00	611 119.00	670 243.00
湖 北	2 283 082.00	2 998 655.00	3 245 210.00	3 862 260.00	4 127 221.80
湖 南	1 301 700.00	1 473 895.00	1 449 000.00	1 705 500.00	2 130 350.00
广 东	2 878 353.74	3 244 556.17	3 500 020.31	3 374 854.18	3 785 600.00
广 西	746 182.00	683 872.00	826 927.00	833 106.00	984 915.00
海 南	189 501.00	220 582.94	213 749.00	249 000.00	282 020.00
重 庆	202 523.00	246 118.10	194 115.90	222 069.00	246 477.74
四 川	815 000.00	980 858.00	1 214 425.74	1 056 247.34	1 063 094.56
贵 州	105 608.56	101 290.00	74 151.20	78 237.00	87 904.00
云 南	258 133.83	298 252.79	288 103.30	263 525.69	302 238.00
西 藏	407.00		556.80	573.00	453.20
陕 西	50 028.62	59 217.00	42 380.00	66 015.00	182 468.60
甘 肃	14 530.00	9 520.47	10 332.93	11 365.00	13 568.63
青 海	766.60		979.00	970.00	1 235.80
宁 夏	42 153.50	48 808.64	60 278.06	70 289.22	80 200.14
新 疆	52 847.22	61 036.47	79 500.00	80 000.00	95 840.41

各地区淡水养殖增加值
（按当年价格计算）

单位：万元

地　区	2006 年	2007 年	2008 年	2009 年	2010 年
全国总计	**11 697 943.84**	**12 239 375.63**	**14 152 856.44**	**15 255 212.09**	**17 399 709.59**
北　京	23 708.54	22 416.99	32 251.14	32 638.41	34 412.24
天　津	132 215.18	127 122.00	159 825.00	174 718.00	185 021.00
河　北	173 623.85	174 265.57	194 400.00	218 478.20	266 546.65
山　西	5 866.87	4 210.79	4 792.07	4 939.86	4 992.22
内蒙古	17 805.16	22 297.60	32 923.47	46 271.88	51 727.83
辽　宁	416 560.00	399 980.00	492 784.00	620 116.00	735 144.83
吉　林	21 814.87	31 922.56	39 889.73	38 315.58	41 399.83
黑龙江	114 805.00	129 517.50	147 091.20	182 070.35	208 670.58
上　海	83 155.00	83 031.12	83 752.89	82 522.39	86 551.97
江　苏	1 557 456.87	1 995 256.38	2 416 697.25	2 621 167.51	2 982 154.00
浙　江	634 117.00	717 737.00	708 621.00	730 184.00	905 428.00
安　徽	880 995.70	969 633.93	1 021 951.90	1 199 748.76	1 309 166.88
福　建	556 666.92	526 465.10	553 115.20	582 991.93	697 684.74
江　西	1 020 670.00	1 120 340.00	1 231 824.00	1 334 088.70	1 496 968.20
山　东	445 970.00	595 352.62	688 325.00	703 976.56	790 971.27
河　南	276 691.00		377 956.00	415 200.00	453 920.00
湖　北	1 445 483.00	1 891 170.00	2 045 782.00	2 413 890.00	2 576 518.00
湖　南	820 071.00	960 409.00	941 900.00	1 111 986.00	1 384 728.00
广　东	1 721 338.87	1 106 223.60	1 235 715.81	1 050 072.55	1 347 098.00
广　西	447 709.20	341 936.00	563 964.21	569 511.26	620 496.45
海　南	146 484.00	140 949.50	160 312.00	182 000.00	208 112.00
重　庆	157 968.00	196 216.93	151 565.47	173 213.82	190 157.39
四　川	431 950.00	500 237.11	677 349.64	574 117.96	592 097.56
贵　州	69 596.04	66 742.00	48 865.60	51 558.00	57 333.00
云　南	48 396.25	54 410.58	62 836.66	75 287.59	57 461.00
西　藏	160.00		259.00	267.00	190.00
陕　西	8 144.40	15 396.42	24 430.00	9 128.00	47 840.72
甘　肃	3 602.00	7 520.00	6 151.19	4 658.41	6 374.38
青　海	693.90		220.00	540.00	833.60
宁　夏	17 535.90	20 304.39	24 714.01	27 553.37	30 957.25
新　疆	16 689.32	18 310.94	22 591.00	24 000.00	28 752.00

各地区海洋捕捞产值
（按当年价格计算）

单位：万元

地 区	2006 年	2007 年	2008 年	2009 年	2010 年
全国总计	**9 691 400.45**	**10 451 079.17**	**10 928 849.43**	**11 553 834.84**	**12 721 296.60**
北 京			6 188.00	5 200.00	9 389.00
天 津	52 455.00	42 336.00	51 888.00	63 905.00	64 951.00
河 北	252 318.35	234 434.00	292 800.00	292 570.61	391 720.03
辽 宁	942 335.00	981 718.00	985 407.00	1 064 626.00	1 137 743.00
上 海	155 395.00	170 832.00	197 878.00	156 600.00	140 600.00
江 苏	688 021.00	710 987.74	842 048.00	899 318.00	853 868.00
浙 江	2 001 531.00	2 187 300.00	2 104 314.00	2 151 289.00	2 566 490.00
福 建	1 455 156.86	1 517 148.00	1 826 302.15	1 845 829.56	2 177 533.04
山 东	1 852 650.00	1 996 212.80	2 087 101.00	2 164 668.17	2 593 198.53
广 东	1 039 974.23	1 113 112.56	1 194 908.28	1 270 465.50	950 700.00
广 西	414 234.00	540 723.00	546 528.00	557 078.00	591 844.00
海 南	837 330.01	956 275.07	793 487.00	853 500.00	987 060.00
中农发集团				228 785.00	256 200.00

各地区海洋捕捞增加值
（按当年价格计算）

单位：万元

地 区	2006 年	2007 年	2008 年	2009 年	2010 年
全国总计	**5 202 873.39**	**5 432 211.17**	**5 867 938.07**	**6 233 803.41**	**6 876 575.66**
北 京			2 200.00	700.00	730.00
天 津	28 033.60	22 459.00	24 976.00	31 313.00	31 725.00
河 北	149 140.24	138 572.41	173 100.00	178 789.97	246 577.45
辽 宁	552 550.00	570 845.00	631 739.00	683 162.00	724 946.00
上 海	35 740.85	39 291.36	45 511.94	36 018.00	32 338.00
江 苏	293 647.32	362 247.65	467 589.25	499 301.46	542 790.00
浙 江	907 386.00	964 300.00	1 054 697.00	1 105 801.00	1 371 193.00
福 建	835 527.76	856 430.02	1 022 684.46	1 031 537.43	1 216 909.13
山 东	1 111 590.00	1 154 212.68	1 057 076.00	1 096 336.40	1 345 776.06
广 东	528 522.18	469 480.96	420 342.32	524 086.89	310 416.00
广 西	273 394.44	243 325.35	372 732.10	373 242.26	269 289.02
海 南	487 341.00	611 046.74	595 290.00	654 000.00	760 414.00
中农发集团				19 515.00	23 472.00

各地区淡水捕捞产值
（按当年价格计算）

单位：万元

地　区	2006 年	2007 年	2008 年	2009 年	2010 年
全国总计	**2 441 181.55**	**2 422 936.78**	**2 987 874.45**	**2 945 301.50**	**3 132 667.50**
北　京			5 263.58	5 683.35	6 203.78
天　津	10 067.00	7 780.00	9 581.00	10 849.00	12 957.00
河　北	77 672.07	71 186.00	107 200.00	86 530.86	100 556.33
山　西	921.10	1 230.00	745.00	730.80	1 312.60
内蒙古	23 547.33	23 097.38	26 723.37	29 263.97	30 406.65
辽　宁	29 064.00	48 501.00	56 007.00	65 958.00	72 936.00
吉　林	20 103.71	20 615.55	24 297.24	24 080.00	25 757.39
黑龙江	82 889.00	73 964.00	75 200.00	77 668.00	79 682.60
上　海	8 831.08	9 895.00	9 105.00	8 316.00	9 287.10
江　苏	470 986.00	490 222.47	544 795.00	590 995.00	459 297.00
浙　江	117 550.00	130 000.00	124 061.00	77 000.00	90 000.00
安　徽	298 279.00	366 644.20	406 487.34	448 982.05	537 893.79
福　建	137 001.55	126 457.00	129 320.07	127 543.55	155 029.54
江　西	328 500.00	256 400.00	356 228.00	405 963.00	417 283.00
山　东	107 520.00	102 746.23	119 511.00	111 594.99	160 723.03
河　南	32 296.00		35 040.00	38 317.00	42 024.00
湖　北	315 146.00	309 656.00	454 790.00	429 140.00	458 580.20
湖　南	67 230.00	76 105.00	93 996.00	35 294.00	38 595.00
广　东	79 029.08	79 247.42	96 834.24	107 144.44	137 300.00
广　西	77 128.00	67 809.00	80 596.00	85 677.00	97 381.00
海　南	23 504.00	15 617.06	24 920.00	15 400.00	17 099.00
重　庆	16 117.00	13 797.20	17 365.30	20 630.00	25 605.07
四　川	56 604.00	64 723.00	132 266.77	86 868.97	91 896.80
贵　州	16 135.77	17 304.00	12 528.00	13 217.00	14 512.00
云　南	29 562.49	30 330.24	27 606.01	24 946.33	24 882.00
西　藏	396.00		349.00	354.00	660.40
陕　西	3 579.50	4 625.00	4 100.00	3 987.00	8 649.01
甘　肃	1 064.00	679.53	770.52		
青　海	276.00		90.00		
宁　夏	2 218.60	400.13	98.01	167.19	197.92
新　疆	7 963.27	13 904.37	12 000.00	13 000.00	15 959.29

各地区淡水捕捞增加值
（按当年价格计算）

单位：万元

地 区	2006 年	2007 年	2008 年	2009 年	2010 年
全国总计	**1 386 238.77**	**1 396 429.13**	**1 813 489.34**	**1 742 706.39**	**1 864 608.81**
北 京			1 597.36	1 877.19	3 008.36
天 津	4 875.97	3 777.00	4 611.00	5 207.00	6 118.00
河 北	45 910.38	42 079.03	63 400.00	52 879.03	63 297.56
山 西	207.15	315.50	166.10	167.00	342.94
内蒙古	13 922.65	13 858.65	11 520.79	19 845.80	20 583.60
辽 宁	22 404.00	26 217.00	34 090.00	41 601.00	45 872.82
吉 林	6 578.27	7 320.08	8 003.63	8 665.40	9 463.24
黑龙江	24 867.00	22 189.20	36 772.80	37 979.65	38 964.79
上 海	2 031.15	2 275.88	2 094.15	1 912.68	2 136.03
江 苏	201 015.57	249 767.93	302 524.66	328 120.50	238 834.00
浙 江	52 577.00	54 422.00	50 956.00	56 214.00	63 345.00
安 徽	183 418.10	234 711.04	270 374.08	251 903.74	344 783.18
福 建	78 664.10	71 384.97	72 416.07	71 277.41	86 637.89
江 西	229 950.00	166 660.00	249 360.00	284 174.10	292 098.10
山 东	64 510.00	61 432.27	64 477.00	58 255.36	83 904.10
河 南	25 837.00		25 230.00	27 205.00	29 735.00
湖 北	198 205.00	198 728.00	286 518.00	268 210.00	286 613.10
湖 南	42 354.90	49 591.00	61 507.00	23 011.69	25 121.00
广 东	30 937.76	35 532.04	45 986.33	38 127.62	56 638.00
广 西	50 133.20	44 075.85	54 966.47	58 260.36	47 716.69
海 南	14 085.00	9 979.08	18 690.00	11 500.00	12 530.00
重 庆	12 974.20	7 036.57	13 544.93	16 091.40	22 066.52
四 川	50 824.73	60 836.88	107 875.21	54 111.32	57 796.79
贵 州	10 633.47	11 403.27	8 256.00	8 710.00	9 686.00
云 南	14 504.55	14 116.22	12 314.51	11 411.94	11 838.00
西 藏	230.00		217.00	224.00	375.00
陕 西	776.40	4 536.00	2 207.00	1 800.00	240.59
甘 肃	443.00	543.53	445.82		
青 海	33.00		15.00		
宁 夏	899.80	164.05	40.18	63.20	74.81
新 疆	2 435.42	3 476.09	3 312.25	3 900.00	4 787.70

各地区渔业工业和建筑业产值
（按当年价格计算）

单位：万元

地　区	2006 年	2007 年	2008 年	2009 年	2010 年
全国总计	**20 398 963.78**	**23 350 486.26**	**25 614 418.34**	**26 796 411.59**	**30 888 002.93**
北　京	24 851.00	20 934.36	20 644.60	20 614.70	27 663.18
天　津	11 570.88	18 544.70	870.00	30 359.00	19 299.73
河　北	114 293.79	151 207.51	150 136.61	166 220.33	187 175.22
山　西	3 420.41	3 225.79	1 559.00	1 718.70	1 833.54
内蒙古	5 670.73	5 066.86	8 592.07	13 298.84	16 550.85
辽　宁	1 519 967.00	1 762 577.00	2 013 944.00	2 303 248.00	2 649 363.00
吉　林	59 211.57	56 607.26	57 794.06	59 230.00	59 981.00
黑龙江	24 340.00	31 747.00	30 361.00	38 461.00	23 975.00
上　海	77 723.63	84 120.35	86 718.00	139 983.00	137 571.52
江　苏	1 564 853.76	1 676 783.89	1 882 691.99	2 093 553.49	1 753 223.00
浙　江	4 171 612.00	5 124 631.00	5 539 441.00	4 434 085.00	4 770 401.00
安　徽	151 705.89	209 032.31	225 095.40	265 059.23	322 125.45
福　建	2 701 289.20	2 938 486.00	3 257 096.00	3 567 028.10	4 851 195.92
江　西	466 390.80	515 333.00	691 927.00	834 752.00	1 471 241.00
山　东	5 961 685.00	6 538 968.43	6 832 315.00	7 469 791.76	8 476 707.41
河　南	131 380.00	147 004.00	164 675.00	189 682.00	199 401.00
湖　北	447 754.00	650 608.00	858 650.00	1 129 467.00	1 475 373.00
湖　南	64 757.00	64 867.75	68 585.05	73 559.00	109 213.65
广　东	2 260 417.86	2 501 647.28	2 754 642.55	2 850 195.49	2 890 179.67
广　西	91 874.13	118 512.48	133 288.40	180 129.59	456 247.61
海　南	285 414.80	375 151.64	452 575.00	551 019.00	596 377.00
重　庆	33 444.60	51 574.61	53 016.86	58 534.50	63 095.80
四　川	157 903.47	200 551.60	220 684.91	218 046.67	244 458.48
贵　州	9 091.40	3 753.54	1 584.00	1 670.00	1 835.00
云　南	33 896.00	73 169.80	77 396.40	73 952.00	44 468.10
西　藏					
陕　西	6 785.40	7 278.00	7 334.00	9 313.00	11 613.10
甘　肃	314.00	359.00	359.00	26.00	221.00
青　海			600.00		
宁　夏	13 182.96	15 253.60	18 841.44	19 714.19	22 881.50
新　疆	4 162.50	3 489.50	3 000.00	3 700.00	4 331.20

各地区渔业工业和建筑业增加值
（按当年价格计算）

单位：万元

地 区	2006 年	2007 年	2008 年	2009 年	2010 年
全国总计	**6 378 901.34**	**7 979 035.14**	**8 306 913.14**	**8 929 973.60**	**11 213 165.80**
北 京	4 464.56	4 554.50	4 187.00	4 272.13	5 133.45
天 津	2 810.10	4 761.16	260.00	7 003.00	5 107.18
河 北	31 395.50	43 684.26	44 693.07	49 956.07	55 996.63
山 西	1 017.48	562.06	432.00	445.50	446.20
内蒙古	3 347.43	2 214.67	4 021.55	6 609.45	8 657.87
辽 宁	423 483.00	508 901.00	614 363.00	787 273.00	1 040 270.00
吉 林	5 779.61	6 123.37	6 337.87	7 197.50	7 222.42
黑龙江	7 302.00	9 524.10	9 108.30	11 538.30	7 192.50
上 海	17 876.44	19 347.68	19 945.14	32 196.09	31 641.45
江 苏	391 212.56	419 195.03	470 672.99	523 388.37	629 310.00
浙 江	825 326.00	1 051 592.00	1 128 549.00	835 388.00	948 391.00
安 徽	57 168.04	602 586.92	87 049.81	125 272.70	136 292.73
福 建	1 443 013.81	1 570 254.41	1 741 141.00	1 908 017.09	2 602 389.09
江 西	149 022.30	188 261.72	234 032.00	248 854.00	435 044.12
山 东	1 609 728.00	1 857 296.95	2 161 596.00	2 495 744.07	2 791 258.87
河 南	33 575.00	42 932.00	45 396.00	45 931.00	46 509.00
湖 北	195 351.00	300 072.00	362 353.00	462 150.00	595 352.00
湖 南	40 694.85	40 946.64	44 563.06	47 813.35	64 584.68
广 东	950 783.59	1 063 412.65	1 065 352.00	998 990.32	1 379 010.39
广 西	37 030.14	39 268.93	37 755.53	78 286.02	139 799.96
海 南	81 116.78	100 626.34	117 617.00	155 164.00	164 683.00
重 庆	9 155.00	14 004.22	14 503.07	15 921.59	13 351.00
四 川	40 842.48	41 920.33	65 949.78	54 551.40	75 386.01
贵 州	1 843.22	960.60	792.00	834.50	928.00
云 南	7 193.80	36 428.84	15 384.30	16 959.05	17 649.70
西 藏					
陕 西	1 176.00	2 187.80	2 088.90	904.00	1 501.00
甘 肃	10.00	23.00	12.00	2.00	22.00
青 海			150.00		
宁 夏	5 484.11	6 345.50	7 838.04	8 201.10	8 832.26
新 疆	1 698.54	1 046.46	769.73	1 110.00	1 203.29

各地区渔业流通和服务业产值
（按当年价格计算）

单位：万元

地　区	2006 年	2007 年	2008 年	2009 年	2010 年
全国总计	**19 697 778.72**	**22 478 536.62**	**23 154 188.90**	**28 281 108.29**	**30 888 771.55**
北　京	29 579.62	38 062.31	49 679.59	52 548.16	46 625.74
天　津	22 923.48	170 455.31	11 130.00	104 431.00	160 715.82
河　北	190 124.33	108 500.22	62 109.30	82 213.30	94 059.24
山　西	16 211.75	11 241.51	10 918.00	9 772.91	7 384.44
内蒙古	16 246.93	16 885.11	21 205.85	25 230.01	28 493.89
辽　宁	1 526 069.00	1 673 026.00	1 794 147.00	1 928 963.00	2 193 121.00
吉　林	5 398.57	6 398.26	13 151.09	13 520.49	23 293.12
黑龙江	52 729.00	71 726.00	67 071.20	72 775.20	66 713.00
上　海	9 897.74	9 917.30	8 724.85	8 731.00	8 109.00
江　苏	1 305 182.12	1 627 847.79	1 924 645.69	2 188 326.74	3 297 420.00
浙　江	2 655 412.00	2 899 375.00	2 776 469.00	3 017 492.00	3 269 230.00
安　徽	509 081.58	593 478.48	621 982.48	722 400.61	930 388.21
福　建	2 487 515.81	2 498 558.91	1 859 234.73	2 483 701.54	3 093 782.97
江　西	1 986 374.00	2 188 344.00	2 413 962.00	2 703 863.00	839 600.00
山　东	3 178 035.00	3 930 997.93	4 770 548.00	5 857 172.57	6 256 246.76
河　南	251 625.00	348 947.00	403 323.00	449 878.00	520 871.00
湖　北	1 051 136.00	1 516 262.00	1 679 315.00	2 217 368.00	2 752 212.00
湖　南	27 705.06	27 905.92	29 106.39	30 097.00	37 699.59
广　东	3 425 477.88	3 599 053.08	3 575 834.46	4 817 969.21	5 634 256.34
广　西	224 643.57	220 452.70	214 792.07	559 300.13	509 502.26
海　南	47 825.22	55 180.90	66 224.00	99 118.00	110 086.00
重　庆	63 946.76	69 792.62	75 737.44	76 822.90	101 054.54
四　川	400 578.30	453 125.76	483 401.45	525 168.74	620 987.71
贵　州	4 988.00	13 174.34	4 766.70	5 004.00	5 494.00
云　南	104 271.64	216 245.22	90 071.59	96 056.32	137 101.00
西　藏	340.00		617.00	704.00	403.00
陕　西	56 230.10	57 064.00	62 727.00	62 105.00	62 197.48
甘　肃	4 337.00	3 711.00	3 685.92	3 646.00	4 325.43
青　海					
宁　夏	39 069.53	45 096.07	51 709.78	58 629.46	66 269.32
新　疆	4 823.73	7 711.88	7 898.32	8 100.00	11 128.69

各地区渔业流通和服务业增加值
（按当年价格计算）

单位：万元

地　区	2006 年	2007 年	2008 年	2009 年	2010 年
全国总计	**5 620 493.30**	**6 556 557.04**	**6 846 567.83**	**8 617 809.66**	**9 927 109.94**
北　京	10 618.16	11 378.59	14 786.00	18 113.30	16 579.10
天　津	14 124.94	20 783.10	5 540.00	21 310.00	32 019.65
河　北	27 785.51	36 242.67	24 442.08	28 091.93	37 353.17
山　西	2 691.36	2 556.23	2 261.38	2 174.60	1 534.29
内蒙古	4 809.78	5 186.03	7 267.18	11 037.84	12 421.09
辽　宁	585 872.00	713 279.00	737 439.00	720 646.00	869 229.00
吉　林	1 635.84	7 179.92	3 635.93	2 328.15	2 216.26
黑龙江	15 819.00	21 517.80	20 121.36	21 832.56	20 013.90
上　海	2 276.38	2 280.98	2 006.72	2 008.13	1 865.07
江　苏	178 067.92	277 334.60	354 251.37	405 218.40	1 013 620.00
浙　江	456 962.00	547 399.00	475 688.00	507 748.00	568 056.00
安　徽	114 215.16	117 303.40	142 578.62	190 701.42	246 993.92
福　建	1 189 739.80	1 194 623.39	888 465.31	1 187 665.91	1 482 511.27
江　西	322 058.00	445 278.00	504 530.00	719 584.25	218 340.00
山　东	1 330 727.00	1 574 473.54	1 923 160.00	2 446 606.37	2 745 533.30
河　南	59 850.00	94 982.00	107 482.00	118 794.00	125 210.00
湖　北	292 942.00	371 436.00	461 492.00	700 660.00	826 107.00
湖　南	17 177.12	17 301.65	18 736.84	19 563.05	24 504.73
广　东	675 295.48	755 363.83	793 922.80	939 998.94	1 106 866.94
广　西	66 824.69	61 735.62	56 419.62	262 809.95	253 846.09
海　南	21 248.97	25 968.79	30 840.00	37 000.00	39 347.00
重　庆	21 068.47	23 264.50	25 071.09	25 289.96	39 046.08
四　川	180 737.11	182 771.67	209 121.02	199 827.55	209 465.66
贵　州	995.00	2 634.80	2 383.40	2 789.20	3 102.00
云　南	13 999.23	28 741.48	13 389.30	14 919.33	19 936.80
西　藏	210.00		278.00	312.00	182.00
陕　西	6 213.70	7 815.15	13 022.70	3 883.00	3 311.40
甘　肃	815.00	669.00	641.30	521.22	424.62
青　海					
宁　夏	3 426.65	4 091.11	4 510.46	3 944.60	3 935.65
新　疆	2 287.03	2 965.19	3 084.35	2 430.00	3 537.95

全国渔民人均纯收入

单位：元

地　区	2006 年	2007 年	2008 年	2009 年	2010 年
全国总计	**6 176.00**	**6 937.38**	**7 574.66**	**8 165.66**	**8 962.81**
北　京	19 863.00	20 751.23	22 510.78	11 260.92	11 624.00
天　津	11 779.00	12 360.16	12 780.34	13 188.94	13 700.00
河　北	7 150.00	7 722.00	8 100.00	8 300.00	8 500.00
山　西	4 470.00	4 641.97	5 110.74	5 239.93	5 266.71
内蒙古	4 956.00	5 465.88	5 985.13	6 535.62	7 225.00
辽　宁	8 700.00	9 500.01	10 500.00	11 500.00	12 300.00
吉　林	3 680.00	4 431.85	5 285.97	5 330.12	5 563.91
黑龙江	4 825.00	5 000.02	5 399.99	5 800.02	6 160.00
上　海	10 218.00	11 239.98	12 700.01	13 335.00	14 400.05
江　苏	7 500.00	8 170.00	9 020.00	9 872.00	11 110.63
浙　江	8 598.00	9 722.00	10 938.00	12 022.00	13 350.00
安　徽	5 572.00	6 979.87	7 211.95	7 467.93	7 730.91
福　建	6 808.00	7 230.00	7 759.33	8 290.75	9 167.93
江　西	5 285.00	5 813.00	6 394.00	7 046.00	7 620.00
山　东	7 519.00	8 136.00	8 816.00	9 565.04	10 416.00
河　南	4 170.00	5 094.01	5 715.00	6 055.00	7 016.00
湖　北	5 100.00	5 900.00	6 600.00	7 200.00	7 700.00
湖　南	4 411.00	4 499.00	5 480.00	5 500.00	5 800.00
广　东	7 650.00	8 560.89	8 891.18	9 412.02	9 698.00
广　西	5 365.00	6 840.84	6 973.72	7 613.29	12 172.91
海　南	7 004.00	7 636.01	8 170.00	8 823.59	9 397.56
重　庆	4 216.00	4 917.70	4 394.69	5 560.50	6 461.01
四　川	4 589.00	5 121.81	6 364.37	6 931.44	7 321.69
贵　州	3 783.00	1 253.02	1 429.65	1 689.40	1 942.59
云　南	3 694.00	4 222.58	5 014.42	4 051.21	4 323.28
西　藏					
陕　西	3 617.00	4 990.04	6 452.78	7 355.26	7 350.95
甘　肃	2 773.00	2 918.50	2 918.50	2 243.42	2 406.07
青　海					
宁　夏	4 843.00	5 025.12	5 505.00	5 950.00	6 560.22
新　疆	5 914.00	6 819.50	7 724.84	7 803.26	8 440.52

全国水产品总产量

单位：吨

指 标	2006 年	2007 年	2008 年	2009 年	2010 年
水产品总产量	**45 835 968**	**47 475 202**	**48 955 986**	**51 164 039**	**53 730 024**
海水产品	25 096 234	25 508 880	25 982 815	26 815 555	27 975 312
淡水产品	20 739 734	21 966 322	22 973 171	24 348 484	25 754 712
养殖产量	31 177 486	32 783 306	34 128 213	36 216 826	38 288 351
海水养殖	12 641 566	13 073 400	13 403 236	14 052 220	14 823 008
淡水养殖	18 535 920	19 709 906	20 724 977	22 164 606	23 465 343
捕捞产量	14 658 482	14 691 896	14 827 773	14 947 213	15 441 673
海洋捕捞	11 364 005	12 435 480	11 496 270	11 786 109	12 035 946
远洋渔业	1 090 663	1 075 151	1 083 309	977 226	1 116 358
淡水捕捞	2 203 814	2 256 416	2 248 194	2 183 878	2 289 369
养殖产品中：鱼类	17 313 689	18 199 383	19 116 746	20 340 641	21 449 928
甲壳类	2 167 279	2 592 658	2 713 293	2 977 446	3 199 124
贝类	9 903 741	10 144 832	10 313 533	10 765 706	11 333 329
藻类	1 356 562	1 363 000	1 392 254	1 463 558	1 551 013
其他类	436 215	483 433	592 387	669 475	754 957
捕捞产品中：鱼类	9 831 716	9 202 803	9 511 265	9 566 571	9 869 726
甲壳类	2 504 568	2 404 641	2 274 920	2 346 737	2 386 634
贝类	1 072 574	1 040 146	912 026	954 073	909 084
藻类	27 041	32 860	36 610	27 617	24 662
头足类	864 603	589 149	637 910	643 255	658 309
其他类	357 980	347 146	371 733	431 734	476 900

各地区水产品总产量

单位：吨

地 区	2006 年	2007 年	2008 年	2009 年	2010 年
全国总计	**45 835 968**	**47 475 202**	**48 955 986**	**51 164 039**	**53 730 024**
北 京	53 937	60 339	60 761	58 161	63 386
天 津	314 118	311 537	322 500	334 044	344 925
河 北	871 418	906 437	966 400	1 004 100	1 063 300
山 西	28 408	29 575	30 700	31 000	31 700
内蒙古	87 049	93 565	98 212	105 979	113 804
辽 宁	3 513 281	3 612 708	3 776 505	4 006 050	4 303 774
吉 林	130 763	151 610	155 000	165 184	165 958
黑龙江	330 852	342 506	355 800	380 700	399 700
上 海	334 955	320 000	323 400	308 986	289 678
江 苏	3 985 458	4 089 904	4 250 005	4 432 236	4 604 429
浙 江	4 180 117	4 151 340	4 187 900	4 403 134	4 779 502
安 徽	1 565 179	1 664 533	1 722 849	1 831 462	1 933 118
福 建	5 235 931	5 318 950	5 420 000	5 675 206	5 869 567
江 西	1 662 846	1 806 557	1 903 862	2 010 503	2 153 405
山 东	6 837 469	7 127 665	7 303 005	7 535 939	7 838 259
河 南	409 777	456 794	505 760	537 650	578 550
湖 北	2 824 355	2 980 434	3 133 937	3 338 896	3 530 935
湖 南	1 600 386	1 700 888	1 785 899	1 880 600	1 980 000
广 东	6 588 434	6 644 357	6 804 121	7 025 951	7 290 299
广 西	2 363 604	2 460 560	2 499 838	2 622 793	2 755 053
海 南	1 200 131	1 322 724	1 394 000	1 454 899	1 494 800
重 庆	164 046	185 260	190 600	203 900	224 300
四 川	813 040	910 526	952 046	1 001 317	1 050 635
贵 州	67 056	76 798	78 000	80 300	87 900
云 南	207 183	236 587	254 629	271 217	297 757
西 藏	528	528	500	500	500
陕 西	48 200	50 323	52 200	56 000	60 373
甘 肃	10 547	11 449	11 770	11 926	12 300
青 海	1 810	1 524	1 450	1 400	1 600
宁 夏	61 591	70 439	75 137	81 844	90 035
新 疆	83 147	87 746	91 200	95 037	101 063
中农发集团	260 352	291 039	248 000	217 125	219 419

各地区海水产品产量

单位：吨

地 区	2006 年	2007 年	2008 年	2009 年	2010 年
全国总计	**25 096 234**	**25 508 880**	**25 982 815**	**26 815 555**	**27 975 312**
北 京		6 130	7 150	3 913	8 960
天 津	44 996	44 400	38 576	39 455	38 986
河 北	499 047	524 303	549 250	553 884	582 600
辽 宁	2 959 907	3 021 559	3 161 333	3 275 288	3 497 366
上 海	168 037	155 621	177 204	156 351	121 464
江 苏	1 171 650	1 199 155	1 252 503	1 304 969	1 364 468
浙 江	3 449 601	3 376 194	3 376 004	3 538 075	3 812 332
福 建	4 614 780	4 664 713	4 760 549	4 958 118	5 127 982
山 东	5 783 299	5 980 743	6 094 723	6 263 895	6 463 345
广 东	3 735 911	3 731 201	3 768 083	3 871 498	4 015 032
广 西	1 410 937	1 433 236	14 405 96	1 490 189	1 544 481
海 南	997 717	1 080 586	1 108 844	1 142 795	1 178 877
中农发集团	260 352	291 039	248 000	217 125	219 419

各地区淡水产品产量

单位：吨

地 区	2006 年	2007 年	2008 年	2009 年	2010 年
全国总计	**20 739 734**	**21 966 322**	**22 973 171**	**24 348 484**	**25 754 712**
北 京	53 937	54 209	53 611	54 248	54 426
天 津	269 122	267 137	283 924	294 589	305 939
河 北	372 371	382 134	417 150	450 216	480 700
山 西	28 408	29 575	30 700	31 000	31 700
内蒙古	87 049	93 565	98 212	105 979	113 804
辽 宁	553 374	591 149	615 172	730 762	806 408
吉 林	130 763	151 610	155 000	165 184	165 958
黑龙江	330 852	342 506	355 800	380 700	399 700
上 海	166 918	164 379	146 196	152 635	168 214
江 苏	2 813 808	2 890 749	2 997 502	3 127 267	3 239 961
浙 江	730 516	775 146	811 896	865 059	967 170
安 徽	1 565 179	1 664 533	1 722 849	1 831 462	1 933 118
福 建	621 151	655 237	659 451	717 088	741 585
江 西	1 662 846	1 806 557	1 903 862	2 010 503	2 153 405
山 东	1 054 170	1 146 922	1 208 282	1 272 044	1 374 914
河 南	409 777	456 794	505 760	537 650	578 550
湖 北	2 824 355	2 980 434	3 133 937	3 338 896	3 530 935
湖 南	1 600 386	1 700 888	1 785 899	1 880 600	1 980 000
广 东	2 852 523	2 912 156	3 036 038	3 154 453	3 275 267
广 西	952 667	1 027 324	1 059 242	1 132 604	1 210 572
海 南	202 414	242 138	285 156	312 104	315 923
重 庆	164 046	185 260	190 600	203 900	224 300
四 川	813 040	910 526	952 046	1 001 317	1 050 635
贵 州	67 056	76 798	78 000	80 300	87 900
云 南	207 183	236 587	254 629	271 217	297 757
西 藏	528	528	500	500	500
陕 西	48 200	50 323	52 200	56 000	60 373
甘 肃	10 547	11 449	11 770	11 926	12 300
青 海	1 810	1 524	1 450	1 400	1 600
宁 夏	61 591	70 439	75 137	81 844	90 035
新 疆	83 147	87 746	91 200	95 037	101 063

各地区养殖产品产量

单位：吨

地 区	2006 年	2007 年	2008 年	2009 年	2010 年
全国总计	**31 177 486**	**32 783 306**	**34 128 213**	**36 216 826**	**38 288 351**
北 京	53 937	54 209	49 550	50 263	50 202
天 津	273 637	272 404	289 296	299 907	310 484
河 北	540 403	578 928	631 976	663 050	717 761
山 西	27 227	28 374	29 810	30 251	30 869
内蒙古	57 513	64 136	70 283	76 393	83 133
辽 宁	2 301 560	2 405 894	2 598 771	2 817 622	3 064 322
吉 林	106 235	131 089	134 870	145 998	146 202
黑龙江	292 051	303 769	314 005	337 551	352 815
上 海	161 874	159 831	142 414	147 867	162 479
江 苏	3 088 791	3 194 777	3 350 031	3 541 495	3 692 771
浙 江	1 413 539	1 550 293	1 561 722	1 539 281	1 700 750
安 徽	1 269 837	1 352 788	1 412 736	1 524 177	1 617 241
福 建	3 266 505	3 320 753	3 360 929	3 569 221	3 698 658
江 西	1 447 551	1 583 930	1 662 508	1 782 993	1 860 892
山 东	4 360 509	4 567 831	4 692 149	4 958 006	5 206 661
河 南	384 550	430 246	476 150	507 053	546 200
湖 北	2 460 323	2 616 509	2 831 300	3 076 742	3 267 281
湖 南	1 454 343	1 546 395	1 626 374	1 770 414	1 883 332
广 东	4 934 393	5 023 470	5 140 916	5 374 100	5 637 357
广 西	1 599 064	1 689 707	1 729 448	1 842 464	1 971 109
海 南	340 121	397 540	435 337	474 542	480 575
重 庆	155 206	175 426	180 738	194 020	213 345
四 川	755 854	848 317	893 924	943 638	992 605
贵 州	58 168	65 523	66 609	69 259	75 838
云 南	186 336	215 359	230 932	247 782	274 636
西 藏	87	87	96	92	72
陕 西	45 344	46 681	48 136	51 846	56 138
甘 肃	9 820	10 708	11 011	11 926	12 300
青 海	1 757	1 471	1 420	1 360	1 565
宁 夏	60 744	70 286	74 955	81 650	89 845
新 疆	70 207	76 575	79 817	85 863	90 913

各地区海水养殖产品产量

单位：吨

地 区	2006年	2007年	2008年	2009年	2010年
全国总计	**12 641 566**	**13 073 400**	**13 403 236**	**14 052 220**	**14 823 008**
天 津	15 025	14 215	14 082	14 067	14 212
河 北	245 905	271 108	295 950	300 567	329 308
辽 宁	1 776 384	1 855 365	2 020 980	2 143 168	2 314 694
上 海	360	35			
江 苏	596 640	625 636	674 414	734 960	785 173
浙 江	763 215	861 274	830 785	764 565	825 730
福 建	2 721 497	2 743 753	2 777 821	2 930 254	3 038 990
山 东	3 423 729	3 535 277	3 613 510	3 814 304	3 962 643
广 东	2 201 896	2 229 620	2 229 773	2 346 157	2 490 688
广 西	741 335	763 645	775 866	822 505	877 408
海 南	155 580	173 472	170 055	181 673	184 162

各地区海水养殖鱼类产量

单位：吨

地 区	2006年	2007年	2008年	2009年	2010年
全国总计	**631 692**	**688 563**	**747 504**	**767 938**	**808 171**
天 津	1 587	2 193	1 592	2 142	2 952
河 北	16 290	11 395	15 638	14 718	12 378
辽 宁	32 979	41 779	31 093	40 008	44 688
上 海		7			
江 苏	18 944	21 496	31 198	43 135	46 981
浙 江	35 118	38 861	35 060	32 342	34 226
福 建	130 248	134 819	141 949	158 874	170 308
山 东	118 587	151 448	173 681	127 588	119 722
广 东	231 504	235 595	256 680	279 638	308 128
广 西	21 675	22 448	23 239	26 102	27 695
海 南	24 760	28 522	37 374	43 391	41 093

各地区海水养殖鲈鱼产量

单位：吨

地 区	2006 年	2007 年	2008 年	2009 年	2010 年
全国总计	**90 154**	**100 574**	**95 747**	**101 971**	**105 951**
天 津	47		6	11	40
河 北	1 760	90	1 245	1 147	170
辽 宁	1 613	1 629	1 142	1 213	1 294
上 海					
江 苏	844	882	1 115	1 318	456
浙 江	9 101	11 277	10 456	9 839	10 158
福 建	12 515	13 107	13 592	12 757	14 511
山 东	20 667	23 220	20 622	25 111	24 529
广 东	35 165	41 901	38 600	40 408	43 511
广 西	7 533	7 363	6 606	7 680	8 739
海 南	909	1 105	2 363	2 487	2 543

各地区海水养殖鲆鱼产量

单位：吨

地 区	2006 年	2007 年	2008 年	2009 年	2010 年
全国总计	**59 710**	**66 549**	**78 141**	**86 672**	**84 978**
天 津	446	612	775	1 398	660
河 北	1 564	1 727	3 281	2 666	3 959
辽 宁	9 175	13 105	14 508	23 613	25 196
上 海					
江 苏	28	279	2 230	1 967	2 496
浙 江	75	9	2	111	130
福 建	2 613	2 654	2 614	2 390	2 468
山 东	45 263	47 357	54 294	53 696	49 391
广 东	522	782	437	831	678
广 西	24	24			
海 南					

各地区海水养殖大黄鱼产量

单位：吨

地　区	2006 年	2007 年	2008 年	2009 年	2010 年
全国总计	**62 507**	**61 844**	**65 977**	**66 021**	**85 808**
天　津					
河　北					
辽　宁					
上　海					
江　苏					
浙　江	3 575	2 995	3 317	3 365	3 090
福　建	50 181	55 679	59 580	58 622	71 710
山　东	11	107	214	190	170
广　东	8 740	3 063	2 866	3 844	10 838
广　西					
海　南					

各地区海水养殖石斑鱼产量

单位：吨

地　区	2006 年	2007 年	2008 年	2009 年	2010 年
全国总计	**43 516**	**42 854**	**45 213**	**44 155**	**49 360**
天　津	91	46	85	165	160
河　北				1 120	
辽　宁					
上　海					
江　苏					
浙　江	107	154	153	73	80
福　建	9 677	9 017	10 537	9 790	11 157
山　东		779	465	110	140
广　东	24 846	22 153	20 808	18 025	23 595
广　西	2 609	2 556	2 059	2 251	2 392
海　南	6 186	8 149	11 106	12 621	11 836

各地区海水养殖鲽鱼产量

单位：吨

地　区	2006 年	2007 年	2008 年	2009 年	2010 年
全国总计	**5 050**	**5 382**	**8 274**	**11 521**	**5 372**
天　津			150	79	87
河　北				12	190
辽　宁	141	204	370	395	
上　海					
江　苏				1 106	2 212
浙　江	1 378	1	60	58	65
福　建	86	145	158	505	286
山　东	2 665	4 143	7 097	8 777	2 108
广　东	400	530	439	589	424
广　西	380	359			
海　南					

各地区海水养殖甲壳类产量

单位：吨

地　区	2006 年	2007 年	2008 年	2009 年	2010 年
全国总计	**814 792**	**919 008**	**941 791**	**1 016 939**	**1 061 096**
天　津	13 438	11 541	12 334	11 925	11 260
河　北	16 234	11 775	16 846	18 009	20 601
辽　宁	26 469	40 451	26 114	25 828	27 559
上　海	360	28			
江　苏	54 369	54 019	53 855	66 465	80 824
浙　江	78 933	96 527	94 046	79 527	85 735
福　建	64 383	67 309	74 251	88 460	95 816
山　东	91 156	100 272	108 170	120 902	108 813
广　东	259 173	293 095	306 363	335 501	348 337
广　西	114 693	138 030	152 202	168 561	178 081
海　南	95 584	105 961	97 610	101 761	104 070

各地区海水养殖南美白对虾产量

单位：吨

地 区	2006 年	2007 年	2008 年	2009 年	2010 年
全国总计	**436 587**	**509 872**	**520 133**	**580 843**	**608 267**
天 津	12 970	10 795	12 230	11 843	11 162
河 北	6 036	5 348	6 413	7 314	10 948
辽 宁	6 358	11 396	9 507	10 126	10 846
上 海	218				
江 苏	11 181	14 728	15 510	24 018	15 224
浙 江	25 511	30 160	26 147	21 894	23 291
福 建	15 580	17 650	20 356	30 437	36 149
山 东	24 457	33 774	40 783	44 392	35 996
广 东	159 278	183 256	196 187	215 366	234 743
广 西	89 346	112 922	111 581	135 945	148 314
海 南	85 652	89 843	81 419	79 508	81 594

各地区海水养殖贝类产量

单位：吨

地 区	2006 年	2007 年	2008 年	2009 年	2010 年
全国总计	**9 696 199**	**9 938 377**	**10 080 901**	**10 530 465**	**11 082 321**
天 津					
河 北	210 079	245 487	259 711	264 007	291 124
辽 宁	1 393 916	1 456 647	1 572 050	1 663 522	1 784 996
上 海					
江 苏	501 731	514 146	563 426	591 293	619 665
浙 江	613 666	682 845	667 560	611 602	661 408
福 建	2 089 270	2 075 048	2 049 522	2 125 848	2 171 544
山 东	2 604 718	2 689 820	2 747 401	2 964 656	3 097 399
广 东	1 665 591	1 656 358	1 606 738	1 665 006	1 766 263
广 西	603 510	600 996	598 577	625 093	669 299
海 南	13 718	17 030	15 916	19 438	20 623

各地区海水养殖牡蛎产量

单位：吨

地　区	2006年	2007年	2008年	2009年	2010年
全国总计	3 455 461	3 508 934	3 354 382	3 503 782	3 642 829
天　津					
河　北	9 677	12 950	3 467		50
辽　宁	143 015	141 358	143 545	130 715	162 345
上　海					
江　苏	6 319	6 295	6 182	10 988	11 953
浙　江	101 317	113 383	111 229	105 235	112 906
福　建	1 471 176	1 441 831	1 419 083	1 449 537	1 456 106
山　东	591 376	535 826	498 419	581 452	566 965
广　东	746 736	870 959	825 102	864 274	931 945
广　西	383 127	385 949	345 957	360 255	399 210
海　南	2 718	383	1 398	1 326	1 349

各地区海水养殖扇贝产量

单位：吨

地　区	2006年	2007年	2008年	2009年	2010年
全国总计	**1 046 950**	**1 165 311**	**1 137 039**	**1 276 770**	**1 407 467**
天　津					
河　北	131 456	128 328	131 122	174 114	242 422
辽　宁	244 830	291 443	289 384	312 599	363 043
上　海					
江　苏	30				10
浙　江	619	535	2 203	1 964	2 142
福　建	7 895	8 760	10 122	10 234	8 741
山　东	615 217	687 053	647 161	702 345	714 363
广　东	45 765	47 607	56 296	74 730	74 740
广　西	654	678	706	741	1 963
海　南	484	907	45	43	43

各地区海水养殖蛤类产量

单位：吨

地　区	2006 年	2007 年	2008 年	2009 年	2010 年
全国总计	**2 726 942**	**2 957 346**	**3 058 073**	**3 192 461**	**3 538 906**
天　津					
河　北	53 946	65 459	66 309	80 983	43 093
辽　宁	487 994	544 444	658 754	771 596	1 103 246
上　海					
江　苏	299 586	277 794	349 405	365 989	351 762
浙　江	60 241	63 853	65 847	52 536	57 055
福　建	251 171	256 723	265 318	278 985	288 793
山　东	1 010 121	1 161 715	1 176 170	1 165 240	1 189 015
广　东	373 255	399 145	274 670	270 497	289 009
广　西	183 996	179 331	192 291	197 763	207 650
海　南	6 632	8 882	9 309	8 872	9 283

各地区海水养殖藻类产量

单位：吨

地　区	2006 年	2007 年	2008 年	2009 年	2010 年
全国总计	**1 349 820**	**1 355 536**	**1 386 022**	**1 456 469**	**1 541 322**
天　津					
河　北					250
辽　宁	273 784	254 146	246 387	248 235	264 867
上　海					
江　苏	18 381	27 923	25 269	32 623	28 315
浙　江	33 889	40 439	32 929	40 273	42 361
福　建	435 549	464 363	509 900	554 313	598 225
山　东	532 231	509 096	502 433	505 713	528 113
广　东	34 333	37 480	50 327	58 539	61 135
广　西	138	138			
海　南	21 515	21 951	18 777	16 773	18 056

各地区海水养殖海带产量

单位：吨

地　区	2006 年	2007 年	2008 年	2009 年	2010 年
全国总计	**761 992**	**775 471**	**797 751**	**827 965**	**883 602**
天　津					
河　北					250
辽　宁	136 569	138 118	135 577	138 812	173 049
上　海					
江　苏	2 01	1 692	3 263	5 980	3 926
浙　江	7 358	6 782	5 452	12 246	10 367
福　建	338 705	371 930	419 028	431 631	452 096
山　东	277 866	255 747	233 148	236 335	240 896
广　东	1 293	1 202	1 283	2 961	3 018
广　西					
海　南					

各地区海水养殖海参产量

单位：吨

地　区	2006 年	2007 年	2008 年	2009 年	2010 年
全国总计	**71 206**	**77 517**	**92 567**	**102 159**	**130 303**
天　津					
河　北	859	515	1 183	1 508	2 128
辽　宁	16 963	22 158	29 034	36 134	59 764
上　海					
江　苏	21	70	97	134	199
浙　江		2	110	68	75
福　建	283	651	1 224	1 338	1 643
山　东	53 080	53 572	60 689	62 792	66 300
广　东		549	230	185	182
广　西					12
海　南					

各地区淡水养殖产品产量

单位：吨

地　区	2006 年	2007 年	2008 年	2009 年	2010 年
全国总计	**18 535 920**	**19 709 906**	**20 724 977**	**22 164 606**	**23 465 343**
北　京	53 937	54 209	49 550	50 263	50 202
天　津	258 612	258 190	275 214	285 840	296 272
河　北	294 498	307 820	336 026	362 483	388 453
山　西	27 227	28 374	29 810	30 251	30 869
内蒙古	57 513	64 136	70 283	76 393	83 133
辽　宁	525 176	550 529	577 791	674 454	749 628
吉　林	106 235	131 089	134 870	145 998	146 202
黑龙江	292 051	303 769	314 005	337 551	352 815
上　海	161 514	159 795	142 414	147 867	162 479
江　苏	2 492 151	2 569 141	2 675 617	2 806 535	2 907 598
浙　江	650 324	689 019	730 937	774 716	875 020
安　徽	1 269 837	1 352 788	1 412 736	1 524 177	1 617 241
福　建	545 008	577 000	583 108	638 967	659 668
江　西	1 447 551	1 583 930	1 662 508	1 782 993	1 860 892
山　东	936 780	1 032 554	1 078 639	1 143 702	1 244 018
河　南	384 550	430 246	476 150	507 053	546 200
湖　北	2 460 323	2 616 509	2 831 300	3 076 742	3 267 281
湖　南	1 454 343	1 546 395	1 626 374	1 770 414	1 883 332
广　东	2 732 497	2 793 850	2 911 143	3 027 943	3 146 669
广　西	857 729	926 062	953 582	1 019 959	1 093 701
海　南	184 541	224 068	265 282	292 869	296 413
重　庆	155 206	175 426	180 738	194 020	213 345
四　川	755 854	848 317	893 924	943 638	992 605
贵　州	58 168	65 523	66 609	69 259	75 838
云　南	186 336	215 359	230 932	247 782	274 636
西　藏	87	87	96	92	72
陕　西	45 344	46 681	48 136	51 846	56 138
甘　肃	9 820	10 708	11 011	11 926	12 300
青　海	1 757	1 471	1 420	1 360	1 565
宁　夏	60 744	70 286	74 955	81 650	89 845
新　疆	70 207	76 575	79 817	85 863	90 913

各地区淡水养殖鱼类产量

单位：吨

地 区	2006 年	2007 年	2008 年	2009 年	2010 年
全国总计	**16 681 997**	**17 510 820**	**18 369 242**	**19 572 703**	**20 641 757**
北 京	53 168	53 410	49 013	49 810	49 948
天 津	229 292	214 063	231 871	235 451	244 881
河 北	275 794	288 225	314 635	338 424	361 399
山 西	27 030	28 172	29 643	30 038	30 514
内蒙古	56 312	62 812	68 933	75 061	81 339
辽 宁	476 772	498 296	541 405	616 141	681 231
吉 林	105 909	130 497	134 404	145 599	145 876
黑龙江	286 639	298 143	309 927	333 248	347 952
上 海	95 116	92 330	81 339	87 392	93 572
江 苏	1 939 935	1 935 556	1 995 471	2 088 127	2 190 193
浙 江	451 254	445 624	485 941	518 663	573 951
安 徽	1 059 411	1 120 475	1 158 187	1 241 525	1 321 838
福 建	481 348	511 459	508 177	557 288	571 368
江 西	1 337 882	1 456 874	1 529 670	1623659	1 689 843
山 东	874 606	964 275	1 014 513	1 080 626	1 148 353
河 南	376 340	418 078	462 340	490 181	528 605
湖 北	2 353 182	2 390 826	2 533 539	2 698 171	2 810 307
湖 南	1 404 513	1 495 102	1 569 525	1 7098 62	1 821 250
广 东	2 446 938	2 495 162	2 590 104	2 698 610	2 806 029
广 西	842 153	904 799	934 233	999 256	1 065 845
海 南	177 043	216 720	255 376	283 372	286 578
重 庆	154 295	169 192	180 158	193 546	212 377
四 川	745 949	835 969	879 541	931 220	980 276
贵 州	58 026	65 354	66 524	69 154	75 723
云 南	185 836	214 971	230 534	246 675	273 185
西 藏	87	87	96	92	72
陕 西	45 289	46 520	48 072	51 756	56 029
甘 肃	9 796	10 685	10 990	11 897	12 249
青 海	1 684	1 444	1 381	1 334	1 491
宁 夏	60 676	69 611	74 438	81 130	88 975
新 疆	69 722	76 089	79 262	85 395	90 508

各地区青鱼养殖产量

单位：吨

地　区	2006 年	2007 年	2008 年	2009 年	2010 年
全国总计	**306 280**	**331 262**	**359 804**	**387 623**	**424 123**
北　京	295	295	488	457	567
天　津					
河　北	261	472	480	391	347
山　西	3		16	19	11
内蒙古					
辽　宁	272	1 288	1 550	1 308	1 650
吉　林	298	651	835	838	764
黑龙江					
上　海	1 539	2 016	2 012	2 666	3 749
江　苏	60 119	58 985	59 365	64 980	69 509
浙　江	21 965	23 972	28 434	29 926	34 647
安　徽	37 951	37 650	38 652	43 576	55 943
福　建	7 512	7 746	9 094	9 781	10 976
江　西	26 301	30 349	32 831	35 641	35 597
山　东	10 164	5 841	8 993	13 947	13 803
河　南	5 794	6 330	6 660	7 357	7 018
湖　北	67 833	76 658	81 650	81 812	84 554
湖　南	34 873	44 465	48 550	53 311	58 344
广　东	18 326	20 690	25 777	27 159	30 698
广　西	9 575	9 986	10 124	9 884	10 800
海　南	797	1 435	1 153	1 089	1 028
重　庆	445	619	671	570	487
四　川	456	890	957	1 148	1 143
贵　州	63	46	105	57	69
云　南	1 408	858	1 251	1 554	2 257
西　藏					
陕　西	10	4	140	150	162
甘　肃	1	6	3		
青　海					
宁　夏	19	10	13	2	
新　疆					

各地区草鱼养殖产量

单位：吨

地 区	2006 年	2007 年	2008 年	2009 年	2010 年
全国总计	**3 359 084**	**3 555 963**	**3 707 146**	**4 081 520**	**4 222 198**
北 京	7 535	7 703	8 003	9 012	11 144
天 津	18 433	18 945	20 171	20 415	22 325
河 北	36 490	43 782	48 579	53 231	61 078
山 西	3 294	3 496	4 945	4 245	6 658
内蒙古	6 038	6 622	7 381	8 690	9 907
辽 宁	3 996	35 087	42 518	55 826	53 460
吉 林	8 506	11 676	12 632	13 395	13 016
黑龙江		20 812	21 794	23 369	23 891
上 海	23 328	23 072	19 032	22 945	25 242
江 苏	354 311	346 027	340 327	401 581	380 957
浙 江	69 556	65 801	71 799	73 060	80 233
安 徽	190 431	197 056	201 931	211 003	230 145
福 建	110 178	116 575	106 793	120 592	130 387
江 西	281 930	315 536	333 055	361 520	379 015
山 东	157 894	185 756	170 646	184 985	200 531
河 南	56 161	61 337	70 793	73 932	77 981
湖 北	641 859	637 763	687 058	765 346	771 982
湖 南	405 048	441 954	475 820	514 388	544581
广 东	538 807	530 563	560 262	620 754	611 433
广 西	190 333	199 569	200 489	215 597	230 763
海 南	8 668	9 275	8 382	8 023	8 160
重 庆	33 491	35 906	37 443	39 560	43 516
四 川	123 344	139 490	149 903	164 569	178090
贵 州	9 668	10 680	10 785	10 967	11465
云 南	45071	49 758	53 094	54 792	56 709
西 藏	25	25	22	20	5
陕 西	10 676	11 990	12 098	12 938	13 652
甘 肃	2 174	2 325	2 289	2 634	3 108
青 海	97	50	30	50	40
宁 夏	10 729	14 685	15 740	18 188	22 148
新 疆	11 013	12 647	13 332	15 893	20 576

各地区鲢鱼养殖产量

单位：吨

地 区	2006 年	2007 年	2008 年	2009 年	2010 年
全国总计	**3 147 172**	**3 075 578**	**3 193 270**	**3 484 442**	**3 607 526**
北 京	6 013	5 976	4 603	5 210	4 485
天 津	41 939	42 781	42 771	41 447	45 107
河 北	51 894	55 548	60 815	64 053	70 534
山 西	5 648	6 508	6 602	6 566	5 848
内蒙古	9 959	10 691	11 623	13 159	14 424
辽 宁	76 259	78 117	84 734	92 179	92 878
吉 林	29 174	34 012	30 489	40 171	41 089
黑龙江	55 342	14 568	59 562	64 616	66 885
上 海	20 616	20 019	19 077	17 172	16 022
江 苏	461 731	434 757	421 565	452 865	460 583
浙 江	105 239	99 620	109 086	115 107	125 365
安 徽	234 666	245 253	251 888	256 600	265 043
福 建	52 869	54 406	49 945	52 641	57 385
江 西	210 030	216 067	205 822	228 078	244 617
山 东	131 696	96 822	101 582	186 063	201 168
河 南	90 882	99 579	111 678	120 286	128 361
湖 北	598 065	553 755	559 903	592 316	598 358
湖 南	322 066	331 381	354 867	392 452	397 874
广 东	184 814	188 453	197 817	211 348	212 320
广 西	168 789	176 502	176 773	186 503	197 238
海 南	6 740	6 734	7 339	7 642	7 302
重 庆	47 069	48 211	50 438	52 215	55 850
四 川	178 147	194 778	209 319	214 263	222 206
贵 州	5 541	7 470	6 846	8 791	9 761
云 南	18 465	20 743	23 433	24 886	27 629
西 藏	4	4	2	2	
陕 西	10 714	10 738	10 857	11 651	12 864
甘 肃	1 492	1 646	1 647	1 401	1 264
青 海	27	25	20	20	21
宁 夏	6 878	7 579	8 114	9 798	10 804
新 疆	14 404	12 835	14 053	14 941	14 241

各地区鳙鱼养殖产量

单位：吨

地 区	2006 年	2007 年	2008 年	2009 年	2010 年
全国总计	**2 040 415**	**2 135 371**	**2 290 228**	**2 434 555**	**2 550 848**
北 京	3 537	3 172	2 446	2 765	2 902
天 津	10 147	5 125	9 253	11 877	11 538
河 北	23 883	25 334	22 254	27 322	33 063
山 西	2 615	2 789	2 920	2 883	3 673
内蒙古	65 90	7 385	7 949	8 958	9 761
辽 宁	47 200	47 232	51 820	53 843	62 543
吉 林	19 638	26 494	27 098	27 990	29 580
黑龙江	23 718	6 244	25 527	27 692	28 379
上 海	9 630	9 403	8 695	8 946	7 853
江 苏	169 099	175 791	184 780	204 695	216 644
浙 江	59 366	58 343	64 432	72 985	82 783
安 徽	192 584	202 063	210 644	233 927	236 946
福 建	36 456	40 820	46 841	53 357	53 344
江 西	222 718	249 107	256 725	258 274	278 498
山 东	82 664	105 714	121 454	120 257	124 004
河 南	53 211	59 901	67 604	76 953	85 648
湖 北	307 878	311 480	330 150	345 661	352 755
湖 南	203 406	216 714	236 619	248 923	269 465
广 东	299 238	301 130	315 620	336 237	331 849
广 西	109 685	117 477	121 452	133 719	140 237
海 南	6 196	6 553	7 634	7 162	6 788
重 庆	15 536	16 937	17 760	19 129	18 599
四 川	99 166	99 166	106 574	107 217	113 570
贵 州	7 215	9 829	9 605	7 478	9 847
云 南	16 134	15 963	18 485	20 152	23 214
西 藏					
陕 西	4 337	4 519	4 567	4 617	5 012
甘 肃	644	610	646	712	770
青 海	15	3			
宁 夏	2 852	3 268	3 722	4 082	4 230
新 疆	5 057	6 805	6 952	6 742	7 353

各地区鲤鱼养殖产量

单位：吨

地　区	2006 年	2007 年	2008 年	2009 年	2010 年
全国总计	**2 134 276**	**2 228 585**	**2 350 691**	**2 462 346**	**2 538 453**
北　京	12 703	11 834	11 817	12 626	12 784
天　津	88 660	82 855	92 598	97 649	100 504
河　北	113 458	107 662	115 674	130 435	131 599
山　西	11 407	11 005	9 382	10 749	8 930
内蒙古	23 235	25 734	29 009	29 654	31 992
辽　宁	170 476	183 945	202 356	236 629	242 663
吉　林	31 477	37 475	38 825	38 352	37 495
黑龙江	126 718	133 387	137 290	146 873	151 447
上　海	1 249	1 004	684	1 032	977
江　苏	107 238	121 013	125 222	132 709	133 056
浙　江	28 631	27 555	31 437	31 527	33 356
安　徽	97 204	100 303	105 266	110 057	109 171
福　建	43 691	44 769	41 464	43 879	44 062
江　西	133 875	132 731	132 454	131 608	131 767
山　东	245 846	272 659	300 364	279 017	293 805
河　南	114 674	127 114	138 922	141 007	153 928
湖　北	166 070	160 588	163 836	160 774	159 244
湖　南	115 974	121 206	128 814	146 238	154 664
广　东	106 815	104 440	116 899	117 112	118 475
广　西	108 836	115 935	112 830	123 581	126 732
海　南	5 343	5 347	5 485	5 489	5 545
重　庆	15 119	18 582	20 427	22 757	23 496
四　川	98 187	98 756	106 182	115 883	124 017
贵　州	28 909	28 811	26 683	28 427	29 425
云　南	56 499	66 130	65 328	70 656	78 054
西　藏		16	28	20	33
陕　西	15 934	15 549	16 026	16 976	17 857
甘　肃	3 171	3 423	2 284	2 502	4 141
青　海	120	214	110	120	110
宁　夏	32 820	36 102	37 963	40 851	43 487
新　疆	29 937	32 441	35 032	37 157	35 637

各地区鳊鱼养殖产量

单位：吨

地 区	2006 年	2007 年	2008 年	2009 年	2010 年
全国总计	**529 167**	**576 341**	**599 623**	**625 789**	**652 215**
北 京	4 644	5 107	4 065	3 814	3 884
天 津	2 869	2 257	2 515	2 165	2 005
河 北	213	206	912	557	677
山 西	647	678	1 753	986	531
内蒙古	474	767	741	644	480
辽 宁	8 449	8 563	9 734	8 657	12 949
吉 林	695	822	1 209	1 540	1 623
黑龙江	477	224	566	579	608
上 海	4 548	4 617	3 662	3 975	4 199
江 苏	151 724	148 872	150 030	168 443	162 558
浙 江	24 537	23 325	23 797	24 207	26 210
安 徽	64 668	65 619	70 703	74 620	83 654
福 建	3 442	3 594	2 693	3 267	3 568
江 西	44 054	48 255	51 547	55 033	54 077
山 东	12 410	11 581	11 031	7 920	14 100
河 南	8 151	9 312	10 437	11 442	11 652
湖 北	112 399	125 300	121 951	121 767	135 283
湖 南	44 908	51 518	56 115	60 920	61 135
广 东	12 709	31 597	38 291	38 757	36 364
广 西	1 408	1 580	1 346	1 266	1 537
海 南	1 373	1 256	900	981	1 006
重 庆	2 102	2 014	2 029	2 258	2 341
四 川	20 184	26 401	27 409	27 575	27 021
贵 州	189	233	422	432	530
云 南	97	153	1 668	157	292
西 藏					
陕 西	306	267	366	386	395
甘 肃	131	218	550	612	672
青 海		1			
宁 夏			1 650	1 371	1 359
新 疆	1 359	2 004	1 531	1 458	1 505

注：2008、2009、2010 年为鳊鲂养殖产量

各地区鮰鱼养殖产量

单位：吨

地　区	2006 年	2007 年	2008 年	2009 年	2010 年
全国总计	**146 146**	**204 929**	**224 471**	**223 233**	**217 303**
北　京	471	294	476	333	474
天　津	511	893	1		
河　北	266	218	168	114	80
山　西			8		
内蒙古			2	3	4
辽　宁	367	320	229	259	426
吉　林	1	37	4	26	165
黑龙江	86	84	93	91	84
上　海	568	806	558	482	304
江　苏	22 001	24 736	28 119	25 283	21 225
浙　江	1 121	1 732	3 115	2 264	3137
安　徽	11 336	20 079	19 211	21 111	20 096
福　建	1 531	2 285	3 471	3 523	2 497
江　西	13 201	23 769	25 512	27 770	27 241
山　东	817	1 434	1 391	1 490	867
河　南	3 715	4 283	3 433	3 660	4 063
湖　北	36 759	34 412	40 350	40 365	40 623
湖　南	4 951	18 178	19 268	20 704	22 370
广　东	11 987	10 237	17 161	10 986	11 670
广　西	9 548	13 275	9 983	10 925	9 323
海　南			104		
重　庆	2 746	4 216	3 905	4 050	4 278
四　川	22 351	41 348	44 282	45 637	45 270
贵　州	1 508	2 031	3 279	3 895	2 393
云　南	96	125	147	128	533
西　藏					
陕　西	19	30	45	45	45
甘　肃	4	4	5	6	17
青　海					
宁　夏	25	13	26	20	33
新　疆	160	90	125	63	85

各地区淡水养殖罗非鱼产量

单位：吨

地 区	2006 年	2007 年	2008 年	2009 年	2010 年
全国总计	**990 012**	**1 133 611**	**1 110 298**	**1 257 978**	**1 331 890**
北 京	1 316	1 464	1 617	1 850	1 519
天 津	477	605	848	564	693
河 北	15 423	16 166	17 688	18 136	18 500
山 西	1 580	1 517	1 497	1 216	1 297
内蒙古	211	542	83	65	71
辽 宁	1 582	1 665	1 749	1 767	3 157
吉 林	23	22	20	26	36
黑龙江	414	420	251	235	206
上 海		57	26	56	16
江 苏	7 071	7 353	5 220	6 586	5 964
浙 江	2 005	1 614	1 808	1 917	2 082
安 徽	4 638	4 142	4 680	4 848	4 785
福 建	86 182	89 680	94 795	107 993	109 450
江 西	5 315	7 080	6 653	7 697	6 659
山 东	18 951	15 336	12 053	14 185	11 932
河 南	1 387	1 084	1 043	882	789
湖 北	2 355	2 540	5 646	8 406	6 225
湖 南	2 159	2 116	1 902	1 742	1 636
广 东	525 211	592 712	517 816	583 996	624 178
广 西	143 257	157 457	164 705	192 884	214 404
海 南	140 588	180 404	216 769	246 283	250 645
重 庆	3 646	2 884	2 907	3 052	2 375
四 川	2 680	3 154	3 589	3 690	3 753
贵 州	452	546	1 262	990	1 091
云 南	21 295	41 358	43 912	47 414	59 129
西 藏	20	20	18	19	5
陕 西	374	302	348	388	392
甘 肃	72	79	36	40	51
青 海					
宁 夏	373	183	100	82	
新 疆	955	1 109	1 257	969	850

各地区鳗鲡养殖产量

单位：吨

地　区	2006 年	2007 年	2008 年	2009 年	2010 年
全国总计	**189 754**	**207 332**	**205 325**	**214 698**	**213 811**
北　京					
天　津					
河　北	1 516				
山　西					
内蒙古					
辽　宁					
吉　林	20				
黑龙江					
上　海		741	342	208	146
江　苏	4 102	4 299	5 220	10 071	4 273
浙　江	2 594	2 818	3 704	3 528	3 343
安　徽	543	683	1 204	1 354	2 044
福　建	85 856	91 113	92 798	93 086	87 078
江　西	17 140	17 620	17 499	18 281	16 985
山　东					
河　南	7				
湖　北		2			150
湖　南					
广　东	77 822	89 633	83 539	87 834	99 524
广　西	72	260	244	46	7
海　南	51	138	253	234	254
重　庆			23	50	
四　川					
贵　州	10	10	5	5	6
云　南	21	12	494	1	1
西　藏					
陕　西					
甘　肃		3			
青　海					
宁　夏					
新　疆					

各地区淡水养殖甲壳类产量

单位：吨

地　区	2006 年	2007 年	2008 年	2009 年	2010 年
全国总计	**1 352 487**	**1 673 650**	**1 771 502**	**1 960 507**	**2 138 028**
北　京	508	414	225	176	102
天　津	28 793	43 615	43 062	49 771	50 544
河　北	16 055	17 019	18 579	20 202	22 026
山　西	180	164	86	84	86
内蒙古	698	594	575	484	556
辽　宁	38 944	42 164	32 106	48 786	54 054
吉　林	326	592	466	399	326
黑龙江	4 496	4 695	4 057	4 278	4 830
上　海	65 041	66 633	60 394	59 276	67 933
江　苏	483 519	569 174	609 789	648 987	637 933
浙　江	109 500	136 494	123 659	120 661	144 317
安　徽	139 001	165 007	186 240	209 562	221 419
福　建	25 633	29 403	35 290	35 934	44 243
江　西	47 264	54 122	60 142	77 061	84 909
山　东	55 425	60 587	59 721	57 343	89 168
河　南	5 400	8 729	10 159	11 187	11 345
湖　北	72 844	188 510	259 171	336 907	410 460
湖　南	9 580	12 516	13 592	13 977	15 586
广　东	241 738	264 519	244 337	254 875	265 905
广　西	5 261	5 561	5 209	5 458	5 681
海　南	380	385	1 231	1 238	1 294
重　庆	91	137	227	198	542
四　川	750	1 034	1 738	2 025	2 835
贵　州	50	53	44	69	78
云　南	416	272	343	552	456
西　藏					
陕　西	8	55	41	62	70
甘　肃	18	20	19	25	48
青　海	20	27	39	26	74
宁　夏	68	675	517	520	870
新　疆	480	480	444	384	338

各地区淡水养殖克氏原螯虾产量

单位：吨

地 区	2006 年	2007 年	2008 年	2009 年	2010 年
全国总计	**115 405**	**265 479**	**364 619**	**479 374**	**563 281**
北 京					
天 津					
河 北			30		
山 西					
内蒙古					
辽 宁	20				
吉 林					
黑龙江					
上 海			1	18	
江 苏	24 966	42 968	58 549	86 595	93 779
浙 江	1 457	2 854	4 376	5 017	5 665
安 徽	38 409	57 617	73 637	83 921	85 214
福 建	15	10	19	142	17
江 西	18 138	24 757	29 405	43 498	51 687
山 东	198	1 179	3 386	5 914	7 376
河 南	1 311	4 669	5 990	6 410	6 606
湖 北	29 876	129 923	186 371	244 579	308 249
湖 南	823	1 065	1 432	1 503	1 656
广 东	6	4	4	5	4
广 西			188	204	238
海 南					
重 庆		1		9	379
四 川	183	428	1 229	1 487	2 335
贵 州	3	3	2	1	
云 南				71	70
西 藏					
陕 西					
甘 肃		1			6
青 海					
宁 夏					
新 疆					

各地区淡水养殖南美白对虾产量

单位：吨

地　区	2006 年	2007 年	2008 年	2009 年	2010 年
全国总计	**481 750**	**555 772**	**542 632**	**537 299**	**615 010**
北　京	102	108	62	150	80
天　津	26 603	42 423	41 922	48 182	49 061
河　北	9 718	12 372	12 752	13 325	14 818
山　西	95	92	46	71	48
内蒙古		160	125	40	35
辽　宁	2 479	3 309	1 561	3 799	6 943
吉　林	20	20	42	10	
黑龙江	23	48	35	60	30
上　海	43 787	46 639	40 457	36 181	44 110
江　苏	70 279	77 951	91 187	88 694	89 493
浙　江	65 843	94 754	80 162	71 093	95 818
安　徽	393	708	319	612	837
福　建	22 348	24 957	31 913	31 524	39 825
江　西	516	452	704	425	12 10
山　东	31 871	34 575	30 527	24 162	51 460
河　南	227	383	480	448	25
湖　北	922	1 203	1 971	2 871	3 159
湖　南	163	173	170	189	203
广　东	204 383	212 684	205 871	212 712	215 185
广　西	1 674	1 753	1 693	2 191	2 193
海　南	74	186	350	274	300
重　庆	62	115	175	152	122
四　川	45	52	26	13	2
贵　州					6
云　南	42			14	9
西　藏					
陕　西			3	3	
甘　肃	2				
青　海					
宁　夏		567			
新　疆	79	88	79	104	38

各地区淡水养殖贝类产量

单位：吨

地　区	2006 年	2007 年	2008 年	2009 年	2010 年
全国总计	**207 542**	**206 455**	**232 632**	**235 241**	**251 008**
北　京					
天　津					
河　北	596	116	127		30
山　西					
内蒙古					
辽　宁	273	251	13	13	14
吉　林					
黑龙江					
上　海	260	276	218	210	154
江　苏	35 208	30 091	42 456	37 489	48 701
浙　江	9 353	10 163	8 753	9 432	10 500
安　徽	49 336	46 489	45 538	46 539	45 510
福　建	25 497	24 275	26 760	30 444	29 898
江　西	31 171	36 601	37 101	42 620	43 909
山　东	2 965	3 729	1 241	2 399	2 718
河　南	250	627	701	795	810
湖　北	19 475	18 314	17 331	18 062	19 448
湖　南	19 499	21 469	23 380	24 410	22 946
广　东	3 141	3 450	20 578	14 532	18 051
广　西	4 393	4 940	3 565	3 695	3 604
海　南	1 193	384	122	121	124
重　庆	596	378	204	110	83
四　川	4 210	4 771	4 402	4 262	4 105
贵　州	64	90	35	30	32
云　南	57	33			304
西　藏					
陕　西					
甘　肃		2			
青　海					
宁　夏					
新　疆	5	6	107	78	67

各地区淡水养殖藻类产量

单位：吨

地　区	2006 年	2007 年	2008 年	2009 年	2010 年
全国总计	**6 742**	**7 464**	**6 232**	**7 089**	**9 691**
北　京					
天　津					
河　北					
山　西					
内蒙古	503	723	768	848	1 238
辽　宁					
吉　林					
黑龙江					
上　海					
江　苏	341	355	365	867	955
浙　江	16	73	17	20	21
安　徽					
福　建	2 241	2 191	1 697	375	559
江　西	2 952	3 425	2 713	2 504	3 846
山　东	45	7			
河　南			18	1 371	1 821
湖　北					
湖　南					
广　东	5	5	5		166
广　西	295	300	80	80	70
海　南	344	385	569	548	539
重　庆					
四　川					
贵　州					
云　南				476	476
西　藏					
陕　西					
甘　肃					
青　海					
宁　夏					
新　疆					

全国水产养殖产量
（按水域类型和养殖类型分）

单位：吨

指　标		2006年	2007年	2008年	2009年	2010年
总　计		31 177 486	32 783 306	34 128 213	36 216 826	38 288 351
1. 海水养殖		12 641 566	13 073 400	13 403 236	14 052 220	14 823 008
按水域分	海上	6 661 636	6 744 934	6 737 688	7 398 170	7 708 505
	滩涂	4 646 160	4 908 626	5 166 516	5 117 752	5 485 416
	其他	1 333 770	1 419 840	1 499 032	1 536 298	1 629 087
养殖方式中	池塘			1 414 221	1 852 906	1 978 317
	普通网箱	256 886	275 616	269 937	324 606	324 882
	深水网箱	42 945	40 798	35 673	59 121	55 517
	筏式		87 362	3 823 441	3 880 306	4 033 368
	吊笼			444 663	523 294	868 094
	底播			2 982 620	3 870 594	4 019 421
	工厂化	82 404	87 362	83 250	102 804	114 594
2. 淡水养殖		18 535 920	19 709 906	20 724 977	22 164 606	23 465 343
按水域分	池塘	12 822 142	13 508 611	14 594 472	15 488 542	16 477 168
	湖泊	1 513 972	1 561 075	1 456 226	1 527 254	1 536 629
	水库	2 059 774	2 304 000	2 415 397	2 684 093	2 844 430
	河沟	488 457	541 244	558 668	697 123	742 704
	其他	633 996	634 425	530 246	604 927	621 680
	稻田养鱼	1 017 579	1 160 551	1 169 968	1 162 667	1 242 732
养殖方式中	围栏	478 047	506 496	510 761	530 666	522 978
	网箱	813 041	901 077	883 823	1 069 605	1 130 855
	工厂化	118 143	134 459	133 680	158 946	167 235

各地区海上养殖产量

单位：吨

地 区	2006 年	2007 年	2008 年	2009 年	2010 年
全国总计	**6 661 636**	**6 744 934**	**6 737 688**	**7 398 170**	**7 708 505**
天 津					
河 北	151 649	181 022	197 609	193 664	258 476
辽 宁	1 210 723	1 170 938	1 142 116	1 357 478	1 448 429
上 海					
江 苏	75 573	61 993	88 520	118 761	124 099
浙 江	201 573	229 983	223 133	226 288	259 202
福 建	1 605 642	1 648 299	1 697 297	1 795 806	1 787 212
山 东	2 207 653	2 211 579	2 262 147	2 467 737	2 563 467
广 东	989 984	1 020 243	882 762	978 702	982 809
广 西	190 815	190 462	207 882	223 537	246 796
海 南	28 024	30 415	36 222	36 197	38 015

各地区滩涂养殖产量

单位：吨

地 区	2006 年	2007 年	2008 年	2009 年	2010 年
全国总计	**4 646 160**	**4 908 626**	**5 166 516**	**5 117 752**	**5 485 416**
天 津					
河 北	60 985	59 457	64 905	82 606	54 344
辽 宁	457 840	540 238	650 604	635 733	678 357
上 海	360	35			
江 苏	390 878	380 779	448 843	461 801	494 477
浙 江	345 659	371 688	366 152	325 568	351 119
福 建	969 769	948 167	900 279	941 586	1 049 056
山 东	976 761	1 143 965	1 221 950	1 184 403	1 238 489
广 东	925 288	927 520	1 008 938	958 704	1 072 516
广 西	448 174	449 545	416 561	432 485	450 806
海 南	70 446	87 232	88 284	94 866	96 252

各地区其他海水水域养殖产量

单位：吨

地 区	2006 年	2007 年	2008 年	2009 年	2010 年
全国总计	**1 333 770**	**1 419 840**	**1 499 032**	**1 536 298**	**1 629 087**
天 津	15 025	14 215	14 082	14 067	14 212
河 北	33 271	30 629	33 436	24 297	16 488
辽 宁	107 821	144 189	228 260	149 957	187 908
上 海					
江 苏	130 189	182 864	137 051	154 398	166 597
浙 江	215 983	259 603	241 500	212 709	215 409
福 建	146 086	147 287	180 245	192 862	202 722
山 东	239 315	179 733	129 413	162 164	160 687
广 东	286 624	281 857	338 073	408 751	435 363
广 西	102 346	123 638	151 423	166 483	179 806
海 南	57 110	55 825	45 549	50 610	49 895

各地区淡水池塘养殖产量

单位：吨

地 区	2006 年	2007 年	2008 年	2009 年	2010 年
全国总计	**12 822 142**	**13 508 611**	**14 594 472**	**15 488 542**	**16 477 168**
北 京	45 689	45 648	43 900	45 277	45 213
天 津	243 240	244 975	262 679	268 604	287 216
河 北	205 151	215 540	235 290	245 135	251 610
山 西	17 461	17 957	17 013	18 289	18 933
内蒙古	40 575	46 740	43 187	45 277	48 811
辽 宁	404 046	417 950	448 434	516 013	577 814
吉 林	49 698	56 092	61 045	64 782	65 090
黑龙江	202 744	210 739	240 242	261 338	273 341
上 海	118 288	125 244	110 957	114 411	153 449
江 苏	1 797 239	1 812 120	1 901 360	1 960 751	2 013 200
浙 江	318 690	319 716	340 525	347 717	399 194
安 徽	659 795	691 894	768 154	867 878	928 770
福 建	359 268	377 855	372 799	414 435	438 388
江 西	789 147	851 204	1 021 357	956 795	1 010 613
山 东	624 445	676 070	718 849	782 845	849 112
河 南	308 025	347 424	381 951	408 393	419 660
湖 北	1 692 322	1 833 937	2 106 501	2 329 180	2 514 764
湖 南	1 085 623	1 138 225	1 198 558	1 310 269	1 422 990
广 东	2 465 757	2 520 907	2 676 525	2 775 507	2 881 807
广 西	513 464	544 927	558 855	593 434	632 008
海 南	138 864	173 699	192 075	210 035	211 406
重 庆	103 520	117 499	127 607	141 649	178 380
四 川	362 590	419 377	449 093	473 323	502 931
贵 州	10 528	12 056	9 737	11 783	12 137
云 南	123 949	136 526	149 790	158 881	166 145
西 藏	87	87	96	92	72
陕 西	33 339	34 512	34 676	37 184	40 583
甘 肃	7 656	8 434	8 129	8 708	9 006
青 海	93	311	39	140	200
宁 夏	45 070	51 037	52 309	53 904	53 907
新 疆	55 779	59 909	62 740	66 513	70 418

各地区湖泊养殖产量

单位：吨

地　区	2006 年	2007 年	2008 年	2009 年	2010 年
全国总计	**1 513 972**	**1 561 075**	**1 456 226**	**1 527 254**	**1 536 629**
北　京	31	31	31	31	65
天　津	5 890	7 140	6 248	9 293	
河　北	11 630	11 667	12 321	13 374	12 803
山　西	1 108	1 132	954	849	917
内蒙古	8 862	8 086	12 753	13 609	15 490
辽　宁	12				
吉　林	16 669	22 744	25 871	21 398	22 527
黑龙江	26 060	26 462	23 827	26 590	29 795
上　海	13 961	6 404	245	263	284
江　苏	284 199	280 623	285 769	256 561	234 757
浙　江			8 098	7 873	6 206
安　徽	343 916	364 639	337 322	328 758	340 607
福　建	3 912	4 002	4 715	4 288	4 469
江　西	200 934	222 701	174 195	259 492	263 961
山　东	91 469	89 678	83 641	91 279	99 988
河　南	5 614	6 152	7 054	6 573	5 905
湖　北	389 030	391 191	325 094	331 921	330 282
湖　南	86 417	90 705	96 546	105 096	110 510
广　东			15 087	7 620	11 975
广　西					
海　南	7	14	4 797	4 880	5 097
重　庆	3 200	3 300	3 350	3 300	
四　川	983	754	783	789	827
贵　州	145	191	94	95	99
云　南	3 638	3 841	4 149	5 139	4 712
西　藏					
陕　西			860	1 042	1 112
甘　肃				70	71
青　海			360	220	165
宁　夏	15 367	18 772	21 746	26 618	33 739
新　疆	918	846	316	233	266

各地区水库养殖产量

单位：吨

地　区	2006 年	2007 年	2008 年	2009 年	2010 年
全国总计	**2 059 774**	**2 304 000**	**2 415 397**	**2 684 093**	**2 844 430**
北　京	3 701	3 725	297	80	50
天　津	4 051	3 979	1 193	1 400	4 776
河　北	68 898	72 249	79 284	93 425	111 146
山　西	7 760	8 350	11 404	10 846	10 682
内蒙古	7 510	8 281	13 345	15 400	16 549
辽　宁	56 907	63 640	63 549	81 603	87 906
吉　林	36 807	47 658	42 615	55 435	54 735
黑龙江	24 667	24 994	23 861	24 288	25 961
上　海					
江　苏	69 402	74 419	76 387	53 596	68 032
浙　江	53 468	57 340	69 811	73 057	80 390
安　徽	108 313	130 149	136 426	134 624	141 311
福　建	98 833	110 224	124 816	142 230	143 153
江　西	313 212	361 611	310 823	421 832	449 943
山　东	195 305	226 085	238 937	223 702	237 613
河　南	60 105	64 365	70 757	77 232	58 295
湖　北	169 213	158 749	159 090	197 333	199 559
湖　南	129 611	151 342	160 381	173 588	180 578
广　东	107 794	116 280	160 980	178 531	185 098
广　西	255 760	279 248	305 514	329 278	358 200
海　南	41 510	46 245	62 500	71 184	72 711
重　庆	24 248	24 403	24 237	26 694	22 285
四　川	167 875	185 876	189 011	200 122	196 239
贵　州	9 307	24 567	24 555	29 743	42 867
云　南	23 977	37 568	39 205	40 923	65 767
西　藏					
陕　西	8 643	9 600	11 959	12 953	13 762
甘　肃	2 164	1 229	1 954	2 154	2 386
青　海	1 399	974	1 021	1 000	1 200
宁　夏	60	145	752	808	1 012
新　疆	9 274	10 705	10 733	11 032	12 224

各地区稻田养殖产量

单位：吨

地 区	2006 年	2007 年	2008 年	2009 年	2010 年
全国总计	**1 017 579**	**1 160 551**	**1 169 968**	**1 162 667**	**1 242 732**
北 京					
天 津				65	
河 北	2 308	2 411	2 632	3 360	3 155
山 西	577	54	12		
内蒙古	390	386	342	402	530
辽 宁	51 647	46 550	43 873	51 264	54 678
吉 林	114	263	181	271	256
黑龙江	6 391	4 902	5 425	5 275	5 575
上 海	5 758	1 259	1 205	1 890	3 707
江 苏	202 039	235 439	230 892	173 010	224 403
浙 江	167 081	199 509	205 264	215 821	237 776
安 徽	78 413	80 598	70 970	73 246	73 549
福 建	20 038	20 723	18 501	16 401	15 690
江 西	62 721	66 842	64 822	62 027	52 861
山 东	629	530	360	324	306
河 南	731	1 635	1 825	1 188	499
湖 北	81 575	137 402	162 533	183 407	189 129
湖 南	83 212	87 832	89 393	93 895	89 727
广 东	14 191	13 082	3 647	3 491	3 178
广 西	15 844	17 328	18 085	16 111	18 009
海 南	122	123			
重 庆	12 138	12 131	10 691	9 873	6 151
四 川	157 898	175 614	185 920	193 842	210 977
贵 州	20 940	21 621	18 378	19 039	19 229
云 南	32 628	34 169	34 847	38 302	32 460
西 藏					
陕 西	194	115	137	142	143
甘 肃		33	33	1	1
青 海					
宁 夏				20	743
新 疆					

各地区捕捞产品总产量

单位：吨

地 区	2006 年	2007 年	2008 年	2009 年	2010 年
全国总计	**14 658 482**	**14 691 896**	**14 827 773**	**14 947 213**	**15 441 673**
北 京		6 130	11 211	7 898	13 184
天 津	40 481	39 132	33 204	34 137	34 441
河 北	331 015	327 509	334 424	341 050	345 539
山 西	1 181	1 201	890	749	831
内蒙古	29 536	29 429	27 929	29 586	30 671
辽 宁	1 211 721	1 206 814	1 177 734	1 188 428	1 239 452
吉 林	24 528	20 521	20 130	19 186	19 756
黑龙江	38 801	38 737	41 795	43 149	46 885
上 海	173 081	160 170	180 986	161 119	127 199
江 苏	896 667	895 127	899 974	890 741	911 658
浙 江	2 766 578	2 601 047	2 626 178	2 863 853	3 078 752
安 徽	295 342	311 745	310 113	307 285	315 877
福 建	1 969 426	1 998 189	2 059 071	2 105 985	2 170 909
江 西	215 295	222 627	241 354	227 510	292 513
山 东	2 476 960	2 559 834	2 610 856	2 577 933	2 631 598
河 南	25 227	26 548	29 610	30 597	32 350
湖 北	364 032	363 925	302 637	262 154	263 654
湖 南	146 043	154 493	159 525	110 186	96 668
广 东	1 654 041	1 620 895	1 663 205	1 651 851	1 652 942
广 西	764 540	770 853	770 390	780 329	783 944
海 南	860 010	925 184	958 663	980 357	1 014 225
重 庆	8 840	9 834	9 862	9 880	10 955
四 川	57 186	62 209	58 122	57 679	58 030
贵 州	8 888	11 275	11 391	11 041	12 062
云 南	20 847	21 228	23 697	23 435	23 121
西 藏	441	441	404	408	428
陕 西	2 856	3 642	4 064	4 154	4 235
甘 肃	727	741	759		
青 海	53	53	30	40	35
宁 夏	847	153	182	194	190
新 疆	12 940	11 171	11 383	9 174	10 150
中农发集团	260 352	291 039	248 000	217 125	219 419

全国海洋捕捞产量

单位：吨

指　标	2006 年	2007 年	2008 年	2009 年	2010 年
海洋捕捞产量	**11 364 005**	**11 360 329**	**11 496 270**	**11 786 109**	**12 035 946**
1. 鱼类	7 578 328	7 628 752	7 895 926	8 040 286	8 255 051
2. 甲壳类	2 171 674	2 057 567	1 945 772	2 018 924	2 043 314
虾			1 396 991	1 475 426	1 449 992
其中：毛虾			543 190	588 698	554 752
对虾			89 678	107 618	107 522
鹰爪虾			312 272	282 554	290 761
虾蛄			279 873	303 002	315 360
蟹			548 781	543 498	593 322
其中：梭子蟹			350 199	332 825	349 488
青蟹			64 059	60 704	67 151
蟳			64 927	39 779	62 851
3. 贝类	768 953	741 628	643 759	669 742	622 104
4. 藻类	26 639	32 847	36 593	27 598	24 636
5. 头足类	501 744	589 149	637 910	643 255	658 309
其中：乌贼			116 587	119 681	115 826
鱿鱼			350 935	351 778	365 433
章鱼			120 602	118 345	125 776
6. 其他类	316 667	310 386	336 310	386 304	432 532
其中：海蜇			236 626	223 151	216 056

各地区海洋捕捞产品产量

单位：吨

地　区	2006 年	2007 年	2008 年	2009 年	2010 年
全国总计	**11 364 005**	**11 360 329**	**11 496 270**	**11 786 109**	**12 035 946**
天　津	27 071	18 447	18 777	16 459	15 754
河　北	253 142	251 686	253 300	253 317	253 292
辽　宁	1 003 458	1 024 408	1 028 217	995 312	1 007 398
上　海	4 726	4 407	20 055	21 865	21 531
江　苏	561 054	559 296	566 308	562 663	570 354
浙　江	2 527 988	2 327 486	2 343 219	2 666 376	2 821 000
福　建	1 784 320	1 836 788	1 833 728	1 859 258	1 908 468
山　东	2 278 482	2 358 908	2 383 213	2 370 891	2 350 888
广　东	1 422 845	1 404 913	1 454 640	1 415 867	1 429 592
广　西	409 250	666 876	656 024	662 979	662 954
海　南	842 137	907 114	938 789	961 122	994 715
中农发集团	260 352				

全国海洋捕捞主要鱼类产量

单位：吨

指　标	2006 年	2007 年	2008 年	2009 年	2010 年
海鳗			320 968	340 564	340 105
鳓鱼			94 183	98 656	86 743
鳀鱼			658 721	521 897	598 110
沙丁鱼			157 074	134 377	135 011
鲱鱼			26 207	21 668	21 637
石斑鱼			80 007	86 021	93 999
鲷			131 330	153 316	165 428
蓝圆鲹			595 280	539 943	562 982
白姑鱼			125 645	126 470	131 026
黄姑鱼			81 322	94 409	85 322
鮸鱼			34 659	35 726	41 677
大黄鱼			55 922	62 807	63 358
小黄鱼			354 665	372 895	406 868
梅童鱼			221 435	219 652	235 194
方头鱼			40 795	40 437	37 263
玉筋鱼			128 684	146 525	153 599
带鱼			1 192 721	1 172 440	1 186 841
金线鱼			311 559	306 456	314 922
梭鱼			127 133	127 493	156 989
鲐鱼			592 637	397 010	492 005
鲅鱼			434 179	429 057	476 208
金枪鱼			37 745	31 369	38 848
鲳鱼			372 042	373 145	364 776
马面鲀			184 114	209 716	204 541
竹荚鱼			59 028	25 311	26 51
鲻鱼			74 758	90 160	91 499

各地区蓝圆鲹捕捞产量

单位：吨

地 区	2006 年	2007 年	2008 年	2009 年	2010 年
全国总计			**595 280**	**539 943**	**562 982**
天 津					
河 北					
辽 宁			22		
上 海					
江 苏			1 312		
浙 江			106 790	100 097	106 660
福 建			255 298	220 778	228 438
山 东					
广 东			125 787	110 711	119 149
广 西			69 909	69 025	68 243
海 南			36 162	39 332	40 492

各地区小黄鱼捕捞产量

单位：吨

地 区	2006 年	2007 年	2008 年	2009 年	2010 年
全国总计			**354 665**	**372 895**	**406 868**
天 津			2 987	1 556	3 077
河 北			8 317	7 637	7 759
辽 宁			99 524	105 753	149 246
上 海			164	209	193
江 苏			32 254	31 552	30 853
浙 江			87 551	89 623	97 252
福 建			6 217	8 069	8 233
山 东			84 125	87 802	76 119
广 东			18 661	25 174	18 139
广 西					
海 南			14 865	15 520	15 997

各地区带鱼捕捞产量

单位：吨

地 区	2006 年	2007 年	2008 年	2009 年	2010 年
全国总计			**1 192 721**	**1 172 440**	**1 186 841**
天 津			25	24	17
河 北			5 355	5 735	6 236
辽 宁			12 807	23 262	41 529
上 海			432	395	475
江 苏			79 423	73 643	62 229
浙 江			504 422	495 895	529 633
福 建			154 211	168 188	164 638
山 东			121 514	103 694	79 619
广 东			144 725	133 100	132 140
广 西			31 617	34 172	31 279
海 南			138 190	134 332	139 046

各地区鲅鱼捕捞产量

单位：吨

地 区	2006 年	2007 年	2008 年	2009 年	2010 年
全国总计			**434 179**	**429 057**	**476 208**
天 津			323	403	401
河 北			9 196	8 257	5 285
辽 宁			80 801	62 342	92 122
上 海					
江 苏			9 473	7 311	6 895
浙 江			75 221	70 422	76 028
福 建			37 112	42 174	48 873
山 东			191 063	177 831	184 162
广 东			25 292	25 675	26 361
广 西			2 354	2 381	2 213
海 南			3 344	32 261	33 868

各地区鲐鱼捕捞产量

单位：吨

地 区	2006年	2007年	2008年	2009年	2010年
全国总计			**592 637**	**397 010**	**492 005**
天 津			156	1 594	1 313
河 北			379		461
辽 宁			75 426	40 998	34 747
上 海			23	37	40
江 苏			35 649	25 851	21 780
浙 江			187 881	160 212	175 671
福 建			68 722	72 237	128 056
山 东			176 055	44 761	77 835
广 东			24 871	28 262	28 619
广 西			13 620	13 620	13 630
海 南			9 855	9 438	9 853

各地区鲳鱼捕捞产量

单位：吨

地 区	2006年	2007年	2008年	2009年	2010年
全国总计			**372 042**	**373 145**	**364 776**
天 津			17	17	10
河 北			973	970	479
辽 宁			3 384	5 484	6 586
上 海			260	393	407
江 苏			35 514	35 070	40 831
浙 江			127 798	126 895	120 636
福 建			58 057	53 917	56 271
山 东			43 049	51 516	36 174
广 东			50 382	50 964	54 114
广 西			11 417	11 622	11 483
海 南			41 191	36 297	37 785

全国海洋捕捞产量
（按海区、渔具类型分列）

单位：吨

指标		2006年	2007年	2008年	2009年	2010年
合计		11 364 005	11 360 329	11 496 270	11 786 109	12035946
按捕捞海域分	渤海			1 022 043	1 059 564	1 068 698
	黄海			2 914 073	3 036 648	3 048 386
	东海			4 309 490	4 427 579	4 618 934
	南海			3 250 664	3 262 318	3 299 928
按捕捞渔具分	拖网			5 554 832	5 668 660	5 849 519
	围网			766 054	755 777	814 417
	刺网			2 396 017	2 581 583	2 679 463
	张网			1 640 169	1 698 996	1 559 228
	钓具			348 740	310 857	327 197
	其他渔具			790 458	770 236	806 122

全国淡水捕捞产量

单位：吨

指标	2006年	2007年	2008年	2009年	2010年
淡水捕捞产量	**2 203 814**	**2 256 416**	**2 248 194**	**2 183 878**	**2 289 369**
1. 鱼类	1 542 684	1 574 051	1 615 339	1 526 285	1 614 675
2. 甲壳类	325 599	347 074	329 148	327 813	343 320
虾	286 724	302 955	282 825	275 318	289 488
蟹	38 875	44 119	46 323	52 495	53 832
3. 贝类	301 637	298 518	268 267	284 331	286 980
4. 藻类	402	13	17	19	26
5. 其他类	33 492	36 760	35 423	45 430	44 368
其中：丰年虫	489	641	639	647	931

各地区淡水捕捞产量

单位：吨

地 区	2006 年	2007 年	2008 年	2009 年	2010 年
全国总计	**2 203 814**	**2 256 416**	**2 248 194**	**2 183 878**	**2 289 369**
北 京			4 061	3 985	4 224
天 津	10 510	8 947	8 710	8 749	9 667
河 北	77 873	74 314	81 124	87 733	92 247
山 西	1 181	1 201	890	749	831
内蒙古	29 536	29 429	27 929	29 586	30 671
辽 宁	28 198	40 620	37 381	56 308	56 780
吉 林	24 528	20 521	20 130	19 186	19 756
黑龙江	38 801	38 737	41 795	43 149	46 885
上 海	5 404	4 584	3 782	4 768	5 735
江 苏	321 657	321 608	321 885	320 732	332 363
浙 江	80 192	86 127	80 959	90 343	92 150
安 徽	295 342	311 745	310 113	307 285	315 877
福 建	76 143	78 237	76 343	78 121	81 917
江 西	215 295	222 627	241 354	227 510	292 513
山 东	117 390	114 368	129 643	128 342	130 896
河 南	25 227	26 548	29 610	30 597	32 350
湖 北	364 032	363 925	302 637	262 154	263 654
湖 南	146 043	154 493	159 525	110 186	96 668
广 东	120 026	118 306	124 895	126 510	128 598
广 西	94 938	101 262	105 660	112 645	116 871
海 南	17 873	18 070	19 874	19 235	19 510
重 庆	8 840	9 834	9 862	9 880	10 955
四 川	57 186	62 209	58 122	57 679	58 030
贵 州	8 888	11 275	11 391	11 041	12 062
云 南	20 847	21 228	23 697	23 435	23 121
西 藏	441	441	404	408	428
陕 西	2 856	3 642	4 064	4 154	4 235
甘 肃	727	741	759		
青 海	53	53	30	40	35
宁 夏	847	153	182	194	190
新 疆	12 940	11 171	11 383	9 174	10 150

各地区淡水捕捞鱼类产量

单位：吨

地 区	2006年	2007年	2008年	2009年	2010年
全国总计	**1 542 684**	**1 574 051**	**1 615 339**	**1 526 285**	**1 614 675**
北 京			3 948	3 920	4 148
天 津	6 098	5 202	5 072	5 127	5 173
河 北	66 669	64 950	70 902	77 559	81 932
山 西	1 175	1 198	885	743	794
内蒙古	26 679	27 649	27 035	28 554	29 659
辽 宁	25 879	34 955	30 126	43 954	44 302
吉 林	23 944	20 142	19 704	18 750	19 324
黑龙江	37 598	37 534	40 701	42 106	46 100
上 海	5 197	4 390	3 621	4 565	5 430
江 苏	181 316	182 224	185 349	186 370	191 164
浙 江	37 711	42 884	45 493	45 504	48 927
安 徽	184 628	191 792	196 752	197 541	207 473
福 建	50 753	53 651	49 498	51 076	55 476
江 西	138 715	145 734	164 016	145 381	192 966
山 东	97 880	92 854	111 378	108 091	109 703
河 南	19 182	20 018	21 936	23 061	24 707
湖 北	284 392	273 875	231 026	180 603	182 003
湖 南	119 813	128 265	130 824	89 502	78 905
广 东	45 935	47 304	69 749	63 908	67 938
广 西	74 250	78 786	83 917	90 985	95 055
海 南	14 339	14 768	17 235	16 568	16 997
重 庆	7 252	8 334	8 708	8 768	10 018
四 川	52 513	55 733	52 342	52 210	52 841
贵 州	7 483	9 697	9 594	9 274	10 059
云 南	16 238	17 095	19 455	18 986	19 516
西 藏	361	361	338	338	316
陕 西	2 761	3 547	4 000	4 068	4 144
甘 肃	720	736	753		
青 海					
宁 夏	759	153	182	194	190
新 疆	12 444	10 220	10 800	8 579	9 415

各地区淡水捕捞甲壳类产量

单位：吨

地 区	2006 年	2007 年	2008 年	2009 年	2010 年
全国总计	**325 599**	**347 074**	**329 148**	**327 813**	**343 320**
北 京			113	65	63
天 津	1 829	1 851	1 792	1 261	1 318
河 北	6 443	5 890	6 430	6 263	5 699
山 西	6	3	5	6	7
内蒙古	2 600	1 498	712	913	890
辽 宁	1 677	4 525	5 224	9 707	9 698
吉 林	418	212	230	254	269
黑龙江	812	830	727	665	493
上 海	113	133	110	138	235
江 苏	84 600	85 123	81 680	61 967	61 398
浙 江	8 677	9 626	7 010	7 121	7 428
安 徽	62 711	66 848	60 367	64 154	66 168
福 建	5 911	4 727	5 557	6 675	6 800
江 西	37 332	39 769	41 875	45 249	61 721
山 东	11 178	12 577	13 627	13 422	14 092
河 南	5 421	5 810	6 624	6 702	6 785
湖 北	56 091	66 506	54 159	63 317	62 318
湖 南	16 719	15 129	16 949	12 856	11 754
广 东	6 320	6 821	7 788	8 658	9 123
广 西	6 881	7 938	7 222	7 341	7 691
海 南	981	938	709	695	732
重 庆	390	515	531	590	572
四 川	3 102	4 479	4 185	4 144	4 025
贵 州	1 155	1 263	1 455	1 415	1 628
云 南	3 806	3 642	3 830	4 009	2 195
西 藏					
陕 西	83	82	41	52	53
甘 肃	2	2	5		
青 海					
宁 夏	88				
新 疆	253	337	191	174	165

各地区淡水捕捞虾类产量

单位：吨

地　区	2006年	2007年	2008年	2009年	2010年
全国总计	**286 724**	**302 955**	**282 825**	**275 318**	**289 488**
北　京			103	38	35
天　津	1 683	1 786	1 722	1 243	1 300
河　北	5 276	4 869	5 315	5 479	4 377
山　西	6	3	5	5	6
内蒙古	2 600	1 498	712	913	890
辽　宁	1 007	2 733	2 156	6 481	4 021
吉　林	134	200	230	222	244
黑龙江	812	830	727	665	493
上　海	107	117	96	124	210
江　苏	69 305	69 666	66 290	46 197	46 479
浙　江	7 506	8 468	5 980	6 064	6 240
安　徽	55 360	56 407	51 679	55 699	57 034
福　建	4 441	3 502	4 133	5 075	5 010
江　西	36 163	38 558	40 516	42 935	59 112
山　东	8 081	9 322	8 418	7 723	7 780
河　南	5 088	5 152	6 059	6 097	6 254
湖　北	55 084	64 974	52 253	55 835	57 425
湖　南	15 009	13 566	15 080	11 561	10 729
广　东	4 630	5 191	5 570	6 605	7 017
广　西	5 837	6 240	5 979	6 324	6 600
海　南	642	613	519	488	519
重　庆	320	434	441	495	488
四　川	2 499	3 835	3 583	3 583	3 475
贵　州	1 036	1 136	1 355	1 319	1 523
云　南	3 708	3 532	3 734	3 971	2 122
西　藏					
陕　西	75	75	39	50	51
甘　肃	1	1			
青　海					
宁　夏	88				
新　疆	226	247	131	127	54

各地区淡水捕捞蟹类产量

单位：吨

地 区	2006 年	2007 年	2008 年	2009 年	2010 年
全国总计	**38 875**	**44 119**	**46 323**	**52 495**	**53 832**
北 京			10	27	28
天 津	146	65	70	18	18
河 北	1 167	1 021	1 115	784	1 322
山 西				1	1
内蒙古					
辽 宁	670	1 792	3 068	3 226	5 677
吉 林	284	12		32	25
黑龙江					
上 海	6	16	14	14	25
江 苏	15 295	15 457	15 390	15 770	14 919
浙 江	1 171	1 158	1 030	1 057	1 188
安 徽	7 351	10 441	8 688	8 455	9 134
福 建	1 470	1 225	1 424	1 600	1 790
江 西	1 169	1 211	1 359	2 314	2 609
山 东	3 097	3 255	5 209	5 699	6 312
河 南	333	658	565	605	531
湖 北	1 007	1 532	1 906	7 482	4 893
湖 南	1 710	1 563	1 869	1 295	1 025
广 东	1 690	1 630	2 218	2 053	2 106
广 西	1 044	1 698	1 243	1 017	1 091
海 南	339	325	190	207	213
重 庆	70	81	90	95	84
四 川	603	644	602	561	550
贵 州	119	127	100	96	105
云 南	98	110	96	38	73
西 藏					
陕 西	8	7	2	2	2
甘 肃	1	1	5		
青 海					
宁 夏					
新 疆	27	90	60	47	111

各地区淡水捕捞贝类产量

单位：吨

地　区	2006年	2007年	2008年	2009年	2010年
全国总计	**301 637**	**298 518**	**268 267**	**284 331**	**286 980**
北　京					
天　津	1 400	1 205	1 230	1 017	983
河　北	3 849	2 723	2 973	3 120	3 856
山　西					
内蒙古					
辽　宁	154	257	152	982	1 004
吉　林	166	167	196	180	157
黑龙江	390	372	367	377	284
上　海					
江　苏	50 542	48 524	49 690	59 073	68 135
浙　江	30 538	31 383	26 876	36 190	34 095
安　徽	40 557	44 655	42 091	35 617	34 031
福　建	18 216	18 403	20 026	19 306	18 475
江　西	35 810	33 287	31 820	33 283	33 579
山　东	7 206	7 818	4 336	6 208	6 571
河　南	484	589	966	756	829
湖　北	21 315	19 665	14 980	13 918	14 043
湖　南	7 369	8 991	9 791	6 126	4 571
广　东	66 759	62 961	46 017	51 548	49 773
广　西	12 564	13 156	13 203	12 947	12 668
海　南	2 319	2 086	1 713	1 748	1 577
重　庆	673	415	356	342	153
四　川	817	1 120	886	784	716
贵　州	213	259	315	324	349
云　南	292	196	281	308	1 129
西　藏					
陕　西					
甘　肃	3	2			
青　海					
宁　夏					
新　疆	1	284	2	177	2

各地区淡水捕捞藻类产量

单位：吨

地 区	2006 年	2007 年	2008 年	2009 年	2010 年
全国总计	**402**	**13**	**17**	**19**	**26**
北 京					
天 津					
河 北					
山 西					
内蒙古					
辽 宁					
吉 林					
黑龙江					
上 海					
江 苏					
浙 江	2				
安 徽					
福 建			3	3	
江 西			4	9	13
山 东	13	10	6	3	5
河 南					
湖 北					
湖 南					
广 东	2			1	1
广 西					
海 南	2		1		
重 庆					
四 川					
贵 州					
云 南	383	3	3	3	7
西 藏					
陕 西					
甘 肃					
青 海					
宁 夏					
新 疆					

各地区远洋渔业产量

单位：吨

地　区	2006 年	2007 年	2008 年	2009 年	2010 年
全国总计	**1 090 663**	**1 075 151**	**1 083 309**	**977 226**	**1 116 358**
北　京		6 130	7 150	3 913	8 960
天　津	10 820	11 738	5 717	8 929	9 020
河　北	2 900	1 509			
辽　宁	180 065	141 786	112 136	136 808	175 274
上　海	162 951	151 179	157 149	134 486	99 933
江　苏	13 956	14 223	11 781	7 346	8 941
浙　江	158 398	187 434	202 000	107 134	165 602
福　建	108 963	83 164	149 000	168 606	180 524
山　东	81 088	86 558	98 000	78 700	149 814
广　东	111 170	97 676	83 670	109 474	94 752
广　西		2 715	8 706	4 705	4 119
中农发集团	260 352	291 039	248 000	217 125	219 419

各地区远洋捕捞金枪鱼产量

单位：吨

地　区	2006 年	2007 年	2008 年	2009 年	2010 年
全国总计	**125 624**	**112 256**	**128 059**	**164 710**	**163 362**
北　京		590	672		800
天　津	3 460	2 588	3 099	3 611	3 378
河　北					
辽　宁	4 627	3 789	7 487	9 390	6 956
上　海	31 260	27 532	34 509	40 798	43 425
江　苏					
浙　江	26 884	24 428	22 712	24 956	18 911
福　建	2 359	5 914	8 864	12 653	15 391
山　东	37 141	22 640	21 558	31 460	26 507
广　东	3 107	8 315	8 206	10 204	10 728
广　西				184	200
海　南					
中农发集团	16 786	16 460	20 952	31 454	37 066

各地区远洋捕捞鱿鱼产量

单位：吨

地 区	2006 年	2007 年	2008 年	2009 年	2010 年
全国总计	**293 985**	**377 737**	**403 378**	**171 792**	**367 649**
北 京		5 540	6 646		6 210
天 津	3 584	4 954	2 730	1 617	1 296
河 北	2 900	1 509			
辽 宁	34 653	34 465	32 222	9 406	48 179
上 海	18 452	15 361	30 056	12 615	10 966
江 苏					
浙 江	110 994	158 672	168 794	68 935	124 282
福 建	200	26			4 080
山 东	30 568	41 652	42 434	20 754	103 351
广 东	665	819			
广 西					
海 南					
中农发集团	91 969	114 739	120 496	58 465	69 285

全国水产苗种数量

指　标	计量单位	2006	2007	2008	2009	2010
淡水鱼苗产量	亿尾	7 965	7 893	6 873	9 815.65	3 606.63
其中：罗非鱼	亿尾	154	142	324	307.58	216.29
淡水鱼种产量	吨	2 816 467	2 824 334	2 723 703	2 973 360.00	3 086 327.00
投放鱼种产量	吨	3 442 533	3 347 171	3 021 397	3 200 911.00	3 399 979.00
河蟹育苗量	千克	641 484	617 525	732 155	787 521.00	648 250.00
扣蟹	千克	40 597 658	41 417 100	35 428 408	42 625 849.00	35 357 492.00
稚鳖数量	万只	90 929	41 603	38 608	51 143.91	48 257.27
稚龟数量	万只	2 832	3 219	3 467	5 480.43	5 878.18
鳗苗捕捞量	千克	31 859	24 214	31 732	24 559	26 134
海水鱼苗产量	万尾	291 399	260 806	328 804	387 441	445 016
其中：大黄鱼	万尾	105 897	63 387	128 049	211 951	231 508
鲆鱼	万尾	22 368	21 346	26 695	30 373.00	32 785.00
虾类育苗量	亿尾	7 335	8 247	7 752	6 596.64	5 650.43
其中：南美白对虾	亿尾	4 924	4 034	3 770	4 483.74	4 634.78
贝类育苗量	万粒	77 697 548	111 852 397	126 222 816	123 551 127.19	119 844 654.30
其中：鲍鱼育苗量	万粒	215 044	257 898	309 301	347 594.80	500 529.20
海带育苗量	亿株	243.90	255	256	261.85	303.02
紫菜育苗量	亿贝壳	93.64	29	28	13.61	26.27
海参	亿头	217.68	512	273	518.22	552.60

各地区淡水鱼苗数量

单位：亿尾

地 区	2006 年	2007 年	2008 年	2009 年	2010 年
全国总计	**7 964.86**	**7 893.13**	**6 873.01**	**9 815.65**	**3 606.63**
北 京	5.95	14.65	5.81	6.44	6.96
天 津	20.05	19.47	24.51	29.69	23.85
河 北	23.49	25.73	18.93	30.84	26.50
山 西	5.24	5.47	3.83	107.00	2.78
内蒙古	7.03	7.64	6.33	6.47	7.77
辽 宁	233.00	227.01	78.00	79.00	96.00
吉 林	5.87	6.49	6.60	7.80	7.80
黑龙江	10.81	8.74	9.91	10.76	9.11
上 海	28.00	24.00	22.00	22.00	21.61
江 苏	334.83	363.37	390.13	406.34	418.29
浙 江	93.87	96.00	105.82	109.32	133.47
安 徽	218.77	244.47	242.53	309.19	330.26
福 建	25.85	25.70	21.71	24.60	25.65
江 西	204.49	206.00	242.37	245.39	261.58
山 东	85.00	78.82	44.52	61.79	69.00
河 南	45.19	50.58	58.35	63.19	61.48
湖 北	538.00	462.00	643.00	690.00	750.00
湖 南	271.95	286.86	243.27	263.15	288.32
广 东	5 202.10	5 142.53	3 967.00	6 706.00	393.69
广 西	198.63	206.89	198.93	222.51	241.96
海 南	25.00	30.63	41.12	58.58	63.49
重 庆	48.99	49.86	54.92	46.42	42.69
四 川	127.63	139.42	142.08	145.69	159.31
贵 州	89.76	38.40	53.85	62.97	67.72
云 南	27.41	57.09	57.17	68.53	63.96
西 藏	0.02		0.03	0.04	0.04
陕 西	8.80	8.00	8.70	8.80	9.10
甘 肃	1.53	1.54	161.45	1.46	1.48
青 海	60.00	45.00	0.13	0.15	0.20
宁 夏	4.54	4.84	5.11	6.73	6.95
新 疆	13.06	15.93	14.90	14.80	15.61

各地区淡水鱼种数量

单位：吨

地　区	2006 年	2007 年	2008 年	2009 年	2010 年
全国总计	**2 816 467**	**2 824 334**	**2 723 703**	**2 973 360**	**3 086 327**
北　京	10 268	12 790	11 767	12 638	12 782
天　津	15 646	13 819	11 630	9 923	15 777
河　北	23 003	24 413	21 616	23 123	21 258
山　西	3 826	4 002	2 563	1	3 115
内蒙古	11 125	10 875	9 533	10 157	10 588
辽　宁	80 861	87 216	68 742	71 900	84 941
吉　林	10 695	11 389	11 722	11 957	11 670
黑龙江	44 029	44 708	35 337	41 018	43 074
上　海	12 835	11 034	10 408	11 394	9 504
江　苏	256 175	274 474	288 193	270 914	307 881
浙　江	43 800	43 573	46 003	50 048	49 676
安　徽	219 467	228 225	236 592	240 968	257 776
福　建	28 633	30 021	24 733	14 512	14 687
江　西	163 413	171 807	199 942	210 468	221 042
山　东	61 163	78 943	78 255	79 677	116 347
河　南	64 333	86 697	91 176	174 822	106 744
湖　北	573 470	558 192	661 575	774 709	820 315
湖　南	312 329	338 588	280 114	307 606	334 449
广　东	542 541	444 220	274 050	278 327	266 531
广　西	95 606	98 630	90 655	95 698	94 378
海　南	3 610	5 482	4 900	6 663	7 091
重　庆	41 706	45 245	46 091	49 738	46 494
四　川	113 379	121 014	129 522	131 745	134 547
贵　州	10 681	11 182	9 458	7 106	7 745
云　南	33 353	26 693	35 647	42 521	42 031
西　藏	24		12	13	19
陕　西	9 751	8 005	8 558	7 653	7 643
甘　肃	2 009	2 281	1 905	1 920	1 976
青　海	70	50			
宁　夏	16 404	18 342	20 250	21 343	21 418
新　疆	12 262	12 424	12 754	14 798	14 828

各地区海水鱼苗数量

单位：万尾

地　区	2006 年	2007 年	2008 年	2009 年	2010 年
全国总计	**291 399.00**	**260 806.45**	**328 804.30**	**387 441.05**	**445 016.06**
天　津	995.00	956.00	772.80	1 490.50	787.00
河　北	9 129.00	9 114.00	9 834.00	3 120.00	3 548.00
辽　宁	4 546.00	4 915.00	2 623.00	2 467.00	2 254.00
江　苏	1 848.00	1 857.00	2 284.00	2 700.00	3 200.00
浙　江	3 146.00	3 348.00	4 320.50	3 704.00	7 204.00
福　建	208 866.00	148 654.00	213 523.00	272 270.00	294 434.00
山　东	21 603.00	19 756.95	26 930.00	30 392.00	31 986.00
广　东	28 064.00	53 192.00	54 793.00	56 437.00	86 065.00
广　西		6.50	6.00	5.71	5.92
海　南	13 202.00	19 007.00	13 718.00	14 854.84	15 532.14

全国渔船年末拥有量

指　标	2006			2007			2008			2009			2010		
	艘	总吨	千瓦	艘	总吨	千瓦	艘	总吨	千瓦	艘	总吨	千瓦	艘	总吨	千瓦
渔船合计	**960 512**	**8 083 543**	**16 757 077**	**998 419**	**8 564 987**	**16 757 100**	**1 039 359**	**8 967 912**	**19 507 314**	**1 042 395**	**9 181 446**	**20 567 968**	**1 065 645**	**9 408 197**	**20 742 025**
机动渔船合计	548 189	7 373 282	16 757 077	576 996	7 806 935	17 648 120	630 619	8 284 092	19 507 314	672 633	8 595 260	20 567 968	675 170	8 801 975	20 742 025
1. 生产渔船	515 714	6 678 600	15 421 982	541 718	7 001 459	16 090 997	597 342	7 507 872	17 875 162	637 298	7 806 653	18 860 336	640 396	7 945 485	18 948 196
（1）捕捞渔船	369 363	6 122 506	13 943 303	380 189	6 363 300	14 334 825	416 520	6 713 246	15 859 354	430 835	6 866 099	16 440 831	430 991	7 055 809	16 514 271
441 千瓦及以上	1 664	560 649	1 028 238	1 529	504 625	946 826	1 541	512 177	936 693	1 570	458 991	895 932	1 560	549 038	948 369
44.1~441 千瓦	68 991	4 106 642	9 577 086	67 214	4 400 906	9 745 272	67 653	4 564 044	10 072 235	68 538	4 699 935	10 068 379	65 728	4 782 227	10 133 915
44.1 千瓦及以下	298 708	1 455 215	3 337 979	311 446	1 457 769	3 642 727	347 326	1 637 025	4 850 426	360 727	1 707 173	5 476 520	363 703	1 724 544	5 431 987
（2）养殖渔船	146 351	556 094	1 478 679	161 529	638 159	1 756 172	180 822	794 626	2 015 808	206 463	940 554	2 419 505	209 405	889 676	2 433 925
2. 辅助渔船	32 475	694 682	1 335 095	35 278	805 476	1 557 123	33 277	776 220	1 632 152	35 335	788 607	1 707 632	34 774	856 490	1 793 829
（1）捕捞辅助船	20 212	544 646	901 806	23 519	661 261	1 179 441	22 360	604 427	1 192 723	22 791	634 354	1 189 403	22 881	696 036	1 296 525
（2）渔业执法船	2 001	49 348	244 880	1 840	47 479	241 522	2 309	58 811	298 830	2 165	55 453	315 962	2 089	54 076	320 816
机动渔船按船长分：24 米（含）以上							35 715	3 757 197	7 446 045	32 346	3 838 741	7 562 393	33 618	4 074 509	7 820 537
机动渔船按船长分：12（含）~24 米							96 747	2 478 694	6 058 416	103 791	2 577 367	5 825 409	103 245	2 568 717	5 662 536
机动渔船按船长分：12 米以下							498 157	2 048 201	6 002 853	536 496	2 179 152	7 180 166	538 307	2 158 749	7 258 952
非机动渔船合计	412 323	710 261		421 423	758 052		408 740	683 820		369 762	586 186		390 475	606 222	

各地区机动渔船年末拥有量（一）

地区	2006			2007			2008			2009			2010		
	艘	总吨	千瓦	艘	总吨	千瓦	艘	总吨	千瓦	艘	总吨	千瓦	艘	总吨	千瓦
全国总计	**548 189**	**7 373 282**	**16 757 077**	**576 996**	**7 806 935**	**17 648 120**	**630 619**	**8 284 092**	**19 507 314**	**672 633**	**8 595 260**	**20 567 968**	**675 170**	**8 801 975**	**20 742 025**
北　京	18	59	1 275	26	2 308	4 516	26	2 309	4 614	30	3 921	6 327	25	3 921	6 045
天　津	759	26 648	50 385	737	24 696	48 110	1 916	26 057	67 001	2 645	28 165	83 076	2 468	29 411	72 176
河　北	9 381	159 051	396 719	11 082	178 239	416 586	13 908	265 140	521 931	13 817	263 462	508 857	13 127	226 663	511 558
山　西	53	213	1 110	106	306	1 759	134	389	2 404	139	394	2 617	233	515	3 558
内蒙古	750	1 850	11 796	818	1 995	11 944	1 139	2 226	14 375	1 175	2 604	16 416	1 326	2 647	17 991
辽　宁	35 865	603 432	1 165 746	42 934	690 921	1 402 845	42 886	723 975	1 502 184	44 302	744 621	1 565 360	45 072	765 557	1 596 003
吉　林	1 991	1 202	20 523	2 760	3 436	26 038	3 520	5 349	32 044	4 070	5 782	40 776	4 029	6 659	42 588
黑龙江	9 083	9 850	79 995	6 423	9 208	60 467	10 980	13 279	97 312	11 620	15 713	106 716	11 621	17 046	106 496
上　海	1 485	114 608	191 416	1 396	115 641	179 861	1 403	112 204	175 093	1 869	116 728	186 001	1 788	117 504	187 415
江　苏	95 097	673 308	1 409 381	95 039	677 711	1 417 745	103 322	800 732	2 154 668	131 104	968 877	2 923 031	131 608	980 683	2 928 963
浙　江	48 253	2 131 111	4 042 364	50 317	2 304 153	4 386 771	50 204	2 263 461	4 367 023	51 773	2 346 712	4 401 298	50 503	2 311 109	4 297 613
安　徽	22 270	260 612	299 282	23 456	290 783	339 261	29 116	329 150	388 935	30 297	325 897	416 663	30 941	320 443	419 254
福　建	61 969	760 018	2 239 386	63 004	748 517	2 211 799	65 680	809 890	2 302 757	64 895	828 096	2 294 779	64 058	857 126	2 294 735
江　西	24 581	114 976	200 908	29 337	145 567	288 994	30 968	152 623	305 378	30 960	157 468	333 572	30 599	161 249	342 380
山　东	68 243	821 558	2 050 424	68 427	897 876	2 045 318	68 812	942 580	2 059 981	70 358	927 259	2 135 002	75 252	1 045 341	2 298 903
河　南	4 216	16 984	62 544	5 004	17 689	73 866	4 848	19 444	79 471	4 972	21 073	78 197	4 909	22 728	82 199

各地区机动渔船年末拥有量（二）

地　区	2006			2007			2008			2009			2010		
	艘	总吨	千瓦	艘	总吨	千瓦	艘	总吨	千瓦	艘	总吨	千瓦	艘	总吨	千瓦
湖　北	31 487	74 032	158 305	38 013	87 718	281 175	45 195	105 263	411 471	50 582	114 097	417 717	50 587	114 145	417 952
湖　南	12 826	31 224	87 182	13 032	31 764	88 586	13 044	31 900	89 120	13 144	32 167	89 800	13 149	32 206	89 868
广　东	70 236	826 092	2 380 760	69 733	821 342	2 383 922	69 761	815 405	2 400 511	70 320	807 263	2 396 068	68 883	814 596	2 406 718
广　西	22 817	289 202	798 795	25 402	296 082	841 540	28 530	345 709	1 012 851	28 921	317 013	978 417	27 742	359 029	973 802
海　南	15 453	277 924	756 552	15 508	278 068	761 366	25 634	338 683	1 078 170	25 762	399 731	1 107 434	26 518	411 142	1 156 486
重　庆	4 468	9 808	27 889	4 822	11 783	32 289	5 582	13 637	40 139	5 617	13 364	43 514	5 752	12 749	46 448
四　川	4 104	5 943	36 219	6 256	8 720	52 227	7 377	10 290	66 087	7 396	10 192	66 818	7 340	10 047	67 020
贵　州	904	1 665	12 099	908	1 676	12 340	3 469	8 134	57 700	3 469	8 134	57 718	3 929	8 661	59 149
云　南	680	2 363	13 947	817	2 679	15 581	1 018	2 407	19 258	1 258	3 379	30 807	1 208	3 375	24 083
西　藏	29	72	508				19	15	154	23	19	227	7	11	62
陕　西	499	1 008	2 436	803	1 719	5 603	806	1 750	5 603	770	1 921	6 727	943	2 186	10 805
甘　肃	8	70	374	27	182	397	9	22	88	8	23	85	12	51	481
青　海	6	135	481	151	382	3 045	170	524	5 945	170	524	5 945	172	693	3 755
宁　夏	3	9	268	4	22	380	10	50	945	12	64	1 134	14	78	1 320
新　疆	255	820	5 110	300	920	5 709	787	2 434	12 882	827	2 871	13 795	1 007	3 128	16 503
中农发集团	400	157 435	252 898	354	154 832	248 080	346	139 061	231 219	328	127 726	253 074	348	161 276	259 696

各地区机动生产渔船年末拥有量（一）

地 区	2006			2007			2008			2009			2010		
	艘	总吨	千瓦	艘	总吨	千瓦	艘	总吨	千瓦	艘	总吨	千瓦	艘	总吨	千瓦
全国总计	**515 714**	**6 678 600**	**15 421 982**	**541 718**	**7 001 459**	**16 090 997**	**597 342**	**7 507 872**	**17 875 162**	**637 298**	**7 806 653**	**18 860 336**	**640 396**	**7 945 485**	**18 948 196**
北 京	4	4	22	7	2 248	2 999	7	2 248	2 999	10	3 850	4 609	10	3 850	4 609
天 津	723	24 363	45 256	701	22 411	42 981	1 846	21 578	55 954	2 578	23 857	72 520	2 401	25 103	61 620
河 北	9 344	155 072	392 193	11 007	169 333	404 381	13 768	253 768	503 644	13 658	251 051	490 150	12 770	200 676	462 911
山 西	46	204	865	94	286	1 459	123	356	1 865	127	353	1 892	220	454	2 517
内蒙古	723	1 807	11 100	752	1 914	10 877	1 107	2 142	13 127	1 133	2 457	14 235	1 289	2 476	15 451
辽 宁	35 388	537 175	1 087 488	40 446	606 502	1 258 777	41 884	658 164	1 359 462	43 294	683 071	1 430 946	44 070	696 768	1 457 530
吉 林	1 979	1 020	19 910	2 712	3 230	24 559	3 439	5 123	30 839	3 816	4 973	34 017	3 704	6 149	39 243
黑龙江	8 257	8 300	65 270	6 281	8 129	54 586	9 946	11 482	80 784	10 651	13 598	89 586	10 918	15 052	93 152
上 海	1 352	103 796	164 595	1 268	104 815	153 267	1 288	98 706	144 875	1 751	103 354	154 757	1 674	104 555	156 765
江 苏	84 891	616 349	1 283 913	84 979	621 296	1 293 869	93 279	744 337	2 030 866	118 788	913 835	2 774 403	118 798	917 268	2 772 248
浙 江	45 236	1 904 332	3 621 111	47 256	2 005 027	3 833 740	46 868	1 976 690	3 790 150	48 632	2 033 160	3 811 273	47 424	1 978 982	3 692 216
安 徽	18 846	195 673	252 566	19 832	217 804	292 173	25 534	243 948	339 133	27 624	261 443	371 326	28 323	266 820	381 375
福 建	59 071	675 681	2 049 207	59 992	666 512	2 020 392	62 577	709 348	2 091 869	62 129	731 217	2 091 557	61 454	743 025	2 061 446
江 西	23 270	109 415	190 767	26 267	116 345	242 498	30 886	151 487	299 109	30 844	156 103	326 760	30 459	159 802	335 379
山 东	67 365	773 488	1 944 201	67 540	852 759	1 942 607	68 001	898 321	1 951 134	69 504	877 127	2 017 537	74 337	987 559	2 165 013
河 南	4 069	16 305	57 806	4 868	17 230	69 591	4 603	17 384	73 991	4 721	18 827	72 180	4 720	21 261	77 178

各地区机动生产渔船年末拥有量（二）

地区	2006			2007			2008			2009			2010		
	艘	总吨	千瓦	艘	总吨	千瓦	艘	总吨	千瓦	艘	总吨	千瓦	艘	总吨	千瓦
湖北	30 762	72 089	152 108	37 288	85 775	274 978	44 408	102 597	401 292	49 951	111 661	408 434	49 951	111 661	408 434
湖南	11 699	28 644	80 420	11 896	29 098	81 225	11 908	29 153	81 759	12 008	29 403	82 409	12 009	29 412	82 451
广东	64 604	764 887	2 194 387	64 647	770 371	2 208 292	64 430	761 142	2 199 096	64 750	750 419	2 182 020	63 608	754 950	2 177 019
广西	22 391	285 094	784 865	25 017	292 044	827 708	28 142	340 707	996 228	27 708	304 821	942 932	26 540	341 766	945 104
海南	15 170	268 928	725 711	15 225	269 072	730 525	25 023	326 874	1 040 025	25 221	390 367	1 072 537	25 907	401 290	1 118 968
重庆	4 205	9 432	25 250	4 655	11 428	29 456	5 370	13 162	36 607	5 353	12 680	38 999	5 482	12 107	41 811
四川	3 959	5 281	32 581	6 035	7 952	48 103	6 880	9 190	58 685	6 847	9 036	58 666	7 004	9 152	59 648
贵州	813	1 525	10 837	814	1 526	10 842	3 076	7 448	49 187	3 076	7 448	49 187	3 837	8 400	54 536
云南	442	1 719	8 209	610	1 922	10 317	872	1 990	14 295	1 073	2 924	22 355	1 075	3 092	18 080
西藏	28	70	420				19	15	154	23	19	227	7	11	62
陕西	488	974	2 265	788	1 677	4 215	788	1 677	4 215	745	1 804	5 010	914	2 073	9 034
甘肃				18	130	199									
青海	6	135	481	148	296	2 664	170	524	5 945	170	524	5 945	172	693	3 755
宁夏															
新疆	210	533	3 187	248	625	3 544	771	2 347	11 632	806	2 642	12 107	986	2 899	14 815
中农发集团	373	116 305	214 991	327	113 702	210 173	329	115 964	206 241	307	104 629	221 760	333	138 179	235 826

各地区机动捕捞渔船年末拥有量（一）

地区	2006			2007			2008			2009			2010		
	艘	总吨	千瓦	艘	总吨	千瓦	艘	总吨	千瓦	艘	总吨	千瓦	艘	总吨	千瓦
全国总计	**369 363**	**6 122 506**	**13 943 303**	**380 189**	**6 363 300**	**14 334 825**	**416 520**	**6 713 246**	**15 859 354**	**430 835**	**6 866 099**	**16 440 831**	**430 991**	**7 055 809**	**16 514 271**
北京				3	2 244	2 977	3	2 244	2 977	6	3 846	4 587	6	3 846	4 587
天津	723	24 363	45 256	701	22 411	42 981	1 433	21 456	51 193	2 072	23 086	66 566	2 048	25 000	56 996
河北	6 608	125 981	336 114	6 981	128 637	314 752	7 704	146 761	345 793	7 843	153 396	346 118	7 729	155 932	346 704
山西	9	145	368	33	153	626	46	148	587	51	156	659	132	264	1 221
内蒙古	579	1 607	9 675	629	1 717	9 628	1 042	2 029	12 478	1 035	2 316	13 009	1 064	2 216	13 404
辽宁	24 558	500 013	994 008	26 110	555 293	1 085 147	25 003	594 739	1 154 690	25 712	604 780	1 192 327	25 614	601 766	1 193 133
吉林	1 979	1 020	19 910	2 712	3 230	24 559	2 584	3 698	23 105	3 816	4 973	34 017	3 704	6 149	39 243
黑龙江	8 257	8 300	65 270	5 607	7 581	48 140	7 432	7 772	58 797	8 278	9 655	68 252	8 141	10 384	68 826
上海	961	102 560	161 597	872	103 685	150 011	1 286	98 698	144 855	1 748	103 313	154 684	1 674	104 555	156 765
江苏	50 788	450 788	941 733	50 632	450 216	941 605	56 570	558 169	1 663 776	60 755	591 476	2 080 941	61 029	601 867	2 104 333
浙江	35 224	1 870 887	3 538 373	35 829	1 966 293	3 732 474	35 022	1 935 193	3 682 118	36 303	1 990 985	3 698 119	34 197	1 936 162	3 564 810
安徽	14 556	158 406	213 551	15 342	166 419	238 378	21 482	195 703	288 474	23 606	216 918	328 440	24 228	232 908	338 517
福建	36 977	625 926	1 842 760	36 173	613 647	1 796 947	37 130	655 512	1 858 376	37 239	677 765	1 854 530	37 641	682 763	1 818 010
江西	19 239	89 513	159 164	17 689	82 939	163 741	20 628	110 757	205 927	19 952	110 370	212 971	20 174	110 322	220 280
山东	36 854	664 835	1 524 753	37 241	737 896	1 526 542	37 360	747 431	1 533 906	39 039	735 072	1 594 121	38 496	838 542	1 700 651
河南										1 653	7 271	26 103	2 653	12 869	41 237

各地区机动捕捞渔船年末拥有量（二）

地区	2006			2007			2008			2009			2010		
	艘	总吨	千瓦	艘	总吨	千瓦	艘	总吨	千瓦	艘	总吨	千瓦	艘	总吨	千瓦
湖北	16 773	44 957	101 730	23 341	54 104	197 655	27 859	66 194	285 081	26 127	60 828	226 303	26 127	60 828	226 303
湖南	10 963	26 039	71 404	11 170	26 530	72 752	11 172	26 548	72 744	11 272	26 798	73 394	11 269	26 792	73 376
广东	59 067	746 113	2 145 814	58 774	751 442	2 157 269	57 808	737 278	2 137 940	58 437	723 576	2 120 725	57 996	737 140	2 115 391
广西	21 116	280 569	761 683	23 451	285 691	794 592	24 646	332 814	943 071	25 484	297 292	901 547	25 498	338 882	925 282
海南	15 020	268 581	724 132	15 075	268 725	728 946	24 673	324 960	1 034 820	24 822	388 208	1 066 687	25 498	399 066	1 112 877
重庆	3 863	7 788	23 798	4 370	10 061	28 300	5 039	11 346	34 955	5 109	10 972	37 936	5 207	11 125	40 495
四川	3 279	3 854	26 457	5 062	5 827	40 488	5 796	7 072	48 938	5 794	6 941	48 894	5 760	6 739	48 459
贵州	653	1 043	8 400	653	1 043	8 400	2 423	5 253	38 140	2 423	5 253	38 140	2 661	4 983	37 513
云南	376	1 516	6 921	513	1 600	8 692	732	1 704	11 276	748	2 160	11 412	739	2 165	10 367
西藏	28	70	420				19	15	154	23	19	227	7	11	62
陕西	370	752	1 634	552	1 313	3 125	552	1 313	3 125	477	1 252	2 539	480	1 135	3 262
甘肃				17	110	138									
青海	6	135	481	148	296	2 664	170	524	5 945	170	524	5 945	172	693	3 755
宁夏															
新疆	164	440	2 906	182	495	3 123	577	1 951	9 872	534	2 269	9 878	714	2 526	12 586
中农发集团	373	116 305	214 991	327	113 702	210 173	329	115 964	206 241	307	104 629	221 760	333	138 179	235 826

各地区养殖机动渔船年末拥有量（一）

地区	2006			2007			2008			2009			2010		
	艘	总吨	千瓦	艘	总吨	千瓦	艘	总吨	千瓦	艘	总吨	千瓦	艘	总吨	千瓦
全国总计	**146 351**	**556 094**	**1 478 679**	**161 529**	**638 159**	**1 756 172**	**180 822**	**794 626**	**2 015 808**	**206 463**	**940 554**	**2 419 505**	**209 405**	**889 676**	**2 433 925**
北 京	4	4	22	4	4	22	4	4	22	4	4	22	4	4	22
天 津							413	122	4 761	506	771	5 954	353	103	4 624
河 北	2 736	29 091	56 079	4 026	40 696	89 629	6 064	107 007	157 851	5 815	97 655	144 032	5 041	44 744	116 207
山 西	37	59	497	61	133	833	77	208	1 278	76	197	1 233	88	190	1 296
内蒙古	144	200	1 425	123	197	1 249	65	113	649	98	141	1 226	225	260	2 047
辽 宁	10 830	37 162	93 480	14 336	51 209	173 630	16 881	63 425	204 772	17 582	78 291	238 619	18 456	95 002	264 397
吉 林							855	1 425	7 734						
黑龙江				674	548	6 446	2 514	3 710	21 987	2 373	3 943	21 334	2 777	4 668	24 326
上 海	391	1 236	2 998	396	1 130	3 256	2	8	20	3	41	73			
江 苏	34 103	165 561	342 180	34 347	171 080	352 264	36 709	186 168	367 090	58 033	322 359	693 462	57 769	315 401	667 915
浙 江	10 012	33 445	82 738	11 427	38 734	101 266	11 846	41 497	108 032	12 329	42 175	113 154	13 227	42 820	127 406
安 徽	4 290	37 267	39 015	4 490	51 385	53 795	4 052	48 245	50 659	4 018	44 525	42 886	4 095	33 912	42 858
福 建	22 094	49 755	206 447	23 819	52 865	223 445	25 447	53 836	233 493	24 890	53 452	237 027	23 813	60 262	243 436
江 西	4 031	19 902	31 603	8 578	33 406	78 757	10 258	40 730	93 182	10 892	45 733	113 789	10 285	49 480	115 099
山 东	30 511	108 653	419 448	30 299	114 863	416 065	30 641	150 890	417 228	30 465	142 055	423 416	35 841	149 017	464 362

各地区养殖机动渔船年末拥有量（二）

地区	2006			2007			2008			2009			2010		
	艘	总吨	千瓦	艘	总吨	千瓦	艘	总吨	千瓦	艘	总吨	千瓦	艘	总吨	千瓦
河南	4 069	16 305	57 806	4 868	17 230	69 591	4 603	17 384	73 991	3 068	11 556	46 077	2 067	8 392	35 941
湖北	13 989	27 132	50 378	13 947	31 671	77 323	16 549	36 403	116 211	23 824	50 833	182 131	23 824	50 833	182 131
湖南	736	2 605	9 016	726	2 568	8 473	736	2 605	9 015	736	2 605	9 015	740	2 620	9 075
广东	5 537	18 774	48 573	5 873	18 929	51 023	6 622	23 864	61 156	6 313	26 843	61 295	5 612	17 810	61 628
广西	1 275	4 525	23 182	1 566	6 353	33 116	3 496	7 893	53 157	2 224	7 529	41 385	1 042	2 884	19 822
海南	150	347	1 579	150	347	1 579	350	1 914	5 205	399	2 159	5 850	409	2 224	6 091
重庆	342	1 644	1 452	285	1 367	1 156	331	1 816	1 652	244	1 708	1 063	275	982	1 316
四川	680	1 427	6 124	973	2 125	7 615	1 084	2 118	9 747	1 053	2 095	9 772	1 244	2 413	11 189
贵州	160	482	2 437	161	483	2 442	653	2 195	11 047	653	2 195	11 047	1 176	3 417	17 023
云南	66	203	1 288	97	322	1 625	140	286	3 019	325	764	10 943	336	927	7 713
西藏															
陕西	118	222	631	236	364	1 090	236	364	1 090	268	552	2 471	434	938	5 772
甘肃				1	20	61									
青海															
宁夏															
新疆	46	93	281	66	130	421	194	396	1 760	272	373	2 229	272	373	2 229

各地区非机动渔船年末拥有量

单位：艘

地 区	2006	2007	2008	2009	2010
全国总计	**412 323**	**421 423**	**408 740**	**369 762**	**390 475**
北 京	280	37	314	304	221
天 津	1 990	2 174	1 307	1 297	1 188
河 北	4 485	19 482	5 320	5 784	4 486
山 西	267	305	217	228	121
内蒙古	882	606	720	504	468
辽 宁	4 584	3 497	2 533	2 951	3 166
吉 林	4 245	594	3 048	3 271	3 297
黑龙江	7 631	6 712	6 832	5 490	5 950
上 海	1 557	1 357	722	524	428
江 苏	131 768	133 841	142 547	120 256	132 165
浙 江	35 172	33 986	33 964	32 838	31 809
安 徽	24 598	29 796	26 100	25 454	26 620
福 建	4 911	3 936	3 667	3 872	3 092
江 西	15 607	18 668	20 667	20 983	21 128
山 东	46 642	41 701	42 955	42 859	43 410
河 南	8 161	8 061	8 882	8 365	9 323
湖 北	58 151	58 187	56 238	59 495	59 495
湖 南	14 109	13 294	13 290		12 108
广 东	8 895	8 630	7 342	6 309	5 258
广 西	2 367	2 241	1 152	917	827
海 南	1 077	1 077	204	198	198
重 庆	2 423	2 164	1 387	1 374	1 332
四 川	10 730	9 637	8 811	8 435	8 179
贵 州	6 156	6 741	5 565	5 565	5 173
云 南	13 832	12 916	13 225	10 650	9 493
西 藏	90		160	167	59
陕 西	903	838	846	944	769
甘 肃		119	65	68	68
青 海					3
宁 夏					
新 疆	810	826	660	660	641

全国渔业人口与从业人员

指　标	计量单位	2006	2007	2008	2009	2010
1. 渔业乡	个	688	693	771	913	1 073
2. 渔业村	个	8 756	8 605	9 230	9 489	9 177
3. 渔业户	户	4 957 103	5 223 895	5 317 450	5 202 229	5 237 296
4. 渔业人口	人	20 400 467	21 115 361	20 961 324	20 845 577	20 810 260
其中：传统渔民	人	7 649 945	7 822 751	7 559 519	7 456 534	7 470 386
5. 渔业从业人员	人	12 594 654	13 168 614	14 543 689	13 847 271	13 992 142
（1）专业从业人员	人	7 054 950	7 553 430	8 474 790	7 577 467	7 641 119
其中：女性	人			1 715 819	1 558 761	1 564 534
其中：捕捞	人	1 747 250	1 784 119	1 820 156	1 811 648	1 786 894
养殖	人	4 502 790	4 914 981	5 039 559	4 960 772	4 978 969
其他	人	804 910	854 330	1 615 075	805 047	875 256
（2）兼业从业人员	人	5 539 704	5 615 184	4 853 056	4 966 136	4 942 824
（3）临时从业人员	人			1 215 843	1 303 668	1 408 199

各地区渔业人口

单位：人

地 区	2006 年	2007 年	2008 年	2009 年	2010 年
全国总计	**20 400 467**	**21 115 361**	**20 961 324**	**20 845 577**	**20 810 260**
北 京	23 273	23 893	30 133	29 300	28 960
天 津	65 823	67 614	70 111	69 646	68 577
河 北	306 352	295 492	287 120	282 561	302 239
山 西	11 111	12 010	7 002	7 218	8 150
内蒙古	34 699	35 782	37 712	41 066	39 908
辽 宁	826 362	818 830	839 203	843 462	791 006
吉 林	108 945	93 663	92 512	94 376	95 370
黑龙江	239 807	228 669	197 594	201 982	244 752
上 海	46 819	51 759	45 309	47 154	59 612
江 苏	1 615 122	1 557 848	1 623 278	1 638 826	1 596 128
浙 江	1 120 349	1 144 354	1 171 984	1 181 793	1 171 192
安 徽	863 101	931 889	883 779	931 326	919 519
福 建	1 702 689	1 729 944	1 678 120	1 776 274	1 764 244
江 西	1 129 689	1 555 701	1 588 669	1 594 377	1 547 864
山 东	1 778 733	1 696 358	1 579 936	1 572 483	1 709 673
河 南	584 048	589 192	603 564	598 444	569 859
湖 北	1 646 294	1 788 865	1 873 391	1 895 489	1 896 913
湖 南	1 247 773	1 253 125	1 348 517	1 340 378	1 299 518
广 东	2 607 813	2 752 729	2 752 729	2 442 342	2 453 241
广 西	937 640	955 604	883 954	959 497	958 825
海 南	465 088	475 065	475 065	475 065	476 517
重 庆	656 517	656 854	553 125	511 699	523 115
四 川	1 618 556	1 626 092	1 631 345	1 645 622	1 654 175
贵 州	287 748	288 734	219 303	208 567	178 177
云 南	360 936	372 542	372 542	340 637	325 818
西 藏	777		456	463	468
陕 西	55 283	55 731	55 601	57 798	69 980
甘 肃	11 492	10 920	10 944	10 449	11 043
青 海	1 200		1 668	1 668	955
宁 夏	24 519	24 684	24 605	24 555	24 532
新 疆	21 909	21 418	22 053	21 060	19 930

各地区渔业从业人员

单位：人

地　区	2006 年	2007 年	2008 年	2009 年	2010 年
全国总计	**12 594 654**	**13 168 614**	**14 543 689**	**13 847 271**	**13 992 142**
北　京	16 684	16 305	21 611	20 222	20 049
天　津	36 919	36 186	41 924	42 948	43 794
河　北	156 716	165 109	217 552	223 771	232 134
山　西	8 463	8 794	5 606	5 465	6 772
内蒙古	21 789	22 198	25 988	28 495	27 851
辽　宁	525 190	517 593	712 907	582 872	566 324
吉　林	45 249	39 437	45 734	42 771	44 902
黑龙江	155 905	149 293	129 029	126 928	141 944
上　海	36 136	35 303	31 283	34 219	35 716
江　苏	1 269 362	1 259 472	1 291 273	1 205 614	1 194 705
浙　江	768 878	754 495	808 895	804 519	805 221
安　徽	601 974	641 473	678 490	699 640	714 640
福　建	865 363	861 690	861 294	914 954	925 267
江　西	699 754	941 703	947 885	963 779	961 818
山　东	1 018 547	990 745	1 175 677	1 197 438	1 357 128
河　南	403 026	405 407	438 254	451 230	458 209
湖　北	991 968	1 128 188	1 279 764	1 287 677	1 299 886
湖　南	875 303	878 236	945 669	886 440	835 407
广　东	1 231 609	1 402 644	1 876 285	1 349 629	1 338 539
广　西	631 558	636 359	689 608	717 143	725 640
海　南	236 706	248 310	312 983	266 436	241 665
重　庆	433 648	442 721	373 564	356 776	367 514
四　川	1 096 201	1 102 805	1 127 353	1 141 272	1 149 357
贵　州	109 464	109 513	112 429	109 724	103 996
云　南	275 260	293 689	293 689	300 230	295 160
西　藏	450		170	175	251
陕　西	40 453	40 689	55 297	43 197	55 844
甘　肃	9 838	8 224	8 221	8 611	9 060
青　海	760		1 668	1 668	855
宁　夏	18 576	18 780	18 964	18 799	18 741
新　疆	12 905	13 253	14 623	14 629	13 753

全国水产养殖面积
（按水域和养殖方式分）

单位：公顷

指 标		2006年	2007年	2008年	2009年	2010年
总 计		**5 517 896**	**5 745 120**	**6 549 932**	**7 283 138**	**7 645 223**
1. 海水养殖		1 271 742	1 331 478	1 578 909	1 859 313	2 080 880
按水域分	海上	552 299	566 096	694 668	925 336	1 142 939
	滩涂	485 761	531 727	641 429	648 415	652 715
	其他	233 682	233 655	242 812	285 562	285 226
养殖方式中	池塘			350 829	416 383	413 838
	普通网箱（m^2）	20 326 805	20 308 881	18 989 719	15 328 794	17 222 380
	深水网箱（m^3）	5 038 046	6 042 540	2 942 056	4 508 916	5 035 463
	筏式			1 042 119	285 284	347 190
	吊笼			45 307	49 574	98 902
	底播			573 812	772 258	848 182
	工厂化（m^3）	13 877 065	13 670 906	9 744 375	12 356 762	12 612 010
2. 淡水养殖		4 246 154	4 413 642	4 971 023	5 423 825	5 564 343
按水域分	池塘	1 732 832	1 840 626	2 144 715	2 331 900	2 377 001
	湖泊	1 034 997	1 040 123	961 335	998 232	1 007 103
	水库	1 259 112	1 299 349	1 549 612	1 726 407	1 795 579
	河沟	116 091	123 786	202 183	249 674	264 126
	其他	103 122	109 758	113 178	117 612	120 534
	稻田养鱼	1 356 443	1 550 296	1 477 501	1 339 714	1 326 113
养殖方式中	围栏（m^2）	2 321 767 353	2 716 365 617	2 687 007 861	2 584 140 703	2 512 541 715
	网箱（m^2）	57 338 975	97 152 078	222 431 829	131 415 103	143 467 336
	工厂化（m^3）	14 446 187	16 248 245	19 302 030	20 614 950	25 937 210

全国海水养殖面积（按品种分）

单位：公顷

指　标	2006 年	2007 年	2008 年	2009 年	2010 年
海水养殖	**1 271 742**	**1 331 478**	**1 578 909**	**1 859 313**	**2 080 880**
1. 鱼类	61 897	60 733	70 282	83 213	78 510
2. 甲壳类	259 731	279 648	293 463	302 900	310 779
虾	195 402	213 380	219 458	235 990	247 068
其中：南美白对虾	93 472	112 896	126 224	127 564	133 076
斑节对虾	21 591	17 752	19 330	19 440	18 334
中国对虾	28 273	26 161	25 528	26 296	24 165
日本对虾	43 246	40 289	33 347	36 723	34 218
蟹	64 329	66 268	74 005	66 910	63 711
其中：梭子蟹	35 760	37 552	39 325	31 817	29 981
青蟹	24 238	25 224	32 648	30 719	26 983
3. 贝类	779 674	791 938	966 760	1 153 923	1 308 003
牡蛎	94 801	90 442	105 207	112 878	116 622
鲍	4 686	4 740	6 954	12 181	15 422
螺	39 024	47 837	41 641	39 484	39 246
蚶	52 193	48 146	71 727	68 799	75 714
贻贝	27 396	29 132	31 537	38 729	43 346
江珧	2 450	1 594	1 231	1 352	1 827
扇贝	144 170	151 091	208 153	274 590	399 705
蛤	308 347	309 494	392 924	400 465	370 949
蛏	50 643	45 535	61 652	59 417	63 124
4. 藻类	71 098	77 922	87 175	110 603	120 204
海带	34 982	37 862	33 522	37 625	40 029
裙带菜	4 494	4 444	5 053	8 198	8 445
紫菜	24 743	27 975	39 150	54 700	60 706
江蓠	3 691	3 830	5 541	5 144	5 838
麒麟菜	603	630	505	521	529
石花菜	12	20	7	7	7
羊栖菜	1 366	1 508	1 212	959	1 044
苔菜	140	172	160	156	157
5. 其他	99 342	121 237	161 229	208 674	263 384
其中：海参	58 234	64 386	112 468	155 288	150 113
海胆	4 498	4 248	7 771	7 026	10 428
海水珍珠	5 497	5 584	5 427	5 173	5 408
海蜇	6 467	8 337	9 650	13 864	13 144

各地区淡水养殖面积

单位：公顷

地 区	2006 年	2007 年	2008 年	2009 年	2010 年
全国总计	**4 246 154**	**4 413 612**	**4 971 023**	**5 423 825**	**5 564 343**
北 京	5 320	5 210	4 785	5 077	5 003
天 津	30 599	29 920	36 442	37 590	37 565
河 北	26 974	27 125	72 364	71 895	74 955
山 西	7 855	8 313	14 266	14 361	14 840
内蒙古	89 078	94 228	100 188	105 944	108 555
辽 宁	116 570	113 110	154 416	201 905	198 066
吉 林	208 830	226 230	226 230	230 210	273 840
黑龙江	238 621	244 919	264 134	285 980	308 789
上 海	31 230	30 250	29 175	26 271	25 250
江 苏	543 449	543 369	543 381	552 621	557 656
浙 江	131 610	133 440	212 016	219 454	218 951
安 徽	428 244	435 524	475 212	509 814	528 688
福 建	79 875	83 710	86 274	90 025	93 833
江 西	352 798	368 408	365 874	417 056	425 462
山 东	183 610	183 820	236 084	244 800	256 727
河 南	86 375	90 135	146 640	204 126	209 830
湖 北	528 700	550 040	583 351	649 729	656 717
湖 南	361 690	350 480	361 692	383 000	393 981
广 东	329 907	329 763	354 534	367 392	364 153
广 西	98 710	155 270	162 014	167 157	170 382
海 南	17 742	18 330	29 103	38 217	39 678
重 庆	34 860	37 140	49 386	52 859	76 390
四 川	98 670	159 984	169 403	179 028	183 226
贵 州	8	8 520	24 856	25 517	29 855
云 南	34 437	36 339	37 072	75 286	107 791
西 藏	38	38	51	54	40
陕 西	6 660	6 782	113 293	115 663	39 838
甘 肃	12 080	12 205	12 424	12 564	12 585
青 海	38 200	4 265	4 266	33 500	37 982
宁 夏	13 974	17 050	28 180	33 297	40 426
新 疆	109 440	109 695	73 917	73 433	73 289

各地区池塘养殖面积

单位：公顷

地　区	2006年	2007年	2008年	2009年	2010年
全国总计	**1 732 832**	**1 840 626**	**2 144 715**	**2 331 900**	**2 377 001**
北　京	4 300	3 930	4 443	4 739	4 526
天　津	24 261	23 962	29 773	29 806	30 997
河　北	17 601	17 280	28 539	27 428	26 995
山　西	800	831	1 650	1 712	1 825
内蒙古	14 295	16 130	14 663	15 780	15 590
辽　宁	36 700	35 530	40 978	59 580	52 370
吉　林	26 800	27 970	25 833	26 148	27 477
黑龙江	52 566	53 763	63 845	73 491	86 947
上　海	22 200	24 010	22 956	20 881	22 094
江　苏	342 663	342 643	346 482	350 226	356 493
浙　江	70 600	72 380	69 116	71 898	72 060
安　徽	119 574	122 070	151 122	174 920	186 077
福　建	31 038	30 940	31 829	33 363	34 355
江　西	88 300	92 125	129 116	147 199	148 619
山　东	68 500	69 800	107 013	115 677	120 912
河　南	33 400	35 685	68 590	76 452	80 097
湖　北	218 500	234 250	284 043	333 214	340 392
湖　南	162 500	162 750	169 954	181 037	186 770
广　东	251 103	251 845	264 227	276 055	272 038
广　西	40 600	73 680	74 627	75 556	76 250
海　南	10 601	11 790	15 838	22 203	22 749
重　庆	13 100	14 350	26 949	28 673	41 760
四　川	48 300	85 946	93 590	96 598	97 966
贵　州	1	937	2 712	2 978	2 996
云　南	13 901	14 039	14 487	24 204	33 715
西　藏	38	38	51	54	40
陕　西	2 300	2 338	40 241	40 101	9 543
甘　肃	800	834	834	951	1 078
青　海	100	66	67	300	1 420
宁　夏	7 590	9 620	11 100	12 102	14 030
新　疆	9 800	9 094	10 047	8 574	8 820

各地区湖泊养殖面积

单位：公顷

地 区	2006 年	2007 年	2008 年	2009 年	2010 年
全国总计	**1 034 997**	**1 040 123**	**961 335**	**998 232**	**1 007 103**
北 京	100	100	100	100	140
天 津	1 247	1 416	2 018	2 751	
河 北	1 599	1 340	4 986	4 219	4 142
山 西	500	500	2 168	2 168	2 140
内蒙古	45 003	43 567	43 921	40 972	41 082
辽 宁	600	3 180			
吉 林	43 000	55 270	55 270	67 342	88 383
黑龙江	93 447	95 741	97 869	101 169	96 303
上 海	8 000	6 000	283	283	283
江 苏	128 101	125 651	123 920	98 979	94 087
浙 江	28 600	11 700	6 491	5 995	3 273
安 徽	226 866	229 070	208 471	206 029	202 803
福 建	929	1 140	988	828	800
江 西	101 800	104 703	81 898	107 269	103 703
山 东	14 400	14 100	13 583	16 402	19 656
河 南	1 700	1 809	2 349	2 527	2 460
湖 北	202 000	208 110	191 628	196 168	196 168
湖 南	86 300	85 200	85 720	88 660	89 980
广 东			2 457	2 201	2 427
广 西					
海 南	1	200	223	278	295
重 庆	5 200	5 200	5 200	5 200	
四 川	3 500	4 093	4 100	4 078	4 078
贵 州	1	51	112	118	125
云 南	299	297	309	12 395	14 046
西 藏					
陕 西			2 832	2 842	7 466
甘 肃				27	35
青 海			3 386	4 200	4 500
宁 夏	6 104	7 060	15 940	20 119	24 238
新 疆	35 700	34 625	5 113	4 913	4 490

各地区水库养殖面积

单位：公顷

地　区	2006 年	2007 年	2008 年	2009 年	2010 年
全国总计	**1 259 112**	**1 299 349**	**1 549 612**	**1 726 407**	**1 795 579**
北　京	900	910	165	160	260
天　津	4 663	4 158	4 134	4 212	5 705
河　北	6 200	6 630	36 907	38 341	41 449
山　西	6 400	6 695	10 181	10 211	10 584
内蒙古	29 085	31 011	38 908	45 731	47 441
辽　宁	68 000	64 060	88 187	111 703	103 363
吉　林	124 200	122 090	122 090	126 683	157 974
黑龙江	71 445	70 613	79 271	88 291	101 246
上　海					
江　苏	30 310	33 740	33 580	23 385	23 144
浙　江	11 700	28 490	92 486	98 352	98 672
安　徽	69 093	70 200	72 950	77 949	83 214
福　建	40 966	44 790	45 856	48 223	51 630
江　西	151 900	159 440	137 046	145 368	154 188
山　东	95 700	94 370	107 804	103 507	106 736
河　南	49 800	50 507	70 882	118 859	119 299
湖　北	94 200	93 460	93 460	110 772	110 772
湖　南	100 200	100 910	104 219	111 368	115 235
广　东	71 367	67 639	75 696	76 737	77 509
广　西	54 200	76 630	80 555	82 952	85 360
海　南	6 000	5 870	12 878	15 546	16 432
重　庆	16 400	16 570	16 218	16 311	26 552
四　川	37 700	58 410	59 466	63 162	65 568
贵　州	5	6 987	21 072	21 081	25 358
云　南	19 898	21 820	22 083	38 211	58 668
西　藏					
陕　西	3 500	3 588	66 105	68 172	19 914
甘　肃	11 280	11 280	5 282	5 880	11 349
青　海	38 000	813	813	29 000	32 062
宁　夏	100	110	1 030	1 009	1 073
新　疆	45 900	47 558	50 288	45 231	44 822

各地区稻田养殖面积

单位：公顷

地 区	2006 年	2007 年	2008 年	2009 年	2010 年
全国总计	**1 356 443**	**1 550 296**	**1 477 501**	**1 339 714**	**1 326 113**
北 京					
天 津					
河 北	3 425	3 394	3 046	5 512	6 581
山 西	672	87	5		
内蒙古	1 535	1 540	1 541	1 761	2 401
辽 宁	87 874	96 798	76 671	102 926	101 276
吉 林	367	367	367		
黑龙江	16 408	16 714	21 915	21 205	24 974
上 海	1 906	509	1 315	1 486	1 840
江 苏	162 423	163 211	158 339	165 311	163 899
浙 江	96 325	95 374	80 920	86 932	84 502
安 徽	59 976	65 463	46 343	49 798	51 342
福 建	23 399	24 293	20 921	20 779	19 318
江 西	94 165	91 773	77 318	78 480	66 498
山 东	620	620	300	305	208
河 南	807	1 081	1 217	1 175	820
湖 北	43 916	79 463	147 865	161 565	163 432
湖 南	217 543	211 992	214 462		
广 东	14 214	16 799	5 413	6 604	5 527
广 西	35 574	38 377	44 826	43 989	45 547
海 南		35			
重 庆	82 320	75 603	55 863	42 705	41 524
四 川	309 425	311 342	316 534	314 414	314 413
贵 州		141 345	94 771	116 128	116 093
云 南	103 192	113 829	107 234	118 252	111 966
西 藏					
陕 西	357	223	315	320	365
甘 肃		64			1
青 海					
宁 夏				67	3 586
新 疆					

各地区海水养殖面积

单位：公顷

地　区	2006 年	2007 年	2008 年	2009 年	2010 年
全国总计	**1 271 742**	**1 331 478**	**1 578 909**	**1 859 313**	**2 080 880**
天　津	7 730	6 840	4 369	4 304	3 982
河　北	85 442	92 960	109 755	121 013	123 810
辽　宁	271 340	294 800	411 556	630 700	763 101
上　海	80	13			
江　苏	145 470	148 160	160 089	172 754	192 426
浙　江	58 540	56 750	96 139	94 514	93 905
福　建	111 687	110 120	120 704	133 942	137 636
山　东	376 410	406 170	426 217	441 403	500 946
广　东	160 002	159 295	189 717	194 766	199 258
广　西	46 260	47 250	47 380	50 670	51 287
海　南	8 781	9 120	12 983	15 247	14 529

各地区滩涂养殖面积

单位：公顷

地　区	2006 年	2007 年	2008 年	2009 年	2010 年
全国总计	**485 761**	**531 727**	**641 429**	**648 415**	**652 715**
天　津					
河　北	28 336	26 871	38 230	29 345	33 881
辽　宁	55 567	66 770	105 079	141 255	139 019
上　海	80	13			
江　苏	111 987	113 179	125 829	112 499	114 621
浙　江	30 181	25 829	45 846	44 658	44 744
福　建	47 733	44 626	48 111	52 159	55 208
山　东	111 014	155 906	178 245	159 375	154 534
广　东	74 483	72 030	71 212	78 261	81 106
广　西	21 186	21 030	20 839	21 165	20 468
海　南	5 194	5 473	8 038	9 698	9 134

各地区海上养殖面积

单位：公顷

地 区	2006 年	2007 年	2008 年	2009 年	2010 年
全国总计	**552 299**	**566 096**	**694 668**	**925 336**	**1 142 939**
天 津					
河 北	31 424	45 353	52 581	72 561	77 046
辽 宁	186 561	197 104	262 090	412 215	547 225
上 海					
江 苏	13 405	14 915	15 920	31 754	41 971
浙 江	9 224	9 899	16 292	16 919	17 377
福 建	45 893	47 009	51 543	60 291	60 729
山 东	202 824	188 897	222 089	257 271	321 044
广 东	49 546	48 947	59 128	57 176	59 079
广 西	12 402	12 710	12 447	14 357	15 594
海 南	1 020	1 262	2 578	2 792	2 874

各地区其他海水养殖面积

单位：公顷

地 区	2006 年	2007 年	2008 年	2009 年	2010 年
全国总计	**233 682**	**233 655**	**242 812**	**285 562**	**285 226**
天 津	7 730	6 840	4 369	4 304	3 982
河 北	25 682	20 736	18 944	19 107	12 883
辽 宁	29 212	30 926	44 387	77 230	76 857
上 海					
江 苏	20 078	20 066	18 340	28 501	35 834
浙 江	19 135	21 022	34 001	32 937	31 784
福 建	18 061	18 485	21 050	21 492	21 699
山 东	62 572	61 367	25 883	24 757	25 368
广 东	35 973	38 318	59 377	59 329	59 073
广 西	12 672	13 510	14 094	15 148	15 225
海 南	2 567	2 385	2 367	2 757	2 521

全国水产加工情况

单位：吨

指　标	计量单位	2006 年	2007 年	2008 年	2009 年	2010 年
1. 水产加工企业	个	9 549	9 796	9 971	9 635	9 762
水产品加工能力	吨 / 年	17 994 233	21 240 383	21 974 753	22 091 650	23 884 991
其中：规模以上加工企业	个			2 428	2 558	2 599
2. 水产冷库	座	6 552	6 857	7 439	7 548	7 970
冻结能力	吨 / 日	296 957	301 620	430 849	499 686	490 960
冷藏能力	吨 / 次	2 832 821	2 979 913	3 356 768	3 603 577	4 081 949
制冰能力	吨 / 日	152 227	171 552	232 237	212 662	246 847
3. 水产加工品总量	吨	13 324 807	13 378 498	13 677 581	14 773 334	16 332 475
淡水加工产品	吨	1 172 293	1 556 854	2 008 122	2 279 306	2 822 823
海水加工产品	吨	12 152 514	11 821 644	11 669 459	12 494 028	13 509 652
（1）水产冷冻品	吨	8 197 581	8 065 739	8 509 581	9 411 169	10 048 886
其中：冷冻品	吨	4 910 765	4 163 853	4 262 366	4 896 807	5 529 952
冷冻加工品	吨	2 505 348	2 883 178	4 247 215	4 514 362	4 518 934
（2）鱼糜制品及干腌制品	吨	2 307 687	1 926 009	1 934 979	2 235 389	2 426 975
其中：鱼糜制品	吨	564 858	749 424	819 122	847 929	962 006
干腌制品	吨	778 903	923 235	1 115 857	1 387 460	1 464 969
（3）藻类加工品	吨	665 384	662 512	816 911	904 623	945 864
（4）罐制品	吨	223 690	182 781	220 212	220 823	243 109
（5）水产饲料（鱼粉）	吨	1 716 148	1 881 188	1 479 961	1 364 600	1 492 896
（6）鱼油制品	吨	34 987	36 439	92 345	24 724	38 840
（7）其他水产加工品	吨	844 714	623 830	623 592	612 006	1 135 905
其中：助剂和添加剂	吨	56 012	56 550	54 338	70 722	80 072
珍珠	千克	1 926 700	2 303 079	390 114	700 363	544 346
4. 用于加工的水产品总量	吨	16 347 914	16 768 659	16 374 277	18 221 834	17 783 457
其中：淡水产品	吨	2 307 899	2 754 747	3 233 437	3 936 376	4 273 275
海水产品	吨	14 040 015	14 013 912	13 140 840	14 285 458	13 510 182
5. 部分水产品年加工量	吨			1 069 191	1 362 740	1 417 444
其中：对虾	吨			319 472	430 321	462 523
克氏原螯虾	吨			130 896	150 747	168 145
罗非鱼	吨			470 741	591 870	594 200
鳗鱼	吨			81 522	113 723	112 373
斑点叉尾鮰	吨			66 560	76 079	80 203

各地区水产加工品总量

单位：吨

指 标	2006年	2007年	2008年	2009年	2010年
全国总计	**13 324 807**	**13 378 498**	**13 677 581**	**14 773 334**	**16 332 475**
北 京	8 658	4 686	2 756	2 907	3 790
天 津	1 587	2 115	1 588	1 503	616
河 北	147 195	168 949	140 968	139 002	139 271
山 西		22			
内蒙古	5 420	4 080	4 965	5 531	8 114
辽 宁	1 318 821	1 418 723	1 585 319	1 860 367	2 007 041
吉 林	9 087	8 958	8 907	10 208	10 385
黑龙江	2 085	2 001	5 066	6 614	2 025
上 海	5 521	3 900	19 819	154 167	12 373
江 苏	619 785	602 398	722 573	777 752	1 069 306
浙 江	1 914 055	2 040 461	2 017 655	2 009 115	2 124 413
安 徽	47 539	57 411	85 168	94 492	93 411
福 建	1 850 910	1 977 807	1 971 947	2 133 931	2 432 677
江 西	129 546	166 892	198 387	211 190	252 906
山 东	5 093 077	4 402 857	4 354 929	4 366 389	4 885 897
河 南	12 764	13 611	14 337	17 319	16 060
湖 北	250 877	392 261	447 620	525 690	674 116
湖 南	56 591	56 744	56 566	60 814	64 484
广 东	1 310 086	1 435 008	1 391 565	1 417 646	1 442 633
广 西	174 020	202 704	165 489	486 942	583 839
海 南	339 956	396 871	448 899	464 117	475 119
重 庆	380	370	180	193	107
四 川	3 750	3 170	4 876	2 614	2 178
贵 州	1 287	1 387	1 563	1 641	3 386
云 南	16 986	6 952	16 507	14 115	23 813
西 藏					
陕 西	630	3 860	6 160	6 280	2 640
甘 肃					50
青 海	1 100	1 100	1 000	1 000	
宁 夏					
新 疆	3 094	3 200	2 772	1 795	1 825

各地区淡水加工产品总量

单位：吨

指　标	2006年	2007年	2008年	2009年	2010年
全国总计	**1 172 293**	**1 556 854**	**2 008 122**	**2 279 306**	**2 822 823**
北　京	1 658	686	756	783	1 290
天　津			113	613	616
河　北	11 395	12 102	13 496	13 165	12 300
山　西		22			
内蒙古	5 420	4 080	4 965	5 531	8 114
辽　宁	9 015	20 345	24 441	27 772	32 646
吉　林	550	550	8 907	10 208	10 385
黑龙江	2 085	2 001	5 066	6 614	2 025
上　海	154	1 477	10 566	8 533	9 681
江　苏	150 670	124 774	247 595	269 502	561 274
浙　江	84 125	125 872	124 705	127 448	129 748
安　徽	32 594	45 806	85 168	94 492	93 411
福　建	98 596	99 018	156 587	156 912	138 245
江　西	11 682	141 405	198 387	211 190	252 906
山　东	49 992	69 583	127 643	114 178	153 414
河　南	12 764	13 611	14 337	17 319	16 060
湖　北	250 877	392 127	447 620	525 690	674 116
湖　南	56 591	56 744	56 566	60 814	64 484
广　东	280 803	337 080	329 829	390 274	396 370
广　西	34 395	33 682	17 196	95 128	112 453
海　南	54 154	59 710	101 121	115 502	119 286
重　庆	380	370	180	193	107
四　川	3 750	3 170	4 876	2 614	2 178
贵　州	1 287	1 387	1 563	1 641	3 386
云　南	15 162	6 952	16 507	14 115	23 813
西　藏					
陕　西			6 160	6 280	2 640
甘　肃					50
青　海	1 100	1 100	1 000	1 000	
宁　夏					
新　疆	3 094	3 200	2 772	1 795	1 825

各地区海水加工产品总量

单位：吨

指 标	2006 年	2007 年	2008 年	2009 年	2010 年
全国总计	**12 152 514**	**11 821 644**	**11 669 459**	**12 494 028**	**13 509 652**
北 京	7 000	4 000	2 000	2 124	2 500
天 津	1 587	2 115	1 475	890	
河 北	135 800	156 847	127 472	125 837	126 971
山 西					
内蒙古					
辽 宁	1 309 806	1 398 378	1 560 878	1 832 595	1 974 395
吉 林	8 537	8 408			
黑龙江					
上 海	5 367	2 423	9 253	145 634	2 692
江 苏	469 115	477 624	474 978	508 250	508 032
浙 江	1 829 930	1 914 589	1 892 950	1 881 667	1 994 665
安 徽	14 945	11 605			
福 建	1 752 314	1 878 789	1 815 360	1 977 019	2 294 432
江 西	117 864	25 487			
山 东	5 043 085	4 333 274	4 227 286	4 252 211	4 732 483
河 南					
湖 北		134			
湖 南					
广 东	1 029 283	1 097 928	1 061 736	1 027 372	1 046 263
广 西	139 625	169 022	148 293	391 814	471 386
海 南	285 802	337 161	347 778	348 615	355 833
重 庆					
四 川					
贵 州					
云 南	1 824				
西 藏					
陕 西	630	3 860			
甘 肃					
青 海					
宁 夏					
新 疆					

各地区用于加工的水产品量

单位：吨

地　区	2006 年	2007 年	2008 年	2009 年	2010 年
全国总计	**16 347 914**	**16 768 659**	**16 374 277**	**18 221 834**	**17 783 457**
北　京	8 844	5 626	2 921	3 072	4 479
天　津	1 587	1 915	1 787	1 503	616
河　北	281 260	370 288	297 563	423 632	456 145
山　西					
内蒙古	2 941	3 021	7 300	6 246	8 697
辽　宁	2 300 297	2 270 094	2 711 023	3 452 136	2 362 686
吉　林	46 994	43 196	39 423	27 990	45 067
黑龙江	3 125	3 002	7 936	10 214	2 795
上　海	993	170	20 730	157 453	13 023
江　苏	1 012 061	1 004 230	1 148 900	1 129 554	1 159 031
浙　江	2 620 645	2 821 473	2 438 793	2 365 094	2 531 714
安　徽	81 996	89 350	96 655	104 454	144 037
福　建	1 874 361	2 040 261	2 528 546	2 516 210	2 623 129
江　西	229 392	270 259	320 935	374 185	436 903
山　东	4 581 132	4 173 037	2 991 051	3 111 564	3 159 751
河　南	38 776	38 270	36 281	39 961	38 311
湖　北	479 667	719 972	798 709	957 467	1 119 640
湖　南	80 904	85 191	90 363	98 917	106 573
广　东	1 680 460	1 772 268	1 816 548	2 152 601	2 140 646
广　西	276 992	273 993	238 812	515 289	625 080
海　南	720 119	759 156	732 442	735 808	753 912
重　庆	650	650	210	780	330
四　川	12 333	8 975	18 508	6 202	5 870
贵　州	1 472	1 572	1 965	2 063	3 876
云　南	5 693	8 050	22 925	27 144	35 731
西　藏					
陕　西	630				3 020
甘　肃					50
青　海	1 100	1 100	1 000		
宁　夏					
新　疆	3 490	3 540	2 951	2 295	2 345

各地区用于加工的淡水产品量

单位：吨

地 区	2006 年	2007 年	2008 年	2009 年	2010 年
全国总计	**2 307 899**	**2 754 747**	**3 233 437**	**3 936 376**	**4 273 275**
北 京	8 844	926	921	948	1 538
天 津			175	613	616
河 北	10 695	8 742	13 412	14 529	15 079
山 西					
内蒙古	2 941	3 021	7 300	6 246	8 697
辽 宁	14 970	29 745	33 346	42 208	39 090
吉 林	1 764	1 941	1 763	27 990	45 067
黑龙江	3 125	3 002	7 936	10 214	2 795
上 海	993	170	11 204	10 225	10 424
江 苏	308 747	292 717	409 100	504 798	601 882
浙 江	125 560	159 256	126 780	149 634	164 697
安 徽	81 996	89 350	96 655	104 454	144 037
福 建	88 648	182 719	155 428	242 765	218 930
江 西	199 592	269 064	320 935	374 185	436 903
山 东	80 908	77 006	51 625	93 486	76 192
河 南	38 776	38 270	36 281	39 961	38 311
湖 北	479 667	719 972	798 709	957 467	1 119 640
湖 南	80 904	85 191	90 363	98 917	106 573
广 东	494 386	501 749	600 950	714 112	656 098
广 西	100 108	95 064	45 463	119 481	139 879
海 南	159 907	172 955	377 532	385 659	395 605
重 庆	650	650	210	780	330
四 川	12 333	8 975	18 508	6 202	5 870
贵 州	1 472	1 572	1 965	2 063	3 876
云 南	5 693	8 050	22 925	27 144	35 731
西 藏					
陕 西	630				3 020
甘 肃					50
青 海	1 100	1 100	1 000		
宁 夏					
新 疆	3 490	3 540	2 951	2 295	2 345

各地区用于加工的海水产品量

单位：吨

地　区	2006 年	2007 年	2008 年	2009 年	2010 年
全国总计	**14 040 015**	**14 013 912**	**13 140 840**	**14 285 458**	**13 510 182**
北　京		4 700	2 000	2 124	2 941
天　津	1 587	1 915	1 612	890	
河　北	270 565	361 546	284 151	409 103	441 066
山　西					
内蒙古					
辽　宁	2 285 327	2 240 349	2 677 677	3 409 928	2 323 596
吉　林	45 230	41 255	37 660		
黑龙江					
上　海			9 526	147 228	2 599
江　苏	703 314	711 513	739 800	624 756	557 149
浙　江	2 495 085	2 662 217	2 312 013	2 215 460	2 367 017
安　徽					
福　建	1 785 713	1 857 542	2 373 118	2 273 445	2 404 199
江　西	29 800	1 195			
山　东	4 500 224	4 096 031	2 939 426	301 8078	3 083 559
河　南					
湖　北					
湖　南					
广　东	1 186 074	1 270 519	1 215 598	1 438 489	1 484 548
广　西	176 884	178 929	193 349	395 808	485 201
海　南	560 212	586 201	354 910	350 149	358 307
重　庆					
四　川					
贵　州					
云　南					
西　藏					
陕　西					
甘　肃					
青　海					
宁　夏					
新　疆					

各地区水产品进出口贸易情况

单位：万美元，吨

地　区	2006年		2007年		2008年		2009年		2010年	
	金额	数量	金额	数量	金额	数量	金额	数量	金额	数量
全国总计	**1 366 075.2**	**7 405 948.7**	**1 447 421.9**	**6 574 903.1**	**1 608 020.6**	**6 922 211.9**	**1 605 991.1**	**6 746 856.1**	**2 036 390.3**	**7 162 462.2**
北　京	15 829.5	154 976.4	19 924.9	189 360.1	12 625.4	108 670.2	14 382.6	103 629.6	25 907.9	140 556.7
天　津	14 354.8	119 013.7	14 817.9	111 649.8	21 457.3	166 128.8	21 506.8	144 307.7	21 905.2	118 619.4
河　北	11 382.5	27 651.6	8 325.2	24 383.1	9 844.1	21 983.9	10 737.3	26 309.7	15 724.1	29 488.7
山　西	37.3	658.8			7.6	25.0	0.7	5.0	0.9	30.5
内蒙古	70.5	947.4	159.4	1 207.6	204.2	671.4	32.8	105.2	49.2	282.2
辽　宁	209 384.1	1 179 764.5	234 377.5	1 170 917.2	261 598.7	1 257 820.6	265 653.9	1 238 278.7	306 594.2	1 363 011.8
吉　林	10 426.0	97 508.9	10 811.9	71 824.9	12 981.9	73 685.4	13 801.4	91 758.2	13 904.4	74 014.8
黑龙江	695.7	17 728.3	670.3	3 493.5	440.0	941.9	294.8	538.6	220.4	1 053.6
上　海	30 049.3	151 550.9	33 623.5	183 929.2	40 430.6	195 351.1	38 392.7	154 928.4	60 089.8	188 002.7
江　苏	30 801.6	179 190.2	29 942.7	104 127.8	31 996.2	97 951.6	30 517.2	97 512.4	34 204.1	94 722.0
浙　江	133 027.0	922 139.4	148 519.5	588 330.8	166 803.1	667 735.6	143 162.1	559 497.3	179 180.5	567 719.3
安　徽	4 417.4	29 983.5	3 951.2	25 216.6	5 947.2	48 812.0	5 073.9	38 557.5	5 966.8	26 888.6
福　建	139 958.3	753 716.6	140 385.7	727 921.0	163 753.4	783 807.0	198 448.6	837 864.3	300 480.7	826 275.2
江　西	10 307.1	11 544.3	7 535.3	8 249.9	9 489.7	11 920.0	13 480.7	15 576.5	18 781.7	12 551.6
山　东	515 513.3	2 232 118.0	548 756.6	2 349 983.3	566 547.3	2 276 828.5	529 606.1	2 077 041.4	636 113.8	2 357 000.8
河　南	258.9	1 812.8	110.2	503.4	445.7	743.6	680.4	1 073.4	1 031.2	1 501.5
湖　北	8 015.2	16 534.2	7 534.1	15 421.6	9 836.7	21 038.5	12 862.5	24 040.7	14 812.0	25 557.7
湖　南	2 625.2	19 948.4	2 222.0	15 372.6	2 656.8	18 198.5	2 204.3	11 660.4	1 543.0	3 387.2
广　东	194 803.6	1 334 459.8	188 049.4	789 478.9	222 083.8	895 011.2	237 839.4	1 019 136.7	299 003.2	923 272.5
广　西	5 780.2	28 125.5	9 635.6	39 711.9	15 831.9	55 751.0	16 128.1	56 677.6	25 628.7	79 518.7
海　南	23 872.8	73 677.9	32 484.3	95 885.1	42 181.1	111 866.2	37 694.9	116 050.2	42 366.0	120 373.0
重　庆	8.1	8.8	24.4	212.6	168.2	2 071.4	548.6	6 457.2	1 274.7	10 522.7
四　川	1 641.0	18 279.3	1 108.2	8 804.6	4 041.1	40 388.4	4 144.3	41 953.9	3 248.3	20 084.4
贵　州	0.2		0.1		0.9	0.1			0.6	3.6
云　南	1 984.0	30 401.4	3 714.8	45 235.6	5 668.6	59 023.3	7 982.3	78 792.1	27 593.1	175 851.7
西　藏							3.1	12.9		
陕　西	634.0	3 073.9	490.1	1 825.4	756.5	4 713.0	471.3	3 667.5	391.5	560.4
甘　肃	3.5	37.1							22.9	140.0
青　海	60.0	229.7	83.9	349.4	63.9	167.1	66.6	107.1	18.9	17.9
宁　夏			33.1	331.0	4.6	46.2	30.9	205.7	51.3	318.6
新　疆	134.0	867.0	130.3	1 176.1	154.2	860.2	242.8	1 110.1	281.4	1 134.2

各地区水产品进口贸易情况

单位：万美元，吨

地区	2006年		2007年		2008年		2009年		2010年	
	金额	数量	金额	数量	金额	数量	金额	数量	金额	数量
全国总计	**430 078.7**	**3 776 051.4**	**472 075.2**	**3 464 712.2**	**540 588.5**	**3 890 881.9**	**526 447.9**	**3 742 574.1**	**653 624.6**	**3 822 356.2**
北京	14 644.5	138 047.9	19 474.0	177 808.6	12 388.8	102 062.6	14 124.8	96 905.6	25 443.4	13 9761.1
天津	9 948.6	108 947.8	10 043.6	102 526.4	17 414.5	159 189.4	17 853.8	138 325.6	18 555.5	112 775.3
河北	448.8	1 035.4	333.1	2 443.9	242.3	1 485.1	325.0	785.4	1 154.9	2 891.8
山西	31.8	624.8			5.0	20.0			0.8	30.4
内蒙古	65.7	802.9	157.5	1 194.2	204.2	671.4	19.5	91.2	49.2	282.2
辽宁	77 984.5	627 155.4	84 925.5	593 702.6	99 095.5	699 589.7	107 061.6	722 781.2	118 056.7	790 538.2
吉林	6 392.3	79 329.2	5 478.7	55 534.8	7 181.8	62 009.7	8 790.5	81 441.5	7 014.7	64 064.9
黑龙江	432.7	1 182.0	491.9	2 260.6	373.6	799.5	233.9	296.0	157.4	661.4
上海	17 662.7	109 321.8	22 657.2	136 308.7	27 705.8	161 432.9	29 157.1	135 852.4	51 061.0	176 513.4
江苏	8 074.3	52 568.8	8 130.4	50 199.6	8 422.0	42 182.3	6 584.7	42 569.6	7 092.8	36 931.4
浙江	14 154.0	131 614.9	18 444.3	161 752.7	24 154.9	221 166.0	15 585.9	139 596.3	20 011.2	124 896.0
安徽	2 162.1	26 311.7	2 306.4	22 259.4	3 862.8	40 196.0	3 318.3	35 339.8	3 204.0	22 352.7
福建	40 375.2	430 154.5	39 426.5	449 617.1	47 307.9	490 358.1	45 609.9	438 676.6	46 728.3	310 846.9
江西	274.8	1 189.0	482.6	619.0	517.6	1 638.0	586.5	4 835.6	5 16.1	1 569.2
山东	191 803.7	1 172 045.9	209 127.7	1 275 592.6	216 928.7	1 272 032.7	192 187.4	1 153 995.3	237 353.0	1 339 304.8
河南	71.8	1 055.6	2.3	1.3	1.3	1.1	12.0	161.6	17.3	50.4
湖北	133.9	1 807.4	63.1	728.5	193.3	1 666.5	119.3	916.2	301.7	1 798.0
湖南	907.5	12 454.6	1 018.9	11 585.5	1 265.4	14 367.0	820.3	8 744.6	152.7	818.5
广东	39 217.3	817 077.8	42 342.5	348 399.5	59 814.8	490 083.8	68 332.3	597 264.2	81 161.1	474 821.6
广西	317.1	7 788.5	1 018.2	12 511.6	1 614.2	20 650.9	902.0	8 510.0	1 365.0	10 177.2
海南	865.5	4 108.5	927.5	3 240.6	1 299.9	2 610.5	1 696.8	4 350.7	2 085.5	4 940.2
重庆	7.6	8.3	10.7	200.0	146.9	1 864.1	547.5	6 456.6	1 274.2	10 522.4
四川	1 601.3	18 129.6	1 034.4	8 659.6	3 964.8	40 349.1	4 066.6	41 687.3	3 123.5	19 770.5
贵州			0.1		0.9	0.1			0.6	3.6
云南	1 852.6	29 947.4	3 577.3	44 712.3	5 586.8	58 820.2	7 806.1	78 105.6	27 131.5	174 313.4
西藏							3.1	12.9		
陕西	607.1	2 759.9	454.6	1 495.9	737.6	4 701.8	471.2	3 667.4	386.3	556.2
甘肃	2.9	35.0							22.9	140.0
青海			0.1	14.8	2.7	84.1	0.9	39.2	0.5	0.5
宁夏			33.1	331.0	4.6	46.2	30.9	205.7	51.2	318.6
新疆	38.5	546.7	113.0	1 011.3	149.6	802.9	200.2	960.1	151.6	705.6

各地区水产品出口贸易情况

单位：万美元，吨

地区	2006年		2007年		2008年		2009年		2010年	
	金额	数量	金额	数量	金额	数量	金额	数量	金额	数量
全国总计	935 996.5	3 629 897.3	975 346.7	3 110 190.9	1067432.1	3 031 330.1	1 079 543.2	3 004 282.0	1 382 765.7	3 340 105.9
北京	1 185.0	16 928.5	450.9	11 551.5	236.6	6 607.7	257.9	6 724.0	464.5	795.6
天津	4 406.2	10 065.9	4 774.3	9 123.4	4 042.8	6 939.5	3 653.0	5 982.1	3 349.7	5 844.2
河北	10 933.7	26 616.2	7 992.0	21 939.1	9 601.9	20 498.8	10 412.3	25 524.4	14 569.2	26 596.9
山西	5.6	34.0			2.5	5.0	0.7	5.0		0.1
内蒙古	4.9	144.5	1.9	13.4			13.3	14.0		
辽宁	131 399.6	552 609.1	149 452.0	577 214.6	162 503.1	558 231.0	158 592.3	515 497.5	188 537.5	572 473.6
吉林	4 033.7	18 179.8	5 333.2	16 290.0	5 800.0	11 675.7	5 010.9	10 316.6	6 889.7	9 949.9
黑龙江	263.0	16 546.4	178.4	1 233.0	66.3	142.4	60.9	242.6	63.0	392.2
上海	12 386.6	42 229.0	10 966.3	47 620.5	12 724.8	33 918.2	9 235.7	19 076.0	9 028.8	11 489.3
江苏	22 727.2	126 621.4	21 812.4	53 928.1	23 574.1	55 769.3	23 932.5	54 942.8	27 111.3	57 790.7
浙江	118 873.0	790 524.6	130 075.3	426 578.1	142 648.2	446 569.6	127 576.1	419 901.0	159 169.3	442 823.3
安徽	2 255.3	3 671.8	1 644.8	2 957.2	2 084.5	8 616.0	1 755.7	3 217.7	2 762.8	4 535.9
福建	99 583.1	323 562.1	100 959.2	278 304.0	116 445.5	293 448.9	152 838.7	399 187.6	253 752.4	515 428.3
江西	10 032.3	10 355.2	7 052.7	7 630.9	8 972.1	10 282.1	12 894.1	10 740.9	18 265.6	10 982.4
山东	323 709.6	1 060 072.1	339 628.9	1 074 390.7	349 618.6	1 004 795.8	337 418.7	923 046.1	398 760.8	1 017 696.0
河南	187.1	757.2	107.9	502.1	444.5	742.4	668.4	911.8	1 013.9	1 451.1
湖北	7 881.3	14 726.9	7 471.0	14 693.1	9 643.4	19 372.0	12 743.2	23 124.5	14 510.2	23 759.8
湖南	1 717.7	7 493.8	1 203.1	3 787.2	1 391.4	3 831.5	1 384.0	2 915.8	1 390.3	2 568.7
广东	155 586.3	517 382.0	145 706.9	441 079.4	162 269.0	404 927.4	169 507.0	421 872.5	217 842.2	448 450.9
广西	5 463.1	20 337.1	8 617.4	27 200.3	14 217.6	35 100.1	15 226.1	48 167.6	24 263.7	69 341.6
海南	23 007.3	69 569.3	31 556.8	92 644.5	40 881.2	109 255.6	35 998.1	111 699.5	40 280.5	115 432.8
重庆	0.5	0.6	13.6	12.6	21.3	207.3	1.1	0.6	0.6	0.3
四川	39.7	149.7	73.8	145.0	76.4	39.3	77.7	266.7	124.8	313.9
贵州	0.2									
云南	131.4	453.9	137.5	523.4	81.8	203.1	176.3	686.5	461.5	1 538.3
西藏										
陕西	26.9	314.0	35.5	329.5	18.8	11.2	0.1	0.1	5.1	4.2
甘肃	0.6	2.1								
青海	60.0	229.7	83.8	334.6	61.2	83.0	65.8	67.9	18.4	17.4
宁夏									0.1	0.1
新疆	95.5	320.3	17.3	164.8	4.6	57.3	42.7	150.1	129.9	428.6

各地区渔业灾情造成的水产品数量损失

单位：吨

地　区	2006 年	2007 年	2008 年	2009 年	2010 年
全国总计	**1 378 363**	**1 409 921**	**2 055 777**	**1 160 973**	**1 700 476**
北　京	237	265	720	79	65
天　津	1 984	601	997	996	945
河　北	11 402	11 729	5 817	32 950	4 568
山　西	442	699		1 120	1 069
内蒙古	1 045	1 218	1 217	2 668	2 121
辽　宁	68 237	206 481	68 894	32 165	255 718
吉　林	1 377	981	1 853	1 881	11 218
黑龙江	160	2 447	38	152	5 990
上　海	2 346	2 334	2 168	1 452	1 453
江　苏	152 402	144 053	124 500	67 432	55 525
浙　江	42 751	98 427	51 626	48 344	23 795
安　徽	825	83 852	86 194	78 953	108 088
福　建	187 444	75 093	69 673	74 108	107 114
江　西	140 290	152 286	142 394	131 625	229 809
山　东	49 013	73 724	148 074	77 248	146 488
河　南	6 323	22 623	8 162	7 384	9 156
湖　北	98 995	126 178	181 209	113 880	163 501
湖　南	83 682	120 566	138 389	99 305	103 994
广　东	323 837	116 105	759 981	269 593	179 992
广　西	45 493	23 491	136 125	45 039	51 209
海　南	7 657	4 929	10 669	11 647	77 916
重　庆	68 510	65 516	20 853	16 541	21 343
四　川	69 345	60 782	61 086	28 828	59 361
贵　州	2 268	2 250	5 926	2 120	7 731
云　南	9 373	9 592	21 556	9 751	62 438
西　藏				10	
陕　西	1 066	2 034	1 804	1 545	4 771
甘　肃	301	128	570	157	480
青　海					20
宁　夏	384	237	1 707	781	601
新　疆	1 174	1 300	3 575	3 219	3 997

各地区渔业灾情造成的水产品经济损失

单位：万元

地　区	2006 年	2007 年	2008 年	2009 年	2010 年
全国总计	**1 787 071.00**	**1 521 166.00**	**2 067 832.98**	**1 267 503.82**	**2 052 416.30**
北　京	367.00	415.00	830.00	87.00	95.00
天　津	1 946.00	660.00	1 564.00	1 461.00	1 878.00
河　北	18 294.00	8 617.00	6 148.00	15 073.59	9 832.30
山　西	196.00	484.00	46.60	1 030.00	999.00
内蒙古	923.00	885.00	1 575.80	5 531.80	1 494.00
辽　宁	71 222.00	169 125.00	69 623.00	51 794.00	235 486.60
吉　林	1 702.00	1 155.00	2 265.66	2 095.46	19 013.77
黑龙江	112.00	2 080.00	61.60	364.00	7 406.00
上　海	4 997.00	5 088.00	5 000.60	2 436.00	2 849.00
江　苏	160 967.00	132 264.00	91 414.29	60 794.00	64 663.00
浙　江	48 762.00	87 215.00	62 140.00	78 724.00	48 363.00
安　徽	552.00	78 004.00	77 189.87	82 716.98	95 101.47
福　建	210 772.00	93 357.00	77 607.91	119 985.00	130 635.00
江　西	122 579.00	132 291.00	123 624.00	118 617.00	226 234.00
山　东	366 685.00	220 888.00	113 119.00	64 457.20	204 817.23
河　南	4 079.00	14 750.00	19 368.00	6 490.00	9 809.00
湖　北	133 067.00	147 425.00	196 616.00	102 590.00	270 438.00
湖　南	74 358.00	97 098.00	130 782.00	102 786.41	145 945.40
广　东	387 887.00	166 179.00	800 820.49	260 356.46	197 007.91
广　西	32 242.00	16 232.00	129 465.50	42 741.42	40 405.50
海　南	9 731.00	2 142.00	15 158.00	81 839.11	146 132.56
重　庆	65 674.00	67 845.00	24 338.00	17 444.47	25 629.49
四　川	59 907.00	59 871.00	92 156.38	30 031.50	73 957.08
贵　州		2 777.00	6 241.50	2 120.00	7 731.00
云　南	7 719.00	10 549.00	15 350.08	10 513.98	68 092.59
西　藏				120.00	
陕　西	795.00	1 957.00		1 268.25	10 511.50
甘　肃	456.00	76.00	703	219.47	1 243.26
青　海					120.00
宁　夏	271.00	259.00	1 354	794.52	575.32
新　疆	809.00	1 478.00	3 270	3 021.20	5 950.32

第三部分

全国渔业发展
第十二个五年规划
（节　选）

“十二五”时期是全面建设小康社会的关键时期，是深化改革开放、加快转变经济发展方式的攻坚时期，也是加快现代渔业建设的战略机遇期。为明确“十二五”时期我国渔业的发展思路、战略目标和主要任务，促进渔业经济又好又快发展，根据《国民经济和社会发展第十二个五年规划纲要》和《全国农业和农村经济发展第十二个五年规划》，制定《全国渔业发展第十二个五年规划》。

一、“十一五”规划主要指标完成情况

指　标	2005 年	“十一五”规划目标	2010 年	完成比例（%）
渔业产值（亿元）	4 181	5 700	6 751.8	118.5
渔业增加值（亿元）	2 215.3	3 200	3 790.09	118.4
水产品总产量（万吨）	4 420	5 200	5 373	103.3
其中：养殖产量（万吨）	2 944	3 950	3 828.84	96.9
水产品出口量（万吨）	257	400	333.88	83.5
水产品出口额（亿美元）	78.8	120	138.28	115.2
水产品加工量（万吨）	1 195	1 700	1 633.25	96.1
水产品加工业产值（亿元）	1 321	2 200	2 358.60	107.2
渔民年均纯收入（元 / 人）	5 869	7 200	8 963	124.5
纳入“双控”管理的海洋捕捞机动渔船数（万艘）	23.1	20.8	20.1	130.4
纳入“双控”管理的海洋捕捞机动渔船功率数（万千瓦）	1 390	1 296	1 237	162.8

二、“十二五”渔业发展面临的形势

（一）有利条件

农业基础地位更加突出。当前，我国已进入完善以工促农、以城带乡长效机制的发展阶段，处于加快改造传统农业、走中国特色农业现代化道路的关键时期。中央高度重视“三农”工作，提出“十二五”期间要在工业化、城镇化深入发展中同步推进农业现代化。“三化”同步推进战略的确立，将进一步巩固和强化农业的基础地位，支持“三农”的氛围更加浓厚、机制更加健全、保障更加有力，为加快推进现代渔业建设创造了有利环境。

需求拉动作用更加明显。“十二五”末，全国人口将达到 13.9 亿人，城镇化率提高到 51.5%，城镇人口将超过农村人口，人民富裕程度普遍提高，生活质量明显改善，食品消费结构更趋优化。作为优质动物蛋白重要来源的水产品，国内消费需求将显著增加。同时，国际水产品市场主要依靠养殖产品供给的格局将进一步强化，我国水产养殖产品出口仍有较大空间。国内外不断扩大的水产品需求将进一步拉动现代渔业的发展。

空间拓展条件更加有利。渔业生产具有“不与人争粮、不与粮争地”的特点和饲料转化率高、比较效益高的优势。目前，我国有超过 300 万平方公里的海域、超过 10 亿亩的

盐碱地等宜渔资源尚未充分开发利用。同时，增殖、休闲等渔业新兴产业发展已具备一定基础，在陆地资源可利用空间日趋紧张的情况下，“水陆并进”构建我国粮食安全体系的要求更加迫切，现代渔业发展依然具有较大的拓展空间。

产业发展基础更加扎实。经过多年发展，我国作为世界第一渔业大国、水产品贸易大国和主要远洋渔业国家的地位更加巩固，具有了较大的产业规模和良好的产业基础，国内水产品供给充足、价格稳定，渔民收入持续增加，在渔业生产、管理、技术等方面积累了丰富经验。良好的产业积累为加快转变发展方式、推进现代渔业建设奠定了坚实基础。

新的发展机遇开始显现。低碳经济、绿色经济、蓝色农业等新经济理念的倡导实践，将深刻影响国家产业结构调整和发展方式转变，渔业的生物碳汇功能和净化环境功能将得到进一步的体现。同时，发展海洋经济在“十二五”期间将被摆上更加重要的位置，加快现代渔业建设，已成为国家发展现代产业体系的重要内容之一。

（二）制约因素

资源环境的刚性约束更加突出。涉水工程大量挤占渔业水域和滩涂资源，破坏水生生物栖息地，传统渔业空间受到挤压。捕捞强度过大以及工业污染和生活排污严重损害渔业水域生态安全和生物多样性。渔业资源衰退和水域环境恶化趋势加剧，水资源短缺的制约增强，产业发展的资源环境基础受到严重威胁，加快推进现代渔业建设面临的资源环境刚性约束更加突出。

支撑保障不足的局面更加凸显。与加快推进现代渔业建设的要求相比，现有渔业法律法规和管理制度建设仍显滞后；渔政渔港、标准化养殖池塘、新型渔船等基础设施依然薄弱，防灾减灾能力不强；水生动物防疫、水产品质量安全监管、水产技术推广等公共服务水平不高，社会化服务体系尚不健全；渔业科技支撑能力不强，科技与产业结合不够紧密，成果转化较慢。加快现代渔业支撑保障能力建设的要求十分迫切。

产业升级拓展的要求更加紧迫。从总体上看，我国渔业生产规模化、集约化和组织化程度及从业者素质仍然较低，制约着养殖、捕捞、加工等传统产业优化升级，给水产品质量安全、渔业生态安全和渔业安全生产监管带来巨大挑战。同时，受政策、技术和投入等因素制约，增殖渔业、休闲渔业等新兴产业发展潜力尚未得到充分发挥，产业规模和产业贡献仍然有限。改造提升传统产业、加快发展新兴产业的任务十分艰巨。

渔民权益维护的任务更加艰巨。渔业权制度尚未有效建立，渔民权益保障能力依然较弱。对渔民依法使用水域、滩涂从事养殖和捕捞权利的保护不力，损害赔偿和占用补偿制度建设严重滞后，大量的填海造地、占用养殖水面导致渔民“失海”、“失水”现象日益突出。渔民生活社会保障制度尚不健全，渔民增收的长效机制还没有形成，促进渔民收入持续较快增长的压力日益加大。

国际和周边的渔业形势更加复杂。随着全球范围内渔业资源衰退趋势加剧和国际化程度不断提高，我国渔业发展面临的国际和周边环境更趋复杂。国际渔业资源争夺和渔业利益冲突更加激烈，通过市场措施打击非法捕捞等新制度的实施和远洋渔业配额管理制度日趋严格，对我国渔业生产、经营和管理提出了更高要求。同时，周边渔业涉外纠纷在一段时期内将长期存在，维护周边海域良好渔业生产秩序的任务更加艰巨。

综上所述，国内外渔业发展形势和产业发展规律都要求，“十二五”时期的渔业发展要**以安为先**，坚定不移地**保安全、调结构、转方式、促发展、增收入**，更加注重产业发展的安全保障，更加注重水产品质量安全和生态安全，更加注重资源节约、环境友好，更加注重渔民民生，更加注重科技创新和推广应用，更加注重渔业功能和空间的拓展，更加注重国际竞争力提升，加快推进现代渔业建设。

三、"十二五"渔业发展的指导思想、基本原则和发展目标

（一）指导思想

以邓小平理论和"三个代表"重要思想为指导，深入贯彻落实科学发展观，坚持走中国特色农业现代化道路，按照在工业化、城镇化深入发展中同步推进农业现代化的要求，以加快推进现代渔业建设为主攻方向，以加快转变渔业发展方式为主线，以强化水产品质量安全、渔业生态安全和安全生产为着力点，始终把确保水产品安全有效供给和渔民收入持续较快增长作为首要任务，始终把深化改革开放和加强科技创新作为根本动力，不断完善现代渔业发展的政策和体制机制，着力增强渔业综合生产能力、抗风险能力、市场竞争力和可持续发展能力，统筹各产业、各区域协调发展，着力构建现代渔业产业体系和支撑保障体系，努力实现渔业经济又好又快发展，为全面实现渔业现代化打下坚实基础。

（二）基本原则

——坚持保障供给与提高质量并重。保障水产品供给，满足城乡居民日益增长的水产品消费需求，是渔业发展的基本任务。水产品质量安全关系城乡居民的身体健康，关系行业发展的兴衰成败。要在确保水产品有效供给的基础上，将质量安全摆在更加突出的位置，努力推动渔业生产由数量为主向数量和质量并重方向转变。

——坚持生产发展与生态养护并重。良好的生态环境是渔业可持续发展的前提和基础，要在发展生产的同时，更加注重生态保护，协调推进生产发展和生态养护。积极探索实践"蓝色农业"发展理念，合理开发和利用渔业资源，推广资源节约、环境友好的生产方式，提高渔业综合生产能力。积极发挥渔业的生态服务功能，做大做强水生生物资源养护事业，促进国家生态文明建设。

——坚持产业发展与渔民发展并重。高素质渔民队伍是实现产业健康发展的重要保障。在加快现代渔业产业发展的同时，要更加注重"以人为本"，不断强化渔民合法权益的保护，加快建立渔民增收长效机制，积极推进渔业经济合作组织建设，加强带头人和实用人才的培养，培育有文化、懂技术、善管理、会经营的新型渔民，为现代渔业建设提供有力的人才支撑。

——坚持结构优化与夯实基础相统筹。产业优化升级是现代渔业建设的重要内容，扎实的基础是促进产业优化升级的前提。要进一步调整产业结构，提高标准化、产业化、信息化水平，拓展渔业多功能性，促进产业优化升级。同时，针对渔业发展中的薄弱环节，着力加强渔业基础设施和装备建设，增强科技对产业的支撑能力，建立健全渔业公共服务体系，努力促进渔业产业整体素质的提升。

——坚持国内开发与海外拓展相统筹。合理开发利用国内渔业资源，积极引导国内市场消费，扩大水产品内需，强化渔业经济增长的内生动力。同时，要加快渔业"走出去"步伐，积极推进全球资源和市场开发，提高利用"两种资源、两个市场"的能力，提升我国渔业

的国际竞争力，加快推进我国由渔业大国向渔业强国转变。

——坚持立足产业与着眼大局相统筹。现代渔业建设涉及到经济发展、生态养护、食品安全、社会稳定等多个领域，在渔业国际化进程不断推进的宏观背景下，渔业发展还与维护国家海洋权益、稳定周边外交等密切相关。要将现代渔业建设置于国家农业现代化建设、生态文明建设、国家海洋战略的大格局中，用全局高度、战略思维和国际视野进行谋划部署。

（三）发展目标

到“十二五”末，渔业经济保持平稳健康发展，水产品供给充足，水产品质量安全、渔业安全生产在较高的水平上稳步提高，生产区域布局更趋合理，产业结构进一步优化，水生生物资源养护事业全面深入推进，渔民收入持续较快增长，强渔惠渔措施得到强化，现代渔业的产业体系和支撑保障体系初步建成，实现生产发展、产品安全、渔民增收、生态文明、平安和谐的现代渔业发展新格局，部分渔业发达地区率先实现渔业现代化。具体目标为：

——渔业安全生产保障能力进一步提升。渔业防灾减灾能力明显提升，渔船通讯、避碰、航标等安全设施和装备明显改善，一级以上渔港数量达到200个以上，使70%的渔船实现就近避风和休渔，渔业船舶生产安全事故死亡人数控制在300人以下。

——水产品安全有效供给能力进一步巩固。水产品总产量超过6 000万吨，其中，养殖产品比重达到75%以上；水产养殖面积稳定在1亿亩以上，完成2 000万亩中低产池塘标准化改造；水产品质量安全水平稳步提升，产地抽检合格率保持在98%以上。

——渔业经济和产业结构进一步优化。渔业经济总产值达到2.1万亿元、增加值9 900亿元，渔业产值达到1万亿元、增加值达到0.64亿元；渔业二、三产业的产值比重达到53%；水产品加工率达到40%；增殖渔业、休闲渔业等新兴产业取得长足发展。

——渔民民生保障进一步加强。渔民人均纯收入年均增长8%以上，实现渔民收入与城乡居民收入同步增长；累计组织培训渔民2 000万人次，渔民素质进一步提高；渔业权制度体系进一步完善，各项惠渔政策力度进一步加大，中央财政渔业保险补贴年均受益渔民人数达到180万人。解决连家船渔民上岸定居问题取得明显进展。

——水生生物资源养护事业进一步推进。海洋捕捞机动渔船总数和功率数控制在“十一五”末水平；累计放流各类水产苗种1 500亿尾，海洋牧场规模达到500万公顷，海域荒漠化趋势得到进一步遏制；国家级水生生物自然保护区数量达到23个，国家级水产种质资源保护区数量达到300个。

——科技支撑保障能力进一步强化。渔业科技贡献率达到58%，水产原良种覆盖率均达到60%，水产遗传改良率达到35%；水产技术推广体系不断完善，公共服务能力不断加强；渔业节能减排迈出新步伐，能源利用水平和水资源利用率有所提高。

——渔业管理和执法水平进一步提高。县级水域滩涂规划出台率、养殖证发放率接近100%；渔政执法机构参公率不断提高，按照国家有关事业单位分类改革精神，稳步扎实推进改革；渔业管理现代化、信息化水平提升，维权护渔能力显著增强。

——外向型渔业发展进一步拓展。渔业“走出去”战略稳步推进。水产品出口额达到180亿美元，出口产品质量进一步提升，中国品牌的国际认可度和影响力显著提高；企业境外经营能力不断增强；远洋渔业稳步拓展，产量达到130万吨。

“十二五”时期渔业发展的主要指标

类别	指　　标	2010 年	2015 年	年均增长（%）	属性
渔业安全生产	一级以上渔港数量（个）	111	200	12.5	预期性
	就近避风和休渔渔船比例（%）	33	70	[37]	预期性
	渔业船舶生产安全事故死亡人数（人）	319	300	-1.2	约束性
渔业经济结构	渔业经济总产值（万亿元）	1.29	2.10	10.2	预期性
	渔业经济增加值（亿元）	5904	9900	10.9	预期性
	渔业产值（万亿元）	0.67	1	8.3	预期性
	渔业增加值（亿元）	0.38	0.64	11.0	预期性
	渔业二三产业产值比重（%）	47	53	[6]	预期性
	水产品加工率（%）	35	40	[5]	预期性
水产品供给能力	水产品产量（万吨）	5373	≥6000	≥2.2	预期性
	养殖产品比重（%）	71	75	[4]	预期性
	中低产池塘改造面积（万亩）	1000	2000	14.9	预期性
	产地抽检合格率（%）	97.9	>98	[0.1]	预期性
渔民民生保障	渔民人均纯收入（元）	8963	13170	8	预期性
	培训渔民数量（万人次）	300	[2000]		预期性
	中央财政渔业保险补贴受益渔民（万人）	2.1	180	143.6	预期性
水生生物资源养护	增殖放流苗种数（亿尾）	289.4	[1500]		预期性
	海洋牧场面积（万公顷）	236	500	16.2	预期性
	国家级水生生物自然保护区数量（个）	16	23	7.5	预期性
	国家级种质资源保护区数量（个）	220	300	6.4	预期性
科技支撑保障	科技贡献率（%）	55	58	[3]	预期性
	原良种覆盖率（%）	55	60	[5]	预期性
	遗传改良率（%）	25	35	[10]	预期性
渔业管理	县级水域滩涂规划出台率（%）	39	100	[61]	预期性
	养殖证发放率（%）	68	100	[32]	预期性
外向型渔业	水产品出口额（亿美元）	138.28	180	5.4	预期性
	远洋渔业产量（万吨）	110	130	3.4	预期性
	远洋渔船数量（艘）	1991	2300	2.9	预期性

[ ]为五年累计数

四、重点任务

坚持以安为先、以养为主，在提高传统产业发展水平的同时，努力拓展增殖渔业和休闲渔业等新兴产业，着力构建水产养殖业、增殖渔业、捕捞业、加工业和休闲渔业**“五大产业体系”**，着力构建设施装备、科技创新、资源环保、渔业安全和渔政管理**“五大支撑体系”**。

（一）大力发展生态健康的水产养殖业

——加快推进标准化健康养殖。加快水产养殖标准化创建，推广应用健康养殖标准和养殖模式。发展与水产养殖业相配套的现代苗种业，加强水产新品种选育，提高水产原良种覆盖率和遗传改良率，不断调整优化养殖品种结构和区域布局。积极推广安全高效人工配合饲料。促进水产养殖向集约化、良种化、设施化、标准化、循环化、信息化发展。

——科学合理调整拓展养殖空间。探索建立基本养殖水域保护措施，推动建立渔业水域滩涂占用补偿制度。合理控制、科学规划近海、江河、湖泊、水库等大中型水域养殖容量。稳定池塘养殖面积，进一步挖掘池塘养殖潜力。积极拓展深水大网箱等海洋离岸养殖，支持工厂化循环水养殖。加大低洼盐碱地、稻田等宜渔资源开发力度。

——强化疫病防控和质量安全监管。加快水生动物疫病防控体系建设，加强重大水生动物疫病监控，积极推动水产苗种产地检疫工作，探索无规定疫病水产养殖场建设，落实渔业乡村兽医登记制度，推进渔业执业兽医和官方兽医队伍建设。坚持水产品质量安全专项整治和长效机制建设两手抓，加大监督抽查力度，强化检打联动，推动建立水产品质量安全可追溯、产地准出和市场准入制度，探索开展水产品质量安全风险评估。

（二）积极发展环境友好的增殖渔业

——积极开展增殖放流。落实《全国水生生物增殖放流总体规划（2011—2015年）》，依据水域生态环境、资源状况和养护需求，合理确定增殖放流的功能定位，科学确定增殖放流品种和规模。稳步发展湖泊水库滤食性、草食性、杂食性鱼类增殖，改善水域生态环境，提高水域生产力。开展珍稀物种放流，保护水生生物多样性。完善增殖放流技术规范，提高增殖放流苗种质量，加强放流效果监测评估。

——推进海洋牧场建设。扎实做好海洋牧场和人工鱼礁的规划设计、选址选型、效果评价等基础工作，建立健全海洋牧场建设和管护制度。因地制宜开展增养殖礁、生态礁、资源保护礁和游钓休闲礁等多种类型人工鱼礁建设。促进海洋牧场建设与增殖放流等资源养护措施紧密结合，恢复海底植被，改善海域生态环境。加大各级财政对海洋牧场建设的投入力度，积极引导社会资金投入海洋牧场建设，推动形成各具特色的增殖渔业。

（三）统筹发展可持续的捕捞业

——严格控制渔业捕捞强度。继续实施海洋捕捞渔船数量、功率“双控”制度，加快建立内陆水域捕捞渔船控制制度。完善渔船管理和捕捞许可制度，切实加强渔船建造管理，规范渔船检验、登记和流转管理。推进渔船渔机和渔具标准化。合理调整捕捞作业结构和渔船、渔具规模。加快制订捕捞渔具准用目录，建立健全渔具标准和重要经济鱼类的最小可捕标准，规定最小网目尺寸，制定各种渔具的限制使用措施。继续落实沿海捕捞渔民转产转业政策。探索渔具渔法准入、渔业资源网格化管理等新的资源管理制度和措施。

——扶持壮大远洋渔业。深化渔业多边双边合作交流，积极参与国际渔业资源管理制度制定，拓展远洋渔业发展空间。巩固提高过洋性渔业，探索新型合作方式，发展壮大公海大洋性渔业，加强新资源新渔场的探捕和开发利用。积极开展海外基地建设，增强加工、贸易和服务保障能力，延长远洋渔业产业链。提升远洋渔业装备和企业管理水平，培育一批具有国际竞争力的远洋渔业企业和现代化远洋渔业船队。

（四）着力发展先进的水产品加工流通业

——促进加工业优化升级。依托资源禀赋和区位优势，以自主创新和品牌建设为核心，培植壮大一批装备先进、管理一流、带动力强的水产品加工龙头企业，积极推进水产品加工园区建设，促进水产品加工业集群式发展。积极发展精深加工，加大低值水产品和加工副产物的高值化开发利用，提高产品附加值。鼓励加工业向海洋药物、功能食品和海洋化工等领域延伸。

——推进现代物流体系建设。加快水产品批发市场和冷链系统建设，实现产地和销地的市场、冷链物流有效对接。强化水产品市场信息服务，积极培育大型水产网络交易平台，引导开展水产品电子商务，推动单一的传统营销方式向多元化现代营销方式转变。加快产地准出和市场准入制度建设。

——拓展国内外市场空间。充分利用“两种资源、两个市场”，增强企业品牌建设和市场拓展意识，加大市场推介力度，扩大品牌宣传范围，积极发展消费引导型加工业，努力引领和扩大水产品国内市场消费。积极参与国际贸易谈判和国际贸易公约的制定，争取水产品国际贸易的主动权，提高应对各类贸易壁垒的能力，保持水产品国际贸易稳定协调发展。

（五）鼓励发展文化多元的休闲渔业

——丰富休闲渔业发展模式。围绕城乡一体化进程和新农村建设，结合养殖基地、渔港、海洋牧场等渔业设施及增殖放流等渔业活动，积极发展文化娱乐型、都市观赏型、竞技体育型、观光体验型、展示教育型等多元化、精品化现代休闲渔业。通过观赏鱼大赛、垂钓比赛、渔业饮食文化节、放鱼节、开渔节以及渔业科普、美术摄影等活动形式，不断挖掘、传承、弘扬、创新与渔业相关的观赏文化、餐饮文化、民俗文化。

——扩大休闲渔业产业规模。按照因地制宜、合理规划、形成特色、示范带动的要求，以市场为导向，加大休闲渔业资源整合力度，加强知名休闲渔业品牌创建，打造生产标准化、服务集约化、功能多样化的现代休闲渔业产业集群。扩大观赏鱼产业规模，加快观赏展示和交易市场建设，加大休闲渔业中公益性设施的投入扶持力度，强化对休闲渔业合作组织和行业协会的管理与支持，健全休闲渔业技术服务体系。

（六）加快建设渔业设施装备体系

——加强养殖设施装备建设。加强水产原良种繁育、水生动物防疫和水产品质量安全监管设施装备建设。加快推进养殖池塘标准化改造，加强循环水工厂化、网箱养殖等设施渔业装备建设。推进水产养殖机械化、自动化，加快提高水产养殖业装备水平。

——加强渔船渔港设施装备建设。加强渔船、渔机和渔具标准化建设，有计划、分步骤推进渔船及装备的升级换代，提高渔船整体装备水平。提高一级以上渔港建设标准，合理增加布局密度，配套完善航标、港口监控系统等设施设备，启动二级渔港、避风锚地建设，提高渔港现代化水平和安全保障能力。

——加强渔业管理信息化建设。加快全国渔政管理指挥系统升级改造，建成并全面启用全国海洋渔船动态管理系统，加快渔船船位监测、自动识别、身份电子识别等信息化管理系统建设。逐步推动渔情信息采集常态化，推进数据和信息整合共享，提高卫星遥感、移动互联网、物联网等现代信息技术手段在渔业管理中的应用，不断提高渔业管理信息化水平。

（七）不断完善现代渔业科技支撑体系

——加快渔业科技创新。加强渔业科技领军人才和骨干人才培养，构建跨学科、跨领域的科技创新平台，重点围绕品种培育、疫病防控、饲料营养、质量安全、资源养护、节能减排、水产品加工和宜渔水域综合开发利用等关键环节开展联合攻关、技术集成，加快成果转化应用。抓紧制修订产业发展急需的国家和行业标准，加大标准实施力度。

——提升技术推广服务。着力推进基层水产技术推广体系改革和条件建设，大力推广责任渔技制度。积极构建以国家水产技术推广机构为主体、产学研广泛参与的“一主多元”的水产技术推广服务体系。实施水产技术推广人员培养和知识更新工程，加强农村渔业实用人才带头人培养，提升水产技术推广、水生动物疫病防控、水产品质量监管、公共信息等方面的公共服务能力。

——推进渔业节能减排。逐步推行渔船标准化改造，研发设计节能环保型渔船，发展玻璃钢渔船，更新淘汰高耗能渔船，推广渔船节能减排新技术、新设备、新产品。积极引导节水、节能、减排型水产养殖技术和模式的推广应用，大力推广循环水养殖、高效配合饲料、水质调控技术及环保装备。

（八）建立健全资源环境保护管理体系

——全面强化休渔禁渔制度。坚持并不断完善海洋伏季休渔、长江禁渔期制度，启动实施珠江禁渔期制度，探索制定其他重大渔业水域禁渔措施，努力构建全面的海洋和内陆水域休渔禁渔制度体系。积极推动将困难渔民纳入当地最低生活保障范围或给予必要补助，为休渔禁渔制度顺利实施创造条件。

——着力加强水生生物物种保护。加强水生生物资源调查评估，明确资源总量和可利用量。加强水生生物自然保护区建设，加快水产种质资源保护区建设，提高濒危物种保护和救护能力，加强重要水产种质资源产卵场、索饵场、越冬场和洄游通道保护与管理。建立健全水生生物保护区管理相关法规，促进保护区规范化、科学化管理。

——加快建立渔业生态补偿机制。积极推进渔业生态补偿管理规范化，建立完善涉渔工程生态评价和生态补偿机制，明确补偿内容和标准，落实补偿措施。加强渔业水域污染防治，建立污染损害评估技术体系，加大污染事故调查和应急处置能力。

（九）着力推进渔业安全保障体系

——扎实推进“平安渔业”建设。提高渔港渔船管理现代化水平，强化渔业船舶检验和渔港监督，加快渔船通讯、避碰系统、渔业航标等渔业安全基础设施和装备建设，增强安全通信保障能力。加强渔业船员培训、考试和发证管理，严格执行持证上岗制度。进一步落实渔业安全生产责任制，强化渔业安全执法、培训和安全事故调查处理工作，切实提高安全生产水平。深入开展“平安渔业示范县”、“文明渔港”等平安渔业创建活动。

——切实提高防灾减灾能力。建立并完善与气象、海洋和交通等部门的渔业防灾减灾协调合作机制，提高灾害预警预报和事故险情救助的及时性、准确性和实效性。加强安全生产技能培训，提高渔民防灾减灾意识和自救互救能力。防控并举，努力实现科学防灾、主动避灾和有效救灾。加强应急值守、灾情调度和灾害救助，进一步完善突发事件应急预案，提高应急处置能力。

——建立政策性渔业互助保险制度。加强渔业互助保险体系和队伍建设，拓宽渔业互助保险服务范围和覆盖面。继续做好渔业互助保险中央财政保费补贴试点，启动水产养殖互助保险保费试点，力争将渔业纳入国家政策性农业保险范围，推动建立政策性渔业互助保险制度。探索构建渔业保险巨灾风险防范体系，提升渔业全行业风险保障能力。

（十）大力强化现代渔政执法保障体系

——加强渔政管理和维权护渔。围绕现代渔业建设和渔业“三大安全”保障，提高渔政服务发展、服务基层、服务渔民的能力。巩固强化休渔禁渔、渔船管理、资源养护、水产养殖和质量安全执法等管理成果，切实加强200海里专属经济区和界江界湖渔政管理工作，进一步拓展公海渔业执法。加大敏感水域常态化渔政巡航和维权护渔力度，妥善处理维权与维稳的关系，加强与外交、公安边防、海军等涉海部门合作，进一步完善部门间的协调配合机制和重点水域渔业联合监管机制。

——加强渔政队伍建设。建立健全渔政机构，加快推进渔政人员纳入或参照公务员法管理，全面实行“收支两条线”。高标准、高质量开展渔业文明执法窗口单位创建活动。加强渔政督察和行风建设，落实“五统一”等渔政队伍建设规范要求，提高执法人员能力素质，增强依法行政能力。努力打造一支高素质、专业化的渔政执法队伍。

——提高渔政装备现代化水平。加强渔政装备设施建设，重点强化承担中央事权的渔政装备设施建设，进一步提高执法装备配给率和技术水平，改善渔政执法条件，提升安全监管及突发事件应急处置能力。重点建设渔政执法船艇车辆、执法码头基地及渔船检验设备、渔业航标等。

五、区域布局

根据各地资源禀赋、产业基础和经济水平，按照“主体功能突出、布局结构优化、统筹协调发展”的总体要求，稳步推进现代渔业生产主导区、生态建设区和功能拓展区建设，加快渔业发展方式转变和渔业功能的拓展。

（一）生产主导区

重点区域：黄渤海、东南沿海和长江流域“两带一区”出口水产品优势区；长江中下游、华南、西南、“三北”大宗淡水鱼类和名优水产品优势区。

功能定位：该区域渔业经济相对发达，资源条件优越，已形成较好的产业规模和生产基础，集中了全国90%以上的养殖面积和水产品产量。重点发挥其在保障水产品安全有效供给、促进渔民增收中的战略核心作用。

主攻方向：一是提升水产品有效供给水平。健全渔业权制度，保障渔民权益和生产积极性。大力推广标准化健康养殖，重点加强水产良种化、养殖池塘标准化改造、水生动物防疫体系建设和水产品质量安全保障等重点工程，积极发展无公害、绿色、有机水产品生产，在大中城市周边建设“菜篮子”产品生产基地。稳定和合理控制捕捞生产。二是提升产业化发展水平。继续加强出口水产品、大宗淡水鱼类及特色、土著品种养殖优势区建设，有效衔接渔业生产、加工流通和渔业服务业，扶持培育龙头企业，扩大规模经营，提升产业集中度。加大科技创新投入力度，健全完善渔业社会化服务体系，逐步实现生产集约化、产业园区化、设施现代化、产出高效化，增加渔民收入，增强渔业竞争力。三是提升可持续发展水平。以循环经济理念为指导，普及推广健康养殖模式和先进的渔机渔具，开辟加工新工艺和新领域，大力推广节水、节地、节粮、节油、节电型高效渔业，促进节能减排，提高资源产出率和劳动生产率，实现节约、清洁、安全和可持续发展。四是提升安全生产保障水平。全面贯彻落实国务院《关于加强渔业安全生产工作的通知》精神，加快实施渔政渔港、安全通信等渔业防灾减灾工程建设，提升渔业防灾减灾和突发事件应对能力。

（二）生态建设区

重点区域：县级（含）以上人民政府和渔业行政主管部门批准或规划确定的水生生物自然保护区、水产种质资源保护区和海洋牧场建设区。

功能定位：该区域主要集中在沿海、沿江、沿湖地区，水域类型多样、生态功能突出。重点发挥其在养护水生生物资源、修复水域生态环境、建设水生生态文明中的作用，夯实现代渔业发展的资源承载基础。

主攻方向：一是提升资源养护水平。科学规划并大力开展水生生物资源增殖放流。实施水生生物资源养护工程，加快水生生物自然保护区、水产种质资源保护区和海洋牧场建设。二是提升生态补偿水平。加快建立健全渔业生态补偿制度，探索建立市场化生态补偿机制，加大生态补偿措施落实力度，加强重点水域环境监测，提高渔业水域污染事故调查和应急处置能力。三是提升增殖渔业发展水平。大力发展水域生态修复型增殖渔业，积极利用水生植物和滤食性动物改善和治理水域生态环境，促进渔业生态和生产协调发展。

（三）功能拓展区

重点区域：直辖市、省会城市、计划单列市等大中城市及其周边地区；15 米等深线以外深水海域；公海和他国管辖海域；东北、长江中下游、东南沿海、西南稻田养殖区；沿黄低洼盐碱地区。

功能定位：该区域普遍具有资源开发、功能拓展、综合利用等方面的潜力。重点发挥其在拓展渔业功能和空间中的作用，丰富完善现代渔业产业形态，促进新增长点的形成。

主攻方向：一是提升宜渔资源开发水平。合理开发和充分利用宜渔资源，加大关键技术研发和推广力度，研究制定相关扶持政策，重点发展抗风浪深水网箱养殖、稻田养殖、耐盐碱养殖等模式，扶持壮大远洋渔业，进一步丰富水产品供给新渠道，增强水产品供给能力。二是提升休闲渔业发展水平。在大城市及其周边，充分利用现有渔业设施，结合城市居民的文化教育、休闲娱乐、旅游度假等方面的需求，积极推进现代休闲渔业发展。

“十二五”现代渔业区域布局表

名称	布局范围	功能定位	主攻方向
生产主导区	黄渤海、东南沿海和长江流域“两带一区”出口水产品优势区 长江中下游、华南、西南、“三北”大宗淡水鱼类和名优水产品优势区	保障水产品安全有效供给	提升水产品有效供给、产业化发展、可持续发展和安全生产保障水平
生态建设区	县级（含）以上人民政府和渔业行政主管部门批准或规划确定的水生生物自然保护区、水产种质资源保护区和海洋牧场建设区	养护水生生物资源、修复水域生态环境	提升资源养护、生态补偿和增殖渔业发展水平
功能拓展区	直辖市、省会城市、计划单列市等大中城市及其周边地区； 15 米等深线以外深水海域； 公海和他国管辖海域； 东北、长江中下游、东南沿海、西南稻田养殖区； 沿黄低洼盐碱地区	拓展渔业功能和空间	提升宜渔资源开发和休闲渔业发展水平

六、重点工程

按照“巩固基础、提升能力、保障发展”的思路，围绕现代渔业建设的重点任务和区域布局，大力组织实施渔政渔港等现代渔业重点工程建设，不断夯实现代渔业发展基础。

（一）渔政渔港建设工程

围绕海洋维权护渔和内陆重点水域、边境水域渔政管理任务，集中建造一批3 000吨级为主体的大型渔政船，配套直升机、渔政基地、中小型执法船艇等设施装备，提升渔政执法机动性和威慑力。加大渔船救生、通讯、避碰、监控系统、渔业航标及培训基地的建设力度，加快信息技术在渔业管理和安全生产中的应用。按照建设“信息化、数字化、防灾型”现代渔港的思路，重点加强沿海防灾型渔港建设，完善大中型渔港规划布局，适当增加一级以上渔港布局密度并提高建设标准，启动沿海二级渔港和避风锚地建设，配套完善渔船渔港监控设备。继续推进内陆大江大湖及边境水域重点渔港建设。

（二）水产良种化推进工程

推广应用现代育种技术，强化联合育种攻关，以大宗品种和优势出口品种为重点，加大水产遗传育种中心建设力度，提高水产养殖品种遗传改良率，为现代水产养殖业不断提供优良新品种。完善现代渔业水产原良种体系，加强水产原种场和良种场建设，提高水产原良种覆盖率和苗种质量。

（三）养殖池塘标准化改造工程

以提高水产养殖标准化水平和改善养殖水域环境为目标，利用中央财政投入引导地方各级财政配套和生产者筹资投劳，推动开展中低产池塘标准化改造。通过示范带动，普及推广高效生态水产养殖方式，提升养殖专业化、标准化、规模化、集约化发展水平。

（四）水生动物防疫保障工程

加快完善水生动物防疫体系，重点建设国家级、省级和重点县级水生动物防疫基础设施及疫病参考实验室、重点实验室，逐步完善水生动物疫病监控、水产苗种产地检疫等相关工作机制，建立健全水生动物疫病防控预警预报和渔用药物安全使用技术体系。加强渔业乡村兽医、执业兽医和水生动物诊疗机构从业监管。加快推进水生动物疫苗产业化，推广远程诊断辅助系统。

（五）水产品质量安全保障工程

加强水产品质量安全抽检和执法能力建设，重点配套完善国家级、省部级区域和专业质检中心，推进重点地市级和县级质检体系建设，逐步完善相关工作机制。推动快速检测设备的研发和应用，为开展水产品质量安全执法及实施产地准出、市场准入制度提供技术支撑。

（六）远洋渔业拓展工程

巩固拓展过洋性渔业，大力发展大洋性渔业，结合国家援外建设项目，积极建设多功能海外综合开发基地，形成集产加销和后勤补给为一体的海外陆上后勤基地。加大远洋渔船造船资本金补助力度，推动远洋渔船更新改造，提高总体装备水平。建造适度规模的公海大洋性资源调查船，加大远洋渔业资源调查、探捕和开发支持力度，扩大南极海洋生物资源调查和探捕范围，加强南极磷虾加工利用的研发和市场开拓。

（七）水生生物资源养护工程

推进以增殖放流和海洋牧场建设为主要形式的生态修复行动，带动休闲渔业及其他产业发展。加强水生生物自然保护区、水产种质资源保护区和海洋生态修复示范区建设，使60%的国家重点保护水生野生动物和一批重要水产种质资源、典型湿地及水域生态系统得到有效保护。以主要海区和流域为重点，加强水生生物资源和水域生态环境监测体系的能力建设，为渔业水域污染事故和重大生态灾害的应急处置提供支撑。

（八）科技创新与应用能力提升工程

围绕渔业发展急需和关键的技术，实施国家、行业和省级等各类科研计划。加强渔业领域现代农业产业技术体系建设，构建并完善现代渔业产业技术体系。培育重大水产技术推广专项，推动设立基层农技推广体系改革与建设渔业示范县。建立和完善渔业标准体系，推进渔业标准化生产。引导节水、节能、减排型渔船机具和养殖生产设施推广应用，推进渔船节能技术改造，试点推广玻璃钢渔船。

七、保障措施

（一）加强法律制度保障

建立健全渔业水域、滩涂规划和保护制度，切实保护重要渔业水域、滩涂的渔业功能，保障渔业发展空间。加快建立与物权法相适应的养殖水域滩涂占用补偿制度和捕捞许可管理制度，完善渔业水域、滩涂征占用补偿安置制度，保护渔民合法权益。建立污染减量排放和达标排放制度，健全涉渔工程环境影响评价制度和资源生态补偿机制，加强水域污染防治和生态环境修复。加强养殖环节执法和水产品质量检测，构建水产品质量安全监管长效机制。加强渔政执法队伍建设和渔业行政执法监管，有力防范和打击各类破坏渔业资源和扰乱渔业生产秩序的违法行为。加强与立法机关和有关部门的沟通协调，加快相关渔业法规规章制修订进度，进一步完善渔业法律体系，加强对渔业发展管理的法制保障。

（二）完善产业扶持政策

加大对现代渔业建设的财政支持，争取财政投入增幅不低于大农业投入的增幅水平。调动社会投入渔业的积极性，加大对渔业小额信贷的支持，探索养殖权和捕捞权证抵押质押及流转方式，增加对渔业生产经营者的信贷支持，促进形成多元化、多渠道的渔业投融资格局。扩大渔机补贴的产品种类和支持力度。推进将渔业保险纳入国家政策性农业保险范围，尽快建立稳定的渔业风险保障机制。健全渔业安全生产管理制度，积极推进将渔业防灾减灾纳入国家自然灾害防治总体部署。探索建立有利于加快推进渔业节能减排和充分发挥渔业碳汇功能的体制机制。促进渔业在税收和用水、用电、用地等全面享受农业优惠政策，将渔业基础设施建设纳入农业农村发展总体规划以及优质高效农产品基地的国土整治、农田水利设施改造等项目中统筹推进。积极推动以船为家渔民上岸定居和休渔禁渔期间困难渔民生活补助等工作，促进渔业领域社会事业发展。

（三）促进经营机制创新

扶持龙头企业发展，着力发挥龙头企业在技术创新中的主体作用，强化生产基地建设，鼓励企业参与标准化创建活动。鼓励和支持有条件的渔业生产经营者牵头发展合作经营，加快培养渔业产业化发展急需的企业经营管理人员、专业合作组织带头人和渔业经纪人。培育壮大各种类型渔民专业合作社和行业协会，加强合作组织的规范化建设，支持有条件的合作组织承担国家有关涉渔项目。推广各类行之有效的渔业生产经营组织模式，着力提高渔民组织化程度。推进水产品生产产业聚集，加快建设一批现代渔业示范区，形成区域经济发展新优势。积极发展社会化服务组织，为渔民提供各种便捷高效、质优价廉的专业服务，大力推进“农超对接”和品牌化经营，降低流通成本，促进市场消费，进一步提高生产效率和经营效益。

（四）加快人才队伍建设

强化人才队伍建设在现代渔业发展全局中的战略地位。积极落实激励政策，创新人才培养模式，探索建立多渠道培养、多元化评价、多层次使用、多方式激励、多方位服务的人才工作机制。紧密结合现代渔业发展需求，有针对性地加强渔业管理、科技、生产、经营等各方面骨干人才培养和队伍建设。加强高等院校学科建设，完善传统学科，开辟新兴学科。加强专业院校、培训机构和行政管理部门、企业间的合作，逐步形成运作规范、布局合理、覆盖全面的渔业行业人才培养和培训体系。加强渔业行业技能鉴定工作，提高职业技能鉴定覆盖面。加大验船师、职业船员、执业兽医、乡村兽医、水产经纪人等专业技能人才培养力度。充分利用阳光工程、新型农民培训等各种培训渠道，以提升基层培训能力为重点，加强渔业实用人才和带头人培养，增强渔民创业能力和就业技能，全面提升渔业从业人员素质。

（五）深化对外交流合作

建立健全行政机关、科研院所、大型企业有机结合良性互动的渔业外事工作机制。建设一支渔业专业知识、法律制度和外语应用能力全面过硬的专业化渔业外事队伍。加强对国际渔业管理规则和有关国家渔业管理制度研究，为我国渔业发展和管理提供有益借鉴。加强与有关国际组织和国家合作，积极参与多边双边谈判磋商和相关规则制订，营造有利的国际发展环境。积极参与世贸组织渔业补贴等相关谈判，加强水产品贸易预警工作，充分利用世贸组织规则允许的贸易救济措施，妥善应对国际贸易争端，保护企业合法权益。将远洋渔业基地建设纳入国家援外计划，稳定和拓展与有关国家渔业合作关系，增强远洋渔业发展后劲，稳定和提高国际资源利用能力。认真履行中日、中韩、中越、中俄等双边渔业协定和有关国际渔业条约，深入开展与有关国家渔业联合执法，加强周边海域和敏感水域管理，维护海上渔业生产秩序。

第四部分

附　　录

附录 1

水产品产量数据调整说明

一、根据第二次农业普查结果调整水产品产量数据情况。2006 年第二次全国农业普查结束后，按照国家统计局要求，农业部对 2006 年渔业统计数据进行了调整。调整以农普结果为依据，以各省（自治区、直辖市）2006 年的养殖单产水平、养殖结构为参考，综合测算各省（自治区、直辖市）水产品产量调减比例，核定 2006 年水产品产量为 4 583.6 万吨。并以此为基数，参考渔业统计年报中各年度间的产量增减比例，对 1997—2006 年水产品产量数据进行了相应调整。

二、海洋捕捞产量与远洋渔业产量调整情况。在上述调整基础上，根据 2008 年开始执行的渔业统计指标体系（国统制［2008］27 号）中关于远洋渔业产量单列的要求，把 1986—2007 年海洋捕捞产量数据拆分为海洋捕捞产量和远洋渔业产量。

三、调整后的历史数据使用原则：

（1）2006 年之前年度数据比较，使用调整前数据；

（2）2006 年（含）之后年度与 1997—2006 年数据比较，使用调整后数据。

附录 2

调整后历年水产品产量对照表

单位：万吨

年份	调整前	调整后	其　中				
			海洋捕捞	远洋渔业	海水养殖	淡水捕捞	淡水养殖
1986	935.76	935.76	430.22	1.99	150.08	58.32	295.15
1987	1 091.93	1 091.93	479.91	6.39	192.61	64.61	348.41
1988	1 225.32	1 225.32	504.66	9.64	249.29	71.98	389.75
1989	1 332.58	1 332.58	548.33	10.71	275.73	80.78	417.03
1990	1 427.26	1 427.26	594.40	17.09	284.22	85.64	445.91
1991	1 572.99	1 572.99	644.35	32.35	333.31	100.39	462.59
1992	1 824.46	1 824.46	720.84	46.43	424.31	99.09	533.79
1993	2 152.31	2 152.31	795.53	56.22	540.23	112.07	648.26
1994	2 515.69	2 515.69	925.61	68.83	604.80	126.79	789.66
1995	2 953.04	2 953.04	1 054.07	85.68	721.51	151.02	940.76
1996	3 280.72	3 280.72	1 152.99	92.65	765.89	175.43	1 093.76
1997	3 601.78	3 118.59	1 092.73	103.70	691.66	163.45	1 067.04
1998	3 906.65	3 382.66	1 201.25	91.31	751.99	197.51	1 140.60
1999	4 122.43	3 570.15	1 203.46	89.91	851.89	197.95	1 226.94
2000	4 278.99	3 706.23	1 189.43	86.52	927.96	193.44	1 308.88
2001	4 382.09	3 795.92	1 155.64	88.49	989.38	186.23	1 376.20
2002	4 565.18	3 954.86	1 128.34	109.64	1 060.47	194.71	1 461.69
2003	4 706.11	4 077.02	1 121.20	115.77	1 095.86	213.28	1 530.92
2004	4 901.77	4 246.57	1 108.08	145.11	1 151.29	209.60	1 632.49
2005	5 101.65	4 419.86	1 111.28	143.81	1 210.81	220.97	1 733.00
2006	5 290.40	4 583.60	1 136.40	109.07	1 264.16	220.38	1 853.59
2007		4 747.52	1 136.03	107.52	1 307.34	225.64	1 970.99
2008		4 895.59	1 149.63	108.33	1 340.32	224.82	2 072.49
2009		5 116.40	1 178.16	97.72	1 405.22	218.39	2 216.46
2010		5 373.00	1 203.59	111.64	1 482.30	228.94	2 346.53

附录 3

渔业统计指标解释

第一章　水产品产量

第 1 条　水产品特征及产量统计范围

水产品是指渔业（捕捞和养殖）生产活动的最终有效成果。水产品具有以下特征：

一、是渔业生产活动的成果。水产品既是渔业生产的劳动对象，也是渔业生产的劳动成果，它包括全部海淡水鱼类、甲壳类（虾、蟹）、贝类、藻类、头足类和其他渔业产品。

二、是渔业生产活动的最终成果。渔业生产过程中的中间成果，如鱼苗、鱼种、亲鱼、转塘鱼、存塘鱼和自用作饵料的产品，不是最终成果，不能统计在水产品产量中。

三、是渔业生产活动的最终有效成果。水产品在上岸前已经腐烂变质，不能供人食用或加工成其他制品的，不统计在水产品产量中。

第 2 条　产量统计年度和统计者

一、年水产品产量按日历年度计算。即从每年 1 月 1 日至 12 月 31 日止已从养殖水域捕捞起水或者已从天然水域捕捞并已返航卸港的水产品均统计在年产量中，有的生产渔船在外地收港卸鱼或者在海上由收购船扒载收购的，也按到港计算产量。

二、水产品产量统计中，养殖产量按照水域所在地统计，国内捕捞产量按照渔船所属地统计，远洋渔业产量按照远洋渔业管理办法进行统计。

第 3 条　产量计量标准

除海蜇按三矾后的成品计量、各种藻类按干品计量外，其余各种水产品均按捕捞起水时鲜品实重（原始重量）计量。此外，供观赏的水生动物按个体计算。

第 4 条　养殖产量与捕捞产量划分原则

凡人工养殖并已起水的水产品数量为养殖产量，凡捕捞天然生长的水产品数量为捕捞产量。

一、凡是人工投放苗种（不包括灌江纳苗）并进行人工饲养管理的淡水养殖水域中捕捞的水产品产量计算为淡水养殖产量，否则为淡水捕捞产量。

二、凡是人工投放苗种或天然纳苗并进行人工饲养管理的海水养殖水域中捕捞的水产品产量计算为海水养殖产量，否则为海洋捕捞产量。

三、稻田养殖起水产品，也计算为淡水养殖产量。

第 5 条　水产品分类

分为海水产品和淡水产品两大类。

一、海水产品：包括海洋捕捞产品和海水养殖产品。其中，海洋捕捞产品产量不包括远洋渔业产量。

（一）海洋捕捞产品：海洋捕捞鱼类、甲壳类（虾、蟹）、贝类、头足类、藻类和其他。

1. 海洋捕捞鱼类：海鳗、鳓鱼、鳀鱼、沙丁鱼、鲱鱼、石斑鱼、鲷、蓝圆鲹、白姑鱼、黄姑鱼、鮸鱼、大黄鱼、小黄鱼、梅童鱼、方头鱼、玉筋鱼、带鱼、金线鱼、梭鱼、鲐鱼、鲅鱼、金枪鱼、鲳鱼、马面鲀、竹荚鱼和鲻鱼等。

2. 甲壳类:虾和蟹。虾包括毛虾、对虾、鹰爪虾、虾蛄等。蟹包括梭子蟹、青蟹和蟳等。

3. 贝类:蛤、蛏、蚶和螺等。

4. 藻类:江蓠、石花菜和紫菜等。

5. 头足类:乌贼、鱿鱼和章鱼等。

6. 其他:海蜇等。

(二)海水养殖产品:海水养殖鱼类、甲壳类(虾、蟹)、贝类、藻类、其他。

1. 海水养殖鱼类:鲈鱼、鲆鱼、大黄鱼、军曹鱼、鰤鱼、鲷鱼、美国红鱼、河鲀、石斑鱼和鲽鱼等。

2. 海水养殖甲壳类:虾和蟹。虾包括南美白对虾、斑节对虾、中国对虾和日本对虾等。蟹包括梭子蟹和青蟹等。

3. 海水养殖贝类:牡蛎、鲍、螺、蚶、贻贝、江珧、扇贝、蛤和蛏等。

4. 海水养殖藻类:海带、裙带菜、紫菜、江蓠、麒麟菜、石花菜、羊栖菜和苔菜等。

5. 海水养殖其他:海参、海胆、海水珍珠和海蜇等。

二、淡水产品:淡水养殖产品和淡水捕捞产品

(一)淡水养殖产品:淡水养殖鱼类、甲壳类(虾、蟹)、贝类、藻类和其他产品。

1. 淡水养殖鱼类:青鱼、草鱼、鲢鱼、鳙鱼、鲤鱼、鲫鱼、鳊鲂、泥鳅、鲶鱼、鮰鱼、黄颡鱼、鲑鱼、鳟鱼、河鲀、短盖巨脂鲤、长吻鮠、黄鳝、鳜鱼、池沼公鱼、银鱼、鲈鱼、乌鳢和罗非鱼、鲟鱼、鳗鲡等。

2. 淡水养殖甲壳类:虾和蟹(指河蟹)。虾包括罗氏沼虾、青虾、克氏原螯虾和南美白对虾等。

3. 淡水养殖贝类:河蚌、螺、蚬等。

4. 淡水养殖藻类:螺旋藻。

5. 淡水养殖其他产品:龟、鳖、蛙和珍珠等。

6. 观赏鱼统计按“条”计量,其重量不计入淡水养殖总产量。

(二)淡水捕捞产品:淡水捕捞鱼类、甲壳类(虾、蟹)、贝类、藻类和其他类。其他类中包括丰年虫等。

第6条　海洋捕捞产量(按海区、渔具分类)

海洋捕捞产量指国内海域捕捞产量,不包括远洋渔业产量。

一、按捕捞海域分捕捞产量。渤海、黄海、东海、南海区划分界线:

(一)渤海:东以辽宁老铁山西角经庙岛群岛至蓬莱角连线与黄海为界。

(二)黄海:南以长江口北角至韩国济州岛西南端连线与东海为界,东至朝鲜半岛与朝鲜海峡。

(三)东海:南以闽粤省界经东山岛南端至台湾省南端的猫鼻头连线与南海为界,东至对马海峡日本琉球群岛与我国台湾省。

(四)南海:东以巴士海峡、巴林塘海峡、菲律宾群岛与太平洋为界,南至加里曼丹,西临中南半岛及马来半岛。

二、按捕捞渔具分捕捞产量。

（一）拖网：单拖和双拖。

（二）围网：单船围网、双船围网和多船围网。

（三）刺网：定置刺网、漂流刺网、包围刺网和拖曳刺网。

（四）张网：单桩、双桩、多桩、单锚、双锚、船张、墙张和并列张网。

（五）钓具：漂流延绳钓、定置延绳钓、曳绳钓和垂钓（如鱿钓）。

（六）其他渔具：地拉网、敷网、抄网、掩罩、陷阱、耙刺、笼壶等。

第 7 条　海水养殖产量（按养殖水域分类）

一、海上养殖：在低潮位线以下从事海水养殖生产。

二、滩涂养殖：在潮间带间从事海水养殖生产。

三、其他养殖：在高潮位线以上从事海水养殖生产。

第 8 条　淡水养殖产量（按养殖水域分类）

按养殖水面类型不同，分为：池塘、湖泊、水库、河沟、稻田及其他养殖方式。

第 9 条　主要养殖方式产量

一、普通网箱：网箱一般由合成纤维如尼龙、聚氯乙烯等网线编织而成，装置在网箱架上。普通网箱面积为数平方米至数十平方米。一般安置在港湾、沿岸、湖泊、水库和河沟等水域。

二、深水网箱：深水网箱是一种大型海水网箱，主要有重力式聚乙烯网箱、浮绳式网箱和碟形网箱 3 种类型，具有抗风浪性能。网箱水体为数百立方米至数千立方米。深水网箱一般安置在水深 20 米以下的海域。

三、工厂化：工厂化养殖即按工艺过程的连续性和流水性的原则，通过机械或自动化设备，对养殖水体进行水质和水温的控制，保持最适宜于鱼类生长和发育的生态条件，使鱼类的繁殖、苗种培育、成鱼的养殖等各个环节能相互衔接，形成一个独自的生产体系，以进行无季节性的连续生产，达到高效率、高速度的养殖目的。

工厂化养殖具有能控制水温和水质的特点，因此既能延长生长期，又能高密度的饲养，从而大幅度缩短生产周期。同时可以根据需要，控制鱼类的繁殖时间和苗种规格，使整个养鱼生产程序流水作业化。

工厂化养殖一般有循环过滤式、温排水式、普通流水式及温静水式几种主要类型。各种形式均具有各自的特点。

第二章　水产养殖面积

水产养殖面积是指在报告期内实际用于养殖水产品的水面面积，包括海水养殖面积和淡水养殖面积。在报告期内养殖产品无论是否收获的养殖水面，均应列入统计面积中。但有些水面不投放苗种或投放少量苗种，只进行一般管理的，不统计为养殖面积。养殖面积法定计量单位为公顷。

第 10 条　海水养殖面积

指利用天然海域养殖水产品的水面面积。包括海上养殖、滩涂养殖、其他养殖。工厂化、深水网箱养殖面积不计入养殖总面积。

第 11 条　淡水养殖面积

指在淡水水域养殖水产品的水面面积。包括池塘、湖泊、水库、河沟和其他养殖面积。工厂化、稻田养殖面积不计入养殖总面积。

第 12 条　养殖面积核算

一、海上、滩涂、池塘、湖泊、水库、河沟等养殖面积，按照实际使用的水面计算，计量单位为公顷。

二、普通网箱按照实际占用水面计算面积，计量单位为 m^2。

三、工厂化养殖：按照实际养殖水体的体积计算，计量单位为 m^3 水体。

四、深水网箱：按照实际占用水体的体积计算，计量单位为 m^3 水体。

五、在江河、湖泊、水库投放苗种或灌江纳苗、增殖放流的水域不统计面积；湖泊、水库、河沟虽有专人管理，或有苗种投放，但人工养殖水产品起捕量不足 30%的水面则不列入统计面积（其产量列入捕捞产量）。

第三章　渔业经济总产值和增加值

第 13 条　渔业经济总产值和增加值

指以货币表现的核算期内渔业经济活动的总产出和总成果。包括了全社会渔业、渔业工业和建筑业、渔业流通和服务业。

第 14 条　渔业产值和增加值

渔业产值是指以货币表现的核算期内捕捞和养殖水产品及水产苗种的总产出和总成果。具体包括海洋捕捞、海水养殖、淡水捕捞、淡水养殖产品以及水产苗种的产出。其计算方法：水产品及苗种的产量分别乘其产品的现行价格。

渔业增加值是指以货币表现的核算期内全社会从事渔业捕捞和养殖生产所创造的最终产品的价值，其计算方法：渔业总产出扣除渔业中间投入。

渔业产值和增加值的数据取自同级统计部门。

第 15 条　渔业工业和建筑业产值和增加值

渔业工业、建筑业产值和增加值是指以货币表现的核算期内全社会从事水产品加工业、渔用机具制造业、渔用饲料工业、渔药制造业、渔业建筑业等的总产出和总成果。

水产品加工业产值等于加工产品量乘以其产品的现行价格，其增加值采用食品加工业增加值率进行推算。

渔用机具制造业产值、增加值等于渔船渔机修造业、渔用绳网制造业和其他设备制造业的产值、增加值之和。其产值计算方法主要采用“工厂法”计算，增加值的计算方法采用统计部门“规模以上工业企业总产值表”中的相应指标增加值率进行推算。

渔用饲料工业产值主要采用“工厂法”，增加值是渔用饲料工业现行总产出乘以“规模以上”饲料工业现价增加值率。

渔用药物产值取自同级相关部门统计年报表中的有关数据，增加值等于渔用药物总产出乘以“规模以上”生物制药业现价增加值率。

渔业建筑业产值计算方法是从建筑产品所有方的建筑工程造价角度入手，依据投资完成额计算，其增加值采用建筑业增加值率来推算。

第 16 条 渔业流通和服务业产值和增加值

渔业流通和服务业包括渔业流通业、渔业（仓储）运输业、休闲渔业、渔业文化教育、科学技术和信息等产值和增加值。

渔业流通业产值以营业额来计算，其增加值等于渔业流通业产值乘以批发零售贸易业现价增加值率进行推算。

渔业（仓储）运输业产值即营业收入，其增加值计算方法与建筑业相同。

休闲渔业产值包括涉渔的一切旅游服务业产值，以营业额计算，其增加值用旅游业增加值率进行推算。

渔业文化教育、科学技术和信息等产值及其增加值根据财政部门《一般预算支出决算明细表》和有关资料进行推算。

第 17 条 计算总产值的价格

按当年价格计算。

当年价格就是当年出售产品时的实际价格。水产品当年价格以各地渔业生产单位初次出售价格的平均价格为依据；工业产品以报告期内的产品出厂价格为当年价格。商业以零售价格为当年价格。

第四章 渔业船舶拥有量

第 18 条 渔业船舶

指在中华人民共和国从事渔业生产的船舶以及为渔业生产服务的船舶，按有无推进动力分为机动渔业船舶和非机动渔业船舶。按生产性质分为生产渔船和辅助渔船。

国内海洋捕捞渔业船舶转为远洋渔业船舶的当年，应纳入远洋渔业船舶统计范围，而不纳入国内渔船统计范围。

第 19 条 机动渔业船舶

指依靠本船主机动力来推进的渔业船舶，分为渔业生产船和渔业辅助船。

渔业生产船是直接从事渔业捕捞和养殖活动的船舶统称。从事捕捞业活动的渔船为捕捞船，从事养殖业活动的渔船为养殖船。捕捞船，按主机总功率分为：441 千瓦及以上、44.1 千瓦 ~441 千瓦、44.1 千瓦及以下三类；按船长分为：24 米以上、12~24 米、12 米以下；按作业方式分为拖网、围网、刺网、张网、钓业、其他共 6 类。有关解释请参照“第 6 条”的相关内容。

渔业辅助船是指从事各种加工、贮藏、运输、补给、渔业执法等渔业辅助活动的渔业船舶统称。包括：水产运销船、冷藏加工船、油船、供应船、科研调查船、教学实习船、渔港工程船、拖轮、驳船和渔业行政执法船等。其中捕捞辅助船指水产运销船、冷藏加工船、油船、供应船等为渔业捕捞生产提供服务的渔业船舶。钓业、围网等作业渔船中的子船纳入捕捞辅助船统计范围。

机动渔船的统计单位为艘、总吨、千瓦。

“艘”按船舶单元计算。子母式作业船应分别统计。

“总吨”按船舶全部容积计算，即每2.83立方米为1总吨。

“千瓦”按主机总功率计算。主机总功率是指所有用于推进的发动机持续功率总和，1马力等于0.735千瓦。对经过增压的发动机，应按增压后的功率计算。

第20条　非机动渔船

指无配置机械动力的渔船，依靠人力、风力、水力或其他船只带动的渔业船舶，如风帆船、手摇船等。

第五章　渔 业 灾 情

第21条　渔业灾情

渔业灾情是指由于遭受台风（洪涝）、病害、干旱、污染和其他灾害而造成水产品产量减少、苗种损失、设施损毁、水域污染以及人员伤亡等情况。

水产品损失指由于灾害造成的水产品损失数量和金额。

受灾养殖面积指由于灾害造成水产品产量损失在10%以上的养殖面积。

渔业设施损毁指由于台风（洪涝）等造成池塘、网箱（鱼排）、围栏、渔船、堤坝、泵站、涵闸、码头、护岸、防波堤、工厂化养殖厂及苗种繁育场等损毁，从而造成渔业设施损毁的数量和金额。

人员损失指由于灾害而造成人员失踪、死亡和重伤的人数。

第六章　渔业人口与渔业从业人员

第22条　渔业乡、渔业村

在农村中，凡以渔业为主，从事渔业生产与经营的人员占全部从业人员50%以上或渔业产值占农业产值的比重50%以上的乡、村，即为渔业乡和渔业村；达不到上述标准但一直是以渔业经营为主，经上级主管部门批准定为渔业乡、村的，亦可统计为渔业乡和渔业村。

第23条　渔业户

指农（渔）村和城镇住户中主要从事渔业生产与经营的家庭。凡家庭主要劳动力或多数劳动力从事渔业生产与经营的时间占全年劳动时间50%（6个月）以上或渔业纯收入占家庭纯收入总额50%以上者均可统计为渔业户。

第24条　渔业人口

渔业人口指依靠渔业生产和相关活动维持生活的全部人口。包括实际从事渔业生产和相关活动的人口及其赡（抚）养的人口。具体包括：

一、直接从事渔业生产和相关活动的在业人口；

二、兼营渔业和其他非渔业劳动者中，凡从事渔业生产和相关活动的时间全年累计达到或超过3个月者，或者虽全年累计不足3个月，但渔业纯收入占纯收入总额比重超过50%者；

三、由从事渔业生产和相关活动的人口赡（抚）养的人口。

四、在既有渔业劳动者又有非渔业劳动者的家庭中，根据渔业与非渔业纯收入比例分摊的被渔业劳动者赡（抚）养的人口。

渔业人口中的传统渔民：凡渔业乡、渔业村的渔业人口均可称为传统渔民。

第 25 条 渔业从业人员

渔业从业人员：全社会中 16 岁以上，有劳动能力，从事一定渔业劳动并取得劳动报酬或经营收入的人员。

渔业专业从业人员：全年从事渔业活动 6 个月以上或 50% 以上的生活来源依赖渔业活动的渔业从业人员。

渔业兼业从业人员：全年从事渔业活动 3~6 个月或 20%~50% 的生活来源依赖渔业活动的渔业从业人员。

渔业临时从业人员：全年从事渔业活动 3 个月以下或 20% 以下的生活来源依赖渔业活动的渔业从业人员。

第七章 远 洋 渔 业

第 26 条 远洋渔业产量和远洋渔船

远洋渔业产量：由各远洋渔业企业和各生产单位按我国远洋渔业项目管理办法组织远洋渔船（队）在非我国管辖水域（外国专属经济区水域或公海）捕捞的水产品产量。中外合资、合作渔船捕捞的水产品只统计按协议应属于中方所有的部分。

远洋渔船：是指按上述办法、协议，在上述水域进行常年或季节性生产的渔船。

第八章 水 产 苗 种

第 27 条 苗种

鱼苗：卵黄囊基本消失，鱼鳔充气，能平游主动摄食的子鱼，包括人工孵化和江河湖海港湾采捕的天然鱼苗。

鱼种：鱼苗经培育后，发育至全体鳞片，鳍条长全，外观具有成鱼基本特征的幼鱼，一般全长在 1.7~23.3 厘米。因出塘季节和培育期的不同，又俗称为夏花、冬片、春片、秋片、仔口和老口。

扣蟹：蟹苗经数次蜕皮变成外形接近蟹形的仔蟹，再经过 4~5 个月饲养，培育成每千克 100~200 只左右性腺未成熟的幼蟹。

第 28 条 苗种数量统计原则

由苗种孵化或育成的生产单位归属统计。购进或以其他方式取得的苗种，不再进行统计。

第九章 水产加工业

第 29 条 水产加工企业

水产加工企业：从事水产品保鲜（保活）、保藏和加工利用的企业。

规模以上企业：年主营业务收入 500 万元以上的水产加工企业。

水产品年加工能力：年加工处理水产品的总量。

第 30 条 水产冷库

水产冷库是指主要用于水产品冻结、冷藏和制冰的场所，一般以低温冷藏库数作为冷库座数。

冷库的冻结能力、冷藏能力、制冰能力均指冷库年生产能力之数量。

第 31 条 水产加工品

水产加工品是指以水产品为原料，采用各种食品贮藏加工、水产综合利用技术和工艺所生产的产品，如冷冻冷藏品、腌制品、干制品、熏制品、罐头食品、各种生熟小包装食品以及鱼油、鱼肝油、多烯脂肪酸制剂、饲料鱼粉、藻胶、碘、贝壳工艺品等。

一、水产冷冻品

指为了保鲜，将水产品进行冷冻加工处理后得到的产品，包括冷冻品和冷冻加工品，但不包括商业冷藏品。

冷冻品泛指未改变其原始性状的粗加工产品，如冷冻全鱼、全虾等。

冷冻加工品是指采用各种生产技术和工艺，改变其原始性状、改善其风味后制成的产品，如冻鱼片、冻虾仁、冷冻烤鳗、冻鱼子等。

二、鱼糜制品及干腌制品

鱼糜制品是指将鱼（虾、蟹、贝等）肉（或冷冻鱼糜）绞碎经配料、擂溃成为稠而富有黏性的鱼肉浆（生鱼糜），再做成一定形状后进行水煮（油炸或焙烤烘干）等加热或干燥处理而制成的食品，如鱼糜、鱼香肠、鱼丸、鱼糕、鱼饼、鱼面、模拟蟹肉等。

干腌制品是指以水产品为原料，经脱水（烘干、烟熏、焙烤等）或添加腌制剂（盐、糖、酒、糟）制成具有保藏性和良好风味的产品，如烤鱼片、鱿鱼丝、鱼淞、虾皮、虾米、海珍干品；海蜇、腌鱼、烟熏鱼、糟鱼、醉虾蟹、醉泥螺、卤甲鱼、水生动植物调味品（虾蟹酱、蚝油、鱼酱油）等。

藻类加工品是指以海藻为原料，经加工处理制成具有保藏性和良好风味的方便食品，如海带结、干紫菜、调味裙带菜等。

三、水产罐制品

指以水产品为原料按照罐头工艺加工制成的产品，包括硬包装和软包装罐头，如鱼类罐头、虾贝类罐头等。

四、水产饲料

指用低值水产品及水产品加工废弃物（如鱼骨、内脏、虾壳）等为主要原料生产而成的饲料。

五、鱼油制品

指从鱼肉或鱼肝中提取油脂，并制成的产品，如粗鱼油、精鱼油、鱼肝油、深海鱼油等。

六、其他水产加工品

指除上述加工产品之外的加工品统称，如助剂和添加剂（蛋白胨、褐藻胶、碘、甘露醇、卡拉胶、琼胶等）、珍珠加工品、贝壳工艺品、鱼酒、鱼奶等。

第十章　渔民家庭当年收支情况调查

第 32 条　全年总收入

指调查期内被调查对象从各种来源渠道得到的收入总和。按收入的性质划分为家庭经营收入、工资性收入、财产性收入和转移性收入。

第 33 条　家庭经营收入

指渔民家庭以家庭为生产经营单位进行生产筹划和管理而获得的收入。包括出售水产品收入和家庭其他经营收入。

第 34 条　工资性收入

指渔民家庭成员受雇于单位或个人，靠出卖劳动而获得的收入。包括渔业行业收入和其他行业收入。

第 35 条　财产性收入

指金融资产或有形非生产性资产的所有者向其他机构单位提供资金或将有形非生产性资产供其支配，作为回报而从中获得的收入。包括息金收入、租金收入、土地或水面转包收入、土地征用补偿和其他财产性收入。

第 36 条　转移性收入

指渔民家庭或成员无须付出而获得的货物、服务、资金或资产所有权等，不包括无偿提供的用于固定资本形成的资金。一般情况下，指渔民家庭在二次分配中的所有收入。包括家庭非常住人口寄回或带回、亲友赠送、救抚金、生产补贴和其他转移性收入。

第 37 条　全年总支出

指渔民家庭全年用于生产、生活和再分配的全部支出。包括生产费用支出、税费支出、财产性支出、转移性支出、生活支出和其他支出等。

第 38 条　生产费用支出

包括家庭经营费用支出和购置生产性固定资产费用支出。

家庭经营费用支出：以渔民家庭为基本生产经营单位从事渔业生产经营活动而消费的商品和服务以及自产自用产品。包括渔业生产支出和其他家庭经营费用支出。渔业生产支出包括燃料费用、雇工费用、饲料费用、购买种苗费用、加冰费用、水电费用、固定资产折旧及修理费、承包或租用费及其他生产支出。

购置生产性固定资产支出：渔民家庭用于建造和购置生产性固定资产所支出的费用。渔民家庭购置的渔业固定资产，每年按一定比率提取折旧费，购置大型网具（按规定网具不列为固定资产）也按比例每年分摊计入渔业生产支出中。

第 39 条　税费支出

指渔民家庭以现金和实物形式缴纳的从事生产经营活动的各种税费支出。在已经进行税费改革的地区一般表现为农业税、特产税、两税附加、一事一议费和从事非渔业生产经营活动所缴纳的各种税费，还包括除按国家规定所收取的税费外，地方额外增加的各种费用；在未进行税费改革的地区一般表现为从事生产经营活动的各种税费、村提留、乡统筹和各种集资摊派费用。具体包括个体工商税、其他税、一事一议款、以资代劳款和其他付费。

第 40 条　财产性支出

为获得其他财产（包括无形资产）的使用权而支付的各种费用。

第 41 条　转移性支出

指渔民家庭和家庭成员没有获得而支出的货物、服务、资金或资产所有权等，不包括无偿提供的用于固定资本形成的资金。一般情况下，指渔民家庭二次分配中的所有支出。

第 42 条　生活支出

是指渔民家庭用于物质生活和精神生活方面的支出。包括食品、衣服、住房、燃料、日用品、保险、医疗服务、文化服务、交通通讯和旅游等方面的支出。

食物支出：指渔民家庭年内消费各类食品支出。包括主食、副食、其他食品、在外饮食以及食品加工费等支出。

第 43 条　其他支出

除上述各类支出以外的商品和服务支出。

第 44 条　全年纯收入和渔业纯收入

纯收入指渔民家庭当年从各种来源得到的总收入相应的扣除所发生的费用后的收入总和。纯收入主要用于再生产投入和当年生活消费支出，也可用于储蓄和各种非义务性支出。计算方法：

全年纯收入 = 全年总收入 – 家庭经营费用支出 – 税费支出

渔业纯收入 = 出售水产品收入 + 从事渔业所获得的工资性收入 – 渔业生产支出 – 渔业固定资产折旧支出 – 渔业税费支出

第 45 条　家庭人口数

指全年经常在家或在家居住 6 个月以上，而且经济和生活与本户连成一体的人口。外出从业人员在外居住时间虽然在 6 个月以上，但收入主要带回家中，经济与本户连为一体，仍视为家庭常住人口；在家居住，生活和本户连成一体的国家职工、退休人员也为家庭常住人口。但是现役军人、中专及以上（走读生除外）的在校学生以及常年在外（不包括探亲、看病等）且已有稳定的职业与居住场所的外出从业人员，不当作家庭常住人口。

第 46 条　家庭专业从业人员数

指家庭人口中符合专业从业人员统计标准的人数。

第 47 条　渔民收入调查数核定

指为了校正选点调查过程中不可避免的偏差，使渔民收入数更具代表性而采取的一种办法。一般由省级渔业主管部门根据家庭调查数以及所掌握的全面或具有代表性的若干地区的渔民收入情况，由统计调查、生产业务和政研经管等部门共同研究核定。

图书在版编目（CIP）数据

中国渔业统计汇编．2006～2010／中华人民共和国农业部渔业局编．—北京：中国农业出版社，2011.12
ISBN 978-7-109-16357-7

Ⅰ.①中… Ⅱ.①中… Ⅲ.①渔业经济-统计资料-中国-2006～2010 Ⅳ.①F326.4-66

中国版本图书馆CIP数据核字（2011）第254429号

中国农业出版社出版
（北京市朝阳区农展馆北路2号）
（邮政编码100125）
责任编辑：丁福辉

北京通州皇家印刷厂印刷　　新华书店北京发行所发行
2011年12月第1版　　2011年12月北京第1次印刷

开本：787mm×1092mm 1/16　　印张：14
字数：300千字
定价：98.00元